城市轨道交通保护区内项目建设技术手册

姜叶翔　丁　智　羊逸君　胡　琦　主编

中国建筑工业出版社

图书在版编目（CIP）数据

城市轨道交通保护区内项目建设技术手册/姜叶翔
等主编 . —北京：中国建筑工业出版社，2022. 12
ISBN 978-7-112-27921-0

Ⅰ.①城… Ⅱ.①姜… Ⅲ.①城市铁路—轨道交通—
项目管理—技术手册 Ⅳ.①U239.5-62

中国版本图书馆 CIP 数据核字（2022）第 167673 号

本书详细介绍城市轨道交通保护区内建设项目的建设全过程，在阐述基本建设要求的同时，深度分析典型建设案例。旨在为从业人员提供有关城市轨道交通保护区内工程建设的相关知识和指导建议。全书共 7 章包括：绪论；城市轨道交通安全保护标准及管理模式；城市轨道交通保护区内建设项目设计要求及案例；城市轨道交通保护区内建设项目评估要求及案例；城市轨道交通保护区内的建设项目的施工要求及案例；城市轨道交通保护区内建设项目监测要求及案例；城市轨道交通病害分级及修复技术。

责任编辑：张伯熙
文字编辑：沈文帅
责任校对：王　烨

城市轨道交通保护区内项目建设技术手册

姜叶翔　丁　智　羊逸君　胡　琦　主编

*

中国建筑工业出版社出版、发行（北京海淀三里河路 9 号）
各地新华书店、建筑书店经销
北京龙达新润科技有限公司制版
临西县阅读时光印刷有限公司印刷

*

开本：787 毫米×1092 毫米　1/16　印张：17¾　字数：441 千字
2023 年 6 月第一版　　2023 年 6 月第一次印刷
定价：**183.00** 元
ISBN 978-7-112-27921-0
（39921）

编写委员会

主　　编：姜叶翔　丁　智　羊逸君　胡　琦

副 主 编：闫瑞龙　黄　信　梅　杰　马　健　黄　栩　赵志元
　　　　　朱永强　费忠君　胡晓虎　马少俊

参编人员：周贻洋　臧建波　张　俊　张文涛　李若飞　董毓庆
　　　　　段月辉　王　达　丁继民　刘　敏　王　伟　胡雷鸣
　　　　　余　勇　叶　洋　荆子菁　郑　鼎　关俊杰　陈卫林
　　　　　陈志强

参编单位：杭州市地铁集团有限责任公司
　　　　　东通岩土科技股份有限公司
　　　　　浙大城市学院
　　　　　浙江省建筑设计研究院
　　　　　中国电建集团华东勘测设计研究院有限公司
　　　　　北京城建勘测设计研究院有限责任公司
　　　　　上海勘察设计研究院（集团）有限公司
　　　　　中铁二院集团有限责任公司
　　　　　浙江省工程物探勘察设计院有限公司
　　　　　中煤浙江测绘地理信息有限公司
　　　　　上海建工一建集团有限公司
　　　　　上海兴庚基础工程有限公司
　　　　　五广（上海）基础工程有限公司
　　　　　中设设计集团股份有限公司

序

根据中国城市轨道交通协会最新公布的《城市轨道交通2021年度统计和分析报告》，截至2021年底，中国大陆共有50个城市开通城市轨道交通，运营线路283条、运营线路总长度为9206.8km。共有67个城市的城轨交通线网规划获批，56个城市在实施的建设规划线路总长6988.3km。为此，切实加强、规范城市轨道交通保护区内项目的建设管理工作具有重要的意义。

一方面，城市规模不断扩大、拥堵问题日益严峻，城市轨道交通迅猛发展，满足了市民出行需求。随着城市轨道交通网络化建设发展的加快，地下交通网络化运营逐步形成。城市轨道交通作为密集型运输的主要交通工具，承担着大量人员流动的载体，是非常重要的城市运输生命线。另一方面，城市轨道交通周边，通常存在建（构）筑物密集，邻近管线复杂多样等敏感环境，且城区地质条件多变，对轨道交通的安全运营构成了极大威胁。轨道交通沿线各类工程大量开发和施工，涉及城市轨道交通设施安全问题日益突出，危及城市轨道交通安全的事故时有发生。因此，若缺失城市轨道交通控制保护区的建设项目管理，将严重危及城市轨道交通的结构安全、运营秩序甚至是乘客安危。如何合理正确评估周边工程对已运营的轨道交通结构带来的潜在危险，是有效降低经济损失和社会影响的必要手段。

本书作者给出了城市轨道交通保护区内建设项目的设计、评估、施工、监测、病害调查和后期信息管理的全周期保护技术，为从业人员提供了轨道交通保护区建设项目的安全性影响评定内容，有助于从业人员更加安全、更加高效、更加完善地综合判定外部作业对城市轨道交通结构的不利影响。城市轨道交通的安全保护对保证城市交通安全至关重要，需要建设单位、施工单位、监测单位、评估单位等多方联动，形成整体。我认为城市轨道交通保护区内的建设项目施工作业应以严谨的设计方案、施工方案、评估报告为依托，第三方监测数据为支撑，加强施工现场巡查，建立长期有效的联动机制，才能有效保障城市轨道交通结构的安全，降低外部作业对运营的影响。本书围绕城市轨道交通保护区建设项目的全建设周期，详细讲解了全建设周期各个阶段的保护技术和手段，深入浅出，同时结合案例分析，描绘有声有色，可见作者的用心。针对当前城市轨道交通安全区管理中存在的问题，从规划阶段到建设阶段再到运营阶段应全过程、全方位、多部门、多层次融合式加强管理。认真分析问题发生的原因，及时采取针对性的措施，加强总结，切实做好城市轨道交通控制保护区的管理工作。针对轨道交通运营阶段出现的结构病害，本书也很好地介绍了病害的分级判断以及常见的修复技术，帮助从业人员尽可能地从现场调查和记录中发现潜在威胁，及时对其处理解决，避免更加重大不可控的灾变发生。

轨道交通作为现代城市的交通命脉，其安全性极为重要。切实加强轨道交通控制保护区内工程建设项目的管理是保障轨道交通安全的重要前提，也是促进轨道交通建设与沿线城市开发建设和谐发展的重要保障。纵观全国城市轨道交通逐渐步入长期运营阶段，关于轨道交通的保护这一问题已经被提上日程。本人非常开心翻阅了这本城市轨道交通保护技术手册，也感谢作者们的辛勤工作，为轨道交通相关从业人员贡献了一份贴合工程实际，具有重要的工程应用价值的指导手册。

中国工程院院士

深圳大学土木与交通工程学院院长

前 言

近年来，随着我国经济的快速发展，城市化进程稳步推进，大大加快了人员向城市涌入，城市建设规模不断增大，城市发展迈向一个崭新的时代。中国以地铁为主导的城市地下轨道交通快速崛起，城市地下空间开发利用呈现规模发展态势，中国已成为名副其实的地下空间开发利用大国。在碳达峰、碳中和的目标下，合理开发利用地下空间成为土地资源集约化、科学化利用的重要支撑。伴随着城市地下轨道交通、重大交通枢纽等大规模建设，基坑工程向"深、大、长"发展的趋势愈发明显，更有部分深基坑工程不断突破隧道保护区5.0m红线距离，由此造成大量基坑工程与区间隧道紧邻，甚至上跨运营隧道，呈现"近，难、险"的特点。复杂地质条件下深基坑施工往往伴随极强的环境效应，基坑开挖引起周围土体应力场变化，使土体产生较大的变形，从而导致周边已运营隧道等产生不均匀沉降或发生开裂破坏，甚至出现错台和渗漏水等病害，严重危害隧道的长期服役性能与运营安全，造成不良的社会影响。

基于此，杭州市地铁集团有限责任公司组织城市轨道工程建设领域各单位，围绕地铁保护区内工程建设的相关问题，对城市轨道交通保护区内建设项目的安全保护标准、设计、评估、施工、监测、病害调查和后期信息管理等进行归纳总结。研究了城市轨道交通安全保护标准及管理模式，明确保护区范围、保护区内监管要求及安全控制标准。同时，依据各相关案例，总结了保护区内建设项目设计、评估、施工、监测要求，对设计过程中的桩（墙）、基坑、外部隧道工程设计提出了相应的设计要求和对轨道交通的预先保护措施，总结了评估桩（墙）、基坑、外部工程的评估要点，详细阐述了施工过程中各关键施工节点的技术要点及监测内容和监测过程中的注意事项，并提出了轨道交通病害分级及修复技术。

可见，作者围绕城市轨道交通保护区内工程建设的相关问题，从城市轨道交通结构安全控制标准和安全保护管理模式等方面展开研究，对城市轨道交通保护区内建设项目的设计、评估、施工、监测进行要求，根据相关案例进行分析，层层深入，逻辑清晰。旨在帮助相关从业者了解城市轨道交通保护区内建设项目的设计、评估、施工、监测要求和轨道交通病害分级及修复技术。本书共7章，第1章绪论，由浙大城市学院牵头撰写；第2章城市轨道交通安全保护标准及管理模式，由杭州市地铁集团有限责任公司牵头撰写；第3章城市轨道交通保护区内建设项目设计要求及案例，由浙江省建筑设计研究院牵头撰写；第4章城市轨道交通保护区内建设项目评估要求及案例，由中国电建集团华东勘测设计研究院有限公司牵头撰写；第5章城市轨道交通保护区内的建设项目的施工要求及案例，由东通岩土科技股份有限公司牵头撰写；第6章城市轨道交通保护区内建设项目监测要求及案例，由北京城建勘测设计研究院有限责任公司牵头撰写；第 7 章城市轨道交通病害分级及修复技术，由中国电建集团华东勘测设计研究院有限公司牵头撰写。

在本书的撰写过程中，得到了中铁二院集团有限责任公司、浙江省工程物探勘察院有限公司、浙江省工程物探勘察设计院有限公司、上海勘察设计研究院（集团）有限公司、中煤浙江测绘地理信息有限公司、中设设计集团股份有限公司、上海岩土工程勘察设计研究院有限公司、上海建工一建集团有限公司、上海兴庚基础工程有限公司、五广（上海）基础工程有限公司等单位的大力支持，对配合本研究的相关工程技术人员和合作单位，在此一并表示衷心的感谢。

限于作者水平、能力及可获得的资料有限，书中难免存在不妥之处，敬请各位专家、同行和读者批评指正。

目 录

第1章

绪　论

1.1　国内城市轨道交通系统发展现状

1.1.1　城市轨道交通系统

城市轨道交通系统是指为采用轨道结构进行承重和导向的车辆运输系统，依据城市交通总体规划的要求，设置全封闭或部分封闭的专用轨道线路，以列车或单车形式，运送相当规模客流量的公共交通方式。

城市轨道交通作为城市公共交通的重要组成部分，主要是指具有运量大、速度快、安全、节约能源等特点的交通方式。城市轨道交通系统包括：地铁系统、轻轨系统、单轨系统、有轨电车、磁浮系统、自动导向轨道系统、市域快速轨道系统。城市轨道交通是城市公共交通的骨干，具有节能、省地、运量大、全天候、无污染（或少污染）又安全等特点，属绿色环保交通体系，特别适应于大中城市。作为公益性基础设施的城市轨道交通关系着居民生活的方方面面，其低能耗、可持续的发展模式是解决"城市病"的关键，也是解决大城市公共交通问题的根本途径。

1.1.2　国内城市轨道交通特点及发展方向

经历几十年的发展，中国现在已成为世界上第一大城市轨道交通体，拥有着远超其他国家的里程数，其自身也具有鲜明的特点。根据我国城市轨道交通多年的发展经历，总结了我国城市轨道交通具有以下特点：

（1）建设速度快

20 世纪 60 年代在北京建成的第 1 条城市轨道交通线，线路全长 23.6km；到 20 世纪 80年代末建成 3 条城市轨道交通线，线路累计长 61.6km；到 2000 年底共建成 6 条城市轨道交通线，线路累计长 174.0km；到 2010 年底建成 48 条城市轨道交通线，线路累计长 1395.0km。截至 2019 年末，我国大陆已有 40 个城市开通城轨线路，运营线路总里程达 6736.2km。

（2）制式多样化

我国城市轨道交通线路建设制式多样、品种齐全。目前世界上已经成熟的技术都被陆续采用，如长春的轻轨、重庆的跨座式单轨、广州和北京机场线的直线电机线路、大连的快轨和低地板车，而大多数城市一般采用地铁型线路，速度等级一般为 80km/h，最高达

120km/h。

（3）线路网络化

城市轨道交通建设实践表明，在具备条件的城市，轨道交通线路只有逐步向网络化方向发展才能真正发挥其交通功能，达到疏解市区交通拥堵的目的。北京、上海、广州和深圳经过近10年的建设，目前已基本建成网络化城市轨道交通系统，不仅大大方便了城市居民的出行和换乘，一定程度上还展示了城市轨道交通线路引导城市发展的功能。

（4）设备造价下降明显

我国城市轨道交通的车辆及机电设备造价已明显下降。其中，地铁每公里造价由20世纪90年代初的7亿元人民币下降到5亿元人民币；轻轨每公里造价由4亿元下降到2.5亿元；同等技术水平的A型车价格由最初的1769万元/辆，下降到现在的900多万元/辆，下降约49%；B型车价格也由最初的1000多万元/辆，下降到现在的650多万元/辆。

（5）融资渠道多元化

我国建设轨道交通的城市很多，融资渠道和模式也不尽相同，经历了由政府完全无偿投入到寻求多元化资金投入的过程。当前城市轨道交通实行的是政府主导型投融资模式，由政府或其授权的公共机构发起，全部或部分由市场经营主体（企业或其他机构）进行资本投入的融资模式。

根据中商产业研究院的研究表明，今后城市轨道交通发展方向可以大致分为以下三个方向：

1）数字化

发展先进轨道交通的新一代信息技术是顺应网络技术发展趋势，实现信息化和工业化深度融合。轨道交通装备中的虚拟制造技术、信号处理技术、列车牵引制动技术、综合监控系统和通信控制系统等都是数字信息技术在轨道交通装备中的应用。数字化轨道交通将实现轨道交通系统的信息化。

2）自动化与智能化

随着轨道交通安防、监控系统等相关技术的发展和融合，实现轨道交通自动化与智能化是未来轨道交通的发展趋势。自动化是指实现列车自动行驶、精确停车、站台自动化作业、无人折返、列车自动运行调整等功能，实现完全无人运营，有效提高列车效率、降低运营成本。智能化是指通过各种传感器采集相关数据，并利用数据挖掘方法和工具对各类数据进行智能分析。

3）轻量化

随着全球城市化、工业化程度的不断深入，交通运输产业取得了长足的发展，与此同时能源短缺和环境污染的问题也日趋严重，世界各国致力于推动低能耗、低排放交通工具的发展，轻量化已成为未来交通运输装备制造业发展的必然趋势。

1.2 城市轨道交通结构与邻近工程间的矛盾

1.2.1 矛盾现状

随着城市建设的飞速发展，城市轨道交通作为一种有效缓解城市拥堵的交通形式，在我国各大中城市兴起了建设的热潮，逐渐延伸到了城市的各个角落。与此同时，大量基坑工程地处繁华的城市中心，已运营的城市轨道交通结构周边不可避免地会出现外部作业工程邻近施工的问题。大量工程案例表明，在软土地区，基坑开挖过程中邻侧土体的卸荷作用会导致基坑围护结构产生相应变形，从而带动坑外隧道随着土体一同产生相应位移变形。因此，形成了"新兴工程"与"已运营城市轨道交通"之间的新矛盾。

由于地铁系统占据了城市轨道交通的绝大多数，且多数占据了城市的核心区域，因此，地铁系统也成为这种新矛盾的主体。图1.2-1所示为杭州地铁4号线紧邻基坑工程图，如何在保护已运营地铁的前提下，安全顺利地完成上部基坑开挖是该工程最关键的矛盾和问题。

图1.2-1 杭州地铁4号线紧邻基坑工程图

由于新建城市轨道交通会迅速成为房地产建设投资的热点区域，随之而来的是邻近既有城市轨道交通结构或在建城市轨道交通结构的土建工程。许多新建、改建和扩建的工程距离地铁很近，有的大型深基坑距离地铁仅有3m左右，开挖深度超过20m，大面积的隧道上部卸载，大直径管道从地铁结构的上（下）方近距离穿过，施工难度和施工风险非常大。在工程实施过程中和结束后都会直接或潜在地对地铁安全构成威胁，实施过程中某一环节稍有不慎，都会引发地铁安全问题。

而这样的局面在以"发展城市轨道交通"为主要任务的新兴一、二线城市中将越演越烈。以杭州市为例，据现有资料统计，截至2019年9月，杭州地区邻近已运营地铁隧道的工程共计124个，其中旁侧基坑工程约90个占比73%，上方基坑工程约13个占比

10％。基坑工程邻近已运营地铁隧道施工所引发的环境影响问题也日益突出。

1.2.2 对地铁系统结构的影响

对于地铁系统结构最主要的影响是地铁结构变形。地铁结构变形主要表现为隧道结构沉降或隆起、横向水平位移、管径收敛变形。

如果隧道结构变形超过结构保护标准，轻则引起隧道管片张开，隧道结构环缝或通缝渗漏水；重则引起管片开裂继而出现锈蚀钢筋、道床与管片脱开等现象，危及地铁列车运行安全，因地铁保护不力造成的管片裂缝、接缝张开、断面过大变形等结构病害问题日益增多。

如上海地铁 11 号线投运后于 2010 年、2011 年相继出现了较为普遍的裂损、渗水病害。天津地铁某区间隧道因上方堆土导致结构横向变形超限，管片裂缝、接缝张开及道床脱空明显，严重威胁到运营安全；2017 年 12 月深圳地铁某区间盾构隧道遭打桩机打穿，施工单位未按规定履行规划、施工等报批手续，擅自在地铁安全保护区范围内进行违法打桩作业，致使地铁线路中的地铁列车严重受损，地铁线路停运近 13h；昆明某运营线路由于外部基坑施工，左线轨顶风道出现新增裂纹并伴有渗漏现象；苏州某控制保护区内基坑施工引起地铁隧道位移、渗漏水、嵌缝材料脱落；广州某运营地铁出现不均匀位移沉降、裂缝、渗漏水等病害。地铁隧道因保护区施工造成的病害如表 1.2-1 所示。

地铁隧道因保护区施工造成的病害 表 1.2-1

城市	病害描述
北京	运营地铁存在衬砌裂缝、渗漏水

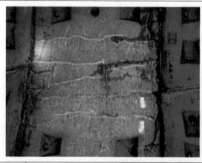

城市	病害描述
天津	因上方基坑违规施工及堆土，出现接缝张开、渗漏水

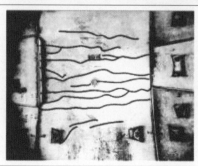

城市	病害描述
郑州	地铁出现裂缝、渗漏水、环缝展开、错台、道床脱空

南京	地铁出现不均匀沉降、渗漏水、裂缝以及道床隆起

无锡	因静压桩施工产生位移、变形,上行线出现渗漏水

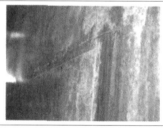 

杭州	因积水过多、地下水位过高、路面过往车辆荷载过大,隧道上方路面塌方

深圳	某区间盾构隧道遭打桩机打穿

1.2.3　对邻近工程的影响

近年来地铁管理部门关于地铁保护区范围内的工程建设对地铁隧道影响的控制要求日益严格，逐渐形成了严格限制影响范围内加载、卸载的地铁保护原则，要求地铁保护区范围内任何工程活动均应采取措施严格控制加载、卸载量，同时要求邻近工程不得对既有地铁结构造成过大的影响。总体而言，对于邻近工程的影响主要有以下几点：

（1）变形控制要求升高。由于紧邻地铁结构，变形要求不再单单从基坑安全出发，需要同时满足邻近地铁正常运营的要求，而地铁运营所要求的变形标准相对更高。

（2）施工设计难度增大。为了控制邻近轨道交通结构变形，工程施工设计关键难点增多，控制数值增大。

（3）工期延长。邻近工程需延长工期，以减小单位时间的加载、卸载量。

（4）建设成本升高。邻近工程需增设额外的保护措施以减少自身工程对邻近地铁结构的影响。

1.3　外部工程对城市轨道交通结构的影响

由于城市轨道交通的主体——地铁系统多处于地下，结构变形与自身所处的土层及地质情况息息相关，也因此，对于不同城市而言，外部工程对于城市轨道交通结构的影响不尽相同，不可一概而论。如北京地区的工程地质以砂砾土、砂质黏土为主；天津地区则以粉质黏土、黏质粉土、粉土、粉砂及淤泥质黏土为主；长三角地区常见的软土地区，以黏土、粉质黏土、淤泥质土为主。不同地区地质情况的不同使得各个地区地下工程的变形规律也不同，在分析具体案例或工程问题时，应当优先考虑工程所在地土质的区别。

1.3.1　基坑施工对地铁隧道的影响

根据基坑与地铁隧道的不同位置关系，基坑开挖卸荷作用模式可分为上方卸荷模式、侧方浅部卸荷模式、侧方中部卸荷模式和侧方深部卸荷模式。

基坑开挖破坏地层原有平衡状态。当隧道位于基坑下方时，基坑开挖引起坑底土体水平与竖向同时卸荷，土体回弹，同时坑外围护结构侧移挤压坑内土体产生竖向变形。隧道上覆压力减小，而水平向压力基本不变，隧道整体产生竖向隆起，结构自身由"水平向拉伸、竖向压缩"向"水平向压缩、竖向拉伸"的竖椭圆式变形转变。地铁隧道位于基坑下方工况图如图 1.3-1 所示。当隧道位于基坑侧方时，基坑开挖引起坑外土体水平向卸荷，隧道整体因两侧压力差产生朝向基坑内侧的位移。围护结构一方面因侧移产生地层损失而形成地表沉降槽，另一方面因坑底土体回弹而带动深层土体上浮。因此，侧方浅部隧道会发生沉降，侧方深部隧道会发生隆起，呈现一定程度的斜扭转。此外，侧方基坑开挖导致隧道朝向基坑侧的水平压力减小，而竖向压力基本不变，加剧了结构自身的横椭圆式变形。地铁隧道位于基坑侧方工况图如图 1.3-2 所示。

本节归纳整合了国内软土基坑邻近既有地铁隧道施工的工程实测数据，并根据基坑与隧道的相对位置关系分为两种情况，相关监测数据可供参考，基坑开挖对下卧既有地铁隧道影响的施工典型案例如表 1.3-1 所示、基坑开挖对侧方既有地铁隧道影响的施工典型案

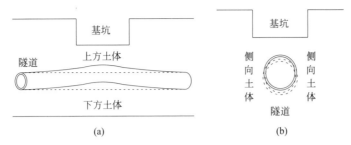

图 1.3-1　地铁隧道位于基坑下方工况图
（a）隧道纵向断面；（b）隧道横向断面

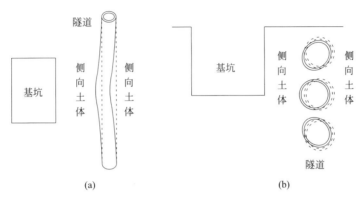

图 1.3-2　地铁隧道位于基坑侧方工况图
（a）隧道纵向断面；（b）隧道横向断面

例如表 1.3-2 所示。

基坑开挖对下卧既有地铁隧道影响的施工典型案例　　　　　表 1.3-1

编号	工程名称	基坑深度 H_e(m)	上跨基坑宽度 b(m)	上跨基坑长度 l(m)	隧顶埋深 H(m)	隧道最大竖向位移 V(mm)	
						上行线	下行线
1	上海东西通道浦东段拓建主线	11.0	27.1	150.0	14.2	16.0	14.2
2	上海东西通道右转匝道	7.3	9.7	68.0	9.5	6.7	5.5
3	上海东西通道银东下立交	8.2	19.3	70.0	15.2	7.2	6.0
4	上海人民路隧道新建风井	12.9	18.2	19.6	18.9	8.9	—
5	上海东方路下立交工程	6.5	18.0	37.0	9.5	11.8	12.3
6	上海外滩通道工程	11.0	10.0	50.0	18.1	6.9	7.5
7	上海人民路隧道浦西岸上段	10.6	26.0	50.0	16.8	13.3	12.5
8	上海广场项目	6.7	85.0	100.0	14.4	11.3	13.5
9	上海某深基坑	8.0	100.0	100.0	11.8	14.7	15.9
10	上海新金桥广场基坑	5.0	38.0	70.0	9.0	7.9	9.8
11	上海世纪大道杨高路立交	7.4	30.0	76.0	14.4	7.0	8.8
12	宁波某地下通道	10.0	12.0	33.0	19.5	6.8	8.3
13	上海雅居乐广场	5.0	46.0	110.0	8.6	10.2	8.0

编号	工程名称	基坑深度 H_e(m)	上跨基坑宽度 b(m)	上跨基坑长度 l(m)	隧顶埋深 H(m)	隧道最大竖向位移 V(mm)	
						上行线	下行线
14	上海南京路下沉广场	3.8	50.0	100.0	7.0	6.4	8.1
15	上海静安区大中里综合项目	4.6	40.0	100.0	8.8	8.6	9.2
16	上海8号线某风井	9.1	40.0	50.0	16.6	—	6.5
17	杭州延安路某地下通道工程	8.0	11.4	14.8	11.6	4.9	—
18	杭州金沙湖绿轴下沉式广场	5.3	51.0	100.0	8.5	6.8	7.9
19	杭州铁路东站西广场	9.6	100.0	100.0	16.3	6.5	8.8
20	深圳市前海区某基坑工程	13.5	52.0	114.0	18.8	—	23.6

基坑开挖对侧方既有地铁隧道影响的施工典型案例 表 1.3-2

编号	工程名称	基坑深度 H_e(m)	基坑面积 A(m)	隧顶埋深 H(m)	隧道与基坑净距 L(m)	隧道最大水平位移 S(mm)	隧道最大竖向位移 V(mm)
1	某高层建筑基坑	21.0	4800	14.5	6.9	27.0	33.0
2	上海新世界城	12.5	5920.0	7.4	3.0	9.0	−5.0
3	某基坑	15.9	1770.0	16.1	7.3	27.5	21.4
4	上海地铁7号线静安寺站基坑	23.4	5207.4	8.5	15.0	3.0	1.3
5	中国东部地区某附楼	7.0	600.0	10.0	4.0	1.4	6.8
6	上海南京路某广场基坑	14.4	686.8	9.3	7.0~11.0	10.0	−10.0
7	上海广场基坑(北坑)	15.5	9600	14.4	2.8~5.0	13.0	−5.0
8	上海南京西路1788地块某项目	14.5	10228	8.5	10.4~13.5	—	5.5/−3.5
9	广州黄沙上盖物业建筑群	12.0	60000	7.0	6.0	8.0	−12.3
10	上海市裕年国际商务大厦	10.0	3000.0	7.0	7.2	4.8	−3.3
11	广州鸿晖大厦	16.9	4800	9.9	8.4	8.5	—
12	上海市闸北区大宁商业中心	6.3	44365	11.8	5.5	4.0	7.1
13	上海市徐汇区某基坑	19.9	8800	11.0	25.0	—	−5.6
14	上海淮海中路3号地块项目	13.9	29000	8.4	8.0	—	5.0
15	天津某基坑项目	15.0	43890	15.0	16.6	14.6	9.1
16	上海会德丰广场	18.0	9573	8.5	5.4	—	−16.7
17	苏州工业园区公积金大厦	12.2	9595.7	12.0	9.5~14.0	1.1	6.5
18	苏州地铁4号线北侧的基坑	12.6	6510.0	12.5	9.0	12.2	7.9
19	南京河西地区某建筑工程	22.8	58100	18.5	15.0	19.8	−20.1
20	福州某邻近地铁建筑	15.1	24610	12.3	17.2	8.0	5.0

1.3.2 盾构穿隧道施工对地铁隧道的影响

随着我国盾构穿越既有地铁隧道工程日益增多,各式各样的穿越方式不断出现。根据盾构与既有隧道相对空间位置，可大致将穿越方式分为下穿、上穿、上下交叠穿越和并行。盾构穿越既有地铁隧道的影响可以视为"盾构-土体-既有隧道"的多元相互作用体系，"盾构"为扰动源，"土体"为传播介质，既有地铁隧道则是"影响对象"，盾构-土体-既有隧道相互作用关系图如图 1.3-3 所示。三者相互耦合作用，并最终达到新的稳定状态。

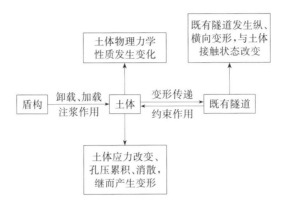

图 1.3-3 盾构-土体-既有隧道相互作用关系图

盾构与土体作用的环节主要分为：

（1）盾构开挖面支护压力大于前方水土压力时土体向外移动，支护压力小于前方水土压力时土体向开挖面塌陷。

（2）盾构在掘进过程中，盾壳与土体摩擦引起土体变形。盾构曲线掘进、蛇形等姿态变化引起侧壁挤压或超挖土体，导致土体变形。

（3）盾尾同步注浆压力过大引起土体向外移动，浆液填充不足或浆液渗透流失引起土体向盾尾空隙移动。

（4）盾构穿越后扰动土体再固结导致的工后沉降。

作为影响对象的既有地铁隧道主要是预制装配式混凝土衬砌结构，盾构施工引起的土体应力与变形传递至既有隧道处时，隧道的存在使周围土体应力发生重分布。此时，土体与既有隧道接触状态发生改变，土体和既有隧道之间可能出现弹性接触、塑性接触或脱空状态。本章收集国内盾构穿越既有隧道工程案例对实测数据进行了整合。表 1.3-3 统计了盾构穿越既有隧道典型工程案例。表中既有隧道隆沉值数据以隆起为正，沉降为负。

盾构穿越既有隧道典型工程案例   表 1.3-3

序号	穿越方式	工程名称	地层条件	穿越角度（°）	新建隧道直径（m）	竖向净距（m）	既有隧道隆沉值（mm）
1	上穿	上海地铁 8 号线上穿地铁 2 号线	淤泥质粉质黏土、淤泥质黏土	69	6.20	1.3	1.9
2		南京明园地下通道上穿地铁 2 号线	粉质黏土夹粉土、淤泥质粉质黏土	72	6.00	5.9	1.2
3		上海外滩通道上穿地铁 2 号线	灰色淤泥质黏土、灰色黏土	75	13.95	1.5	9.5
4		上海地铁 13 号线上穿地铁 4 号线	淤泥质黏土、粉质黏土	76	6.20	3.0	5.7

续表

序号	穿越方式	工程名称	地层条件	穿越角度(°)	新建隧道直径(m)	竖向净(m)	既有隧道隆沉值(mm)
5	下穿	北京某盾构下穿既有地铁区间	粉质黏土、粉土、卵砾石	24	6.00	7.2	−22.8
6		北京地铁 14 号线下穿地铁 15 号线	粉质黏土夹粉土层	55	6.00	2.0	−11.2
7		上海西藏南路隧道下穿地铁 8 号线	暗绿色粉质黏土、草黄色砂质粉土	56	11.36	2.7	−16.8
8		广州地铁 7 号线下穿地铁 3 号线	全风化混合花岗岩、强风化混合花岗岩	70	6.00	1.9	−4.1
9		深圳地铁 9 号线下穿地铁 4 号线	砾质黏性土、全风化花岗岩	83	6.00	2.5	−8.3

1.3.3　桩基施工对地铁隧道的影响

在隧道与桥桩近接施工的过程中，隧道、土体、桥桩三者组成一个相互作用的特殊体系，隧道-土体-桥桩相互作用关系图如图 1.3-4 所示。土层作为施工扰动的传递介质，三者相互影响，最终形成一个新的稳定平衡状态。桥桩施工过程中的钻孔、灌浆工艺会对地层产生扰动作用，引起桩周土产生位移，引发桩侧摩阻力效应；通过地层传递至邻近既有地铁隧道产生力学效应，产生附加应力和变形。鉴于成桩后土体的固结和荷载传递，桥桩工后影响更需引起重视。

土体作为传递的媒介，是实现相互作用的关键，也是分析桥桩和隧道结构受力与变形的关键，地铁隧道与桥桩的相互影响问题主要归因于土体位移场的影响。在实际施工中，不论是地铁隧道还是桥桩施工，都应将准确把握控制施工引起的土体变形作为保证既有隧道结构安全的重要措施。大量工程实践和试验分析研究表明，如何把桩基施工对邻近隧道的影响减少到最低限度，是近距离条件下地下建（构）筑物施工的核心问题。

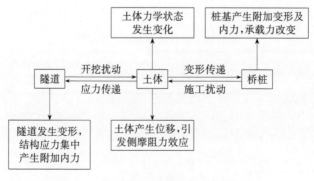

图 1.3-4　隧道-土体-桥桩相互作用关系图

1.4　国内城市轨道交通安全保护现状

由于城市工程活动建设条件的限制，周边工程活动会对地铁造成不同程度的影响，此外，地铁线路无法做到 24h 全范围监控，保护区内的违规作业活动也时有发生，例如上海、天津均发生过因地表堆土造成地铁隧道严重开裂的事故，深圳地铁因违法打桩击穿管片影响列车运营等。

近年来，影响城市轨道交通安全的事件时有发生，分析国内典型的地铁保护事故原因，既有内在因素也有外在因素，既有市政规划的因素也有属地监管的因素，归纳起来主要有以下几点：

（1）建设项目未按规定报批，擅自施工

在地铁控制保护区内，未经建设方同意或方案未通过论证先行搭建、勘探、堆土/卸载、钻探、抽排地下水，引起结构变形。一旦既有结构发生沉降、收敛变形或水平位移等现象，便会进一步引起结构病害、影响行车安全等。国内多个城市的运营轨道交通都发生了因控制保护区内违规施工导致地铁结构受损、变形、影响运营安全的严重事件。外部施工对轨道交通结构变形的影响如图 1.4-1 所示。

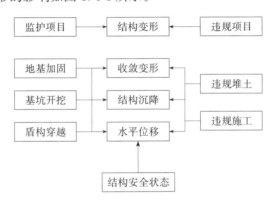

图 1.4-1　外部施工对轨道交通结构变形的影响

（2）部分施工单位对地铁控制保护区不了解，对施工产生的后果认识不足

地铁控制保护区内地基加固、基坑开挖以及盾构隧道施工时会对既有线路的设施结构产生影响。如：项目和城市地铁的车站（含出入口、通道、风亭）、隧道、地面轨道、高架桥梁、车辆段建（构）筑物、变电站建（构）筑物等相对位置关系了解不清；基坑支护结构和支撑体系选择不当；大面积加卸载作业等。

（3）周边环境复杂，运营期设施结构变形

轨道交通设施结构的变形除了人为施工因素外，还包括地质不均匀、自然水土流失、施工后固结沉降，运营期列车振动以及结构渗漏水等因素。在自然环境和使用环境双重作用下，会出现不同程度的衬砌裂缝、变形以及渗漏水等病害。侵蚀性地下水渗漏进入产生裂缝的隧道结构中会导致隧道衬砌钢筋锈蚀、结构混凝土腐蚀等，影响隧道结构的耐久性，从而影响隧道的安全使用性能，结构渗漏水的原因主要有密封条失效、施工质量问题或结构发生变形，三者相互作用形成恶性循环，进而加剧结构变形。轨道交通结构变形内外成因分析如图 1.4-2 所示。

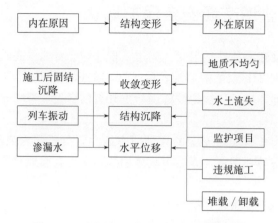

图 1.4-2　轨道交通结构变形内外成因分析

（4）地铁保护监督管理不到位，缺乏长期巡查监控，内外部信息无法关联

保护区内设施结构在洞内结构检查过程中可以获悉结构病害、养修及空间位置信息；保护区洞外巡查可以获悉其监护项目、违规项目及空间位置信息。然而实际日常生产过程中时常遇到险情发生时，无法把洞内外信息与危险源的地质、监测、标图等环境信息快速有效地结合，不能有效对洞内外信息进行关联，导致错过最佳抢险时机。

（5）政府执法部门的监管力度不足，立法管理不完善

从目前全国各城市的轨道交通管理情况来看，虽有些地方政府也制定并下发了地方性的轨道交通管理办法（条例），如上海、广州、南京等地都有针对地铁保护的专门规定，但总体上，监督管理力度不够，对地铁设施设备和结构的保护仍存在一定的盲点，主要表现为线路巡查机制、保护区项目的分级管理等制度缺失以及对地铁保护工作的重视程度不足，很多城市均是在发生了地铁保护事故后才引起重视，事前控制不足。

1.5　本书主要内容

本书定位为全国（侧重长三角地区）城市轨道交通保护技术指导工具书。旨在为对城市轨道交通保护技术及流程尚不清楚的业内、外人士提供有关城市轨道交通保护区工程的相关知识和指导建议。内容包括城市轨道交通保护区内建设项目的设计、评估、施工、监测、病害调查和后期信息管理。本书各个章节针对性地讲解城市轨道交通保护区内建设项目的建设全过程，通过对基本建设要求进行讲解和典型性建设案例进行深度分析，为从业人员提供一个清晰的城市轨道交通保护区内建设项目的建设流程思路，帮助从业人员更加安全、更加高效、更加完善地统筹推进城市轨道交通保护区内建设项目。

第2章
城市轨道交通安全保护标准及管理模式

2.1 城市轨道交通安全保护标准

2.1.1 城市轨道交通工程结构灾害机理

我国的铁路隧道数量和长度均居世界首位，但由于地质、设计、施工、造价、运营、维修管理等方面的原因，既有线铁路隧道病害问题日益突出，有些隧道病害已经影响到既有线铁路隧道的正常使用，甚至危及行车安全，有些虽然进行了整治，但效果不甚理想。

以盾构隧道结构病害为例，常见的结构病害以渗漏水和管片裂缝及管片上浮为主。其中渗漏水最为常见，而造成渗漏水的原因也很难确定，对于一般盾构隧道造成渗漏水的原因主要为：管片自身质量缺陷、管片衬背注浆不饱满、盾构姿态不好、盾构推力不均匀等。盾构隧道管片为钢筋混凝土结构，其开裂主要是受力不均匀或受力过大所造成的。盾构隧道施工过程中，管片承受着千斤顶的顶力、盾尾密封刷的作用力等多种外力的综合作用，管片的受力状态较为复杂。管片上浮的主要原因是同步注浆不饱满，从而存在上浮空间，而当管片在受力情况下也会产生上浮，主要受地下水浮力以及相邻管片之间的相互作用力。

为了有效地预防常见隧道病害，在盾构施工前，加强盾构管片生产控制、进出场验收，盾构拼装前进行技术交底，盾构掘进时严格控制盾构姿态，特别在曲线阶段，应缓慢掘进，控制盾构机纠偏量，若施工质量不可控时应及时停工，制定应对方案。实际工程中，隧道病害产生的原因很复杂，只有通过调查、检测、勘察与分析，找出主、次要因素，然后采取有针对性的工程措施，才能达到既治标又治本的效果。

2.1.2 城市轨道交通结构保护区的设置

城市轨道交通控制保护区的设置要满足城市轨道交通结构的安全控制标准，充分考虑外部作业工程勘察、设计、施工、监测阶段对结构造成的不利影响。外部作业应针对不同的作业类型、作业影响等级和叠加作业，相应设置安全控制标准，城市轨道交通结构保护区主要分为控制保护区和特别保护区，地铁保护区示意图如图2.1-1所示。

2.1.2.1 城市轨道交通保护区范围

为保障城市轨道交通安全运营，城市轨道交通沿线设立控制保护区和特别保护区，控

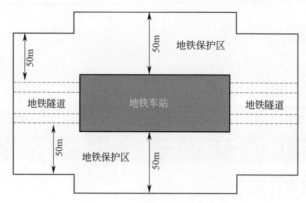

图 2.1-1　地铁保护区示意图

制保护区和特别保护区范围包括地下、地表和地上。

（1）控制保护区范围如下：

1）地下车站与隧道结构外边线外侧 50m 内；

2）地面车站和高架车站以及线路轨道结构外边线外侧 30m 内；

3）出入口、通风亭、变电所等建（构）筑物结构外边线外侧 10m 内；

4）城市轨道交通过江、过河隧道结构外边线外侧 100m 内。

（2）特别保护区范围如下：

1）地下工程（车站、隧道等）结构外边线外侧 5m 内；

2）高架车站及高架线路工程结构水平投影外侧 3m 内；

3）地面车站及地面线路路堤或路堑外边线外侧 3m 内；

4）车辆段用地范围外侧 3m 内；

5）高压电缆沟水平投影外侧 3m 内。

因地质条件或其他特殊情况，需要调整控制保护区和特别保护区范围的，由轨道交通运营单位提出，经所在市城乡规划主管部门审核后，报市人民政府批准。

2.1.2.2　城市轨道交通保护区施工建设活动

对于在特别保护区内的建设活动也有明确的要求，在特别保护区内可进行一般的交通设施、市政公用设施、人防设施等的新建、改建、扩建工程；城市轨道交通相关物业建设、连通工程；特别保护区规划已取得规划许可的建设工程，对于已有建筑物仅可进行改扩建工程。

而针对一些较为特别的建设工程，需要在相应监管单位做出许可前征求城市轨道交通建设单位或运营单位意见。主要包括有：新建、改建及拆除道路和建筑物；基坑开挖、爆破、堆土等可能影响城市轨道交通运营及设施安全的作业；敷设电缆、架设排污、排水等需要横穿轨道交通的设施等。上述作业对城市轨道交通安全运营有较大影响的，其专项施工方案应当通过专家审查论证，并委托专业机构对作业影响区域进行动态监测。作业单位在保护区内作业前，应当与运营单位签订相关安全协议，落实专项施工方案中各项工作的责任单位、责任人。

2.1.2.3　城市轨道交通保护区监管要求

在轨道交通控制保护区内进行建设工程活动的，建设单位应当制定轨道交通设施保护方案，经轨道交通运营单位同意后，依法办理有关行政许可手续，施工过程应当接受轨道交通运营单位的安全监控，主要监控对象分别为保护区建设项目涉及的建（构）筑物、影响城市轨道交通运营及设施安全的作业、管线和其他需跨越或横穿城市轨道交通的设施、影响地下水及地面荷载的活动和其他可能危害城市轨道交通设施的活动。

2.2 城市轨道交通结构安全控制标准

根据《城市轨道交通结构安全保护技术规范》CJJ/T 202—2013 中的相关规定，外部作业影响等级的划分如表 2.2-1 所示，接近程度的判定标准如表 2.2-2 所示。城市轨道交通结构处于复杂的工程地质条件中或存在地质灾害的情况，其外部作业影响等级应结合当地具体的工程经验综合确定，不宜低于一级。外部作业净距控制管理值如表 2.2-3 所示。

外部作业影响等级的划分 表 2.2-1

外部作业的工程影响分区接近程度	非常接近	接近	较接近	不接近
强烈影响区（A）	特级	特级	一级	二级
显著影响区（B）	特级	一级	二级	三级
一般影响区（C）	一级	二级	三级	四级

接近程度的判定标准 表 2.2-2

城市轨道交通结构的施工方法	相对净距	接近标准
明挖、盖挖法	$<0.5H$	非常接近
	$0.5\sim1.0H$	接近
	$1.0\sim2.0H$	较接近
	$>2.0H$	不接近
矿山法	$<1.0W$	非常接近
	$1.0\sim1.5W$	接近
	$1.5\sim2.5W$	较接近
	$>2.5W$	不接近
盾构法或顶管法	$<1.0D$	非常接近
	$1.0\sim2.0D$	接近
	$2.0\sim3.0D$	较接近
	$>3.0D$	不接近

注：H 为明挖法、盖挖法城市轨道交通结构的基坑开挖深度；W 为矿山法城市轨道交通结构的隧道毛洞跨度；D 为盾构法或顶管法城市轨道交通结构的隧道外径。

外部作业净距控制管理值（m） 表 2.2-3

外部作业	城市轨道交通结构类型		
	地下结构	地面结构	高架结构
工程桩	≥3.0	≥3.0	≥3.0
围护桩、地下连续墙	≥5.0	≥5.0	≥5.0

续表

外部作业	城市轨道交通结构类型		
	地下结构	地面结构	高架结构
钻探孔	≥3.0	≥3.0	≥3.0
锚杆、锚索、土钉(末端)	≥6.0	≥6.0	≥6.0
起重、吊装设备	—	≥6.0	≥6.0
搭建棚架及宣传标志	—	≥6.0	≥6.0
存放易燃物料	—	≥6.0	≥6.0
冲孔、震冲、挤土	≥20.0	≥6.0	≥6.0
浅孔爆破	≥15.0	≥15.0	≥15.0
深孔爆破	≥50.0	≥50.0	≥50.0

根据浙江省工程建设标准《城市轨道交通结构安全保护技术规程》DB33/T 1139—2017 中相关规定,结合城市轨道交通变形和结构损伤情况,可将轨道交通结构安全状况分为Ⅰ类、Ⅱ类、Ⅲ类、Ⅳ类四个类别,轨道交通结构安全状况分类如表 2.2-4所示。

轨道交通结构安全状况分类

表 2.2-4

轨道交通结构安全状况	轨道交通结构变形或结构损伤情况
Ⅰ类	变形大或结构损伤严重
Ⅱ类	变形较大或结构损伤较为严重
Ⅲ类	除Ⅰ类、Ⅱ类、Ⅳ类以外的情况
Ⅳ类	未铺轨运营、变形较小且结构性能完好

同时根据轨道交通结构安全状况、工程地质和水文地质条件、外部作业(基坑工程、隧道工程、桩基础、道路及地下管线等)影响程度等因素,外部作业的轨道交通结构安全保护等级分为 A 级、B 级和 C 级,外部作业的轨道交通结构安全保护等级如表 2.2-5 所示。

外部作业的轨道交通结构安全保护等级

表 2.2-5

外部作业的轨道交通结构安全保护要求	安全保护等级
高	A 级
较高	B 级
一般	C 级

外部作业的轨道交通结构安全保护等级为 A 级时,结构安全控制指标值应根据轨道交通结构现状评估结果确定。外部作业的轨道交通结构安全保护等级为 B 级,轨道交通结构安全状况为Ⅰ类、Ⅱ类时,结构安全控制指标值应根据轨道交通结构现状评估结果确定;轨道交通结构安全状况为Ⅲ类、Ⅳ类时,结构安全控制指标值宜根据轨道交通结构现状评估结果确定,地下结构安全控制指标值如表 2.2-6~表 2.2-8 所示。

盾构法或顶管法地下结构安全控制指标值　　　表 2.2-6

结构安全控制指标控制值	轨道交通结构安全状况			
	Ⅰ类	Ⅱ类	Ⅲ类	Ⅳ类
水平位移(mm)	<5	<8	<14	<20
竖向位移(mm)	<5	<10	<15	<20
相对收敛(mm)	<5	<8	<14	<20
车站与区间交接处差异沉降(mm)	<5	<8	<12	<16
变形曲率半径(m)	>15000	>15000	>15000	>15000
变形相对曲率	<1/2500	<1/2500	<1/2500	<1/2500
管片接缝张开量(mm)	<1	<1	<2	<2
外壁附加荷载(kPa)	≤10	≤15	≤20	≤20
裂缝宽度(mm)	≤0.1	≤0.1	≤0.2	≤0.2

明挖法地下结构安全控制指标值　　　表 2.2-7

结构安全控制指标控制值		轨道交通结构安全状况			
		Ⅰ类	Ⅱ类	Ⅲ类	Ⅳ类
水平位移(mm)		<5	<10	<15	<20
竖向位移(mm)		<5	<10	<15	<20
车站与附属结构交接处差异沉降(mm)		<5	<8	<12	<16
裂缝宽度(mm)	迎水面	≤0.1	≤0.1	≤0.2	≤0.2
	背水面	≤0.2	≤0.2	≤0.3	≤0.3

高架及地面结构安全控制指标值　　　表 2.2-8

结构安全控制指标控制值	轨道交通结构安全状况			
	Ⅰ类	Ⅱ类	Ⅲ类	Ⅳ类
水平位移(mm)	<5	<10	<15	<20
竖向位移(mm)	<5	<10	<15	<20
车站与区间交接处差异沉降(mm)	<5	<8	<12	<16
相邻柱基沉降差(mm)	<0.0003L	<0.0005L	<0.001L	<0.0015L
裂缝宽度(mm)	≤0.2	≤0.2	≤0.3	≤0.3

注：L 为相邻柱基的中心距离（mm）。

2.3　城市轨道交通安全保护管理模式

2.3.1　城市轨道交通保护管理依据和办法

为防止轨道交通沿线一定区域内的违规施工作业行为，确保轨道交通的安全运营，住房和城乡建设部、交通运输部等部门颁发了一系列标准规范，如《城市轨道交通结构安全保护技术规范》CJJ/T 202—2013、《城市轨道交通运营保护区安全管理技术规范》T/CSP-

STC 44—2019 等，规定了保护区范围划定、保护区界线测设及维护、保护区安全管理（含保护区管理组织机构与职责、建设项目管理、违规处理、保护区应急管理）、保护区日常巡查、保护区日常监测及保护区信息管理系统相关内容，随后全国各个城市也相继制定了轨道交通保护管理的相关条例与规定，明确轨道交通保护区职责部门、保护区范围划定、日常管理、问题处置等相关管理要求。

2.3.2 城市轨道交通保护管理内容

城市轨道交通控制保护区内基坑工程、隧道工程、桩基础、道路及地下管线等外部作业是影响城市轨道交通安全的重要因素。近年来，由于勘察作业、基坑渗漏、施工扰动等原因造成的城市轨道交通停运、车站及隧道进水、结构变形过大等问题时有发生。通过加强城市轨道交通控制保护区管理水平，对提升城市轨道运营安全有着重要意义。

2.3.2.1 城市轨道交通保护区线路巡查管理

保护区线路巡查的目的在于及时发现未经审查开展工程建设活动，或检查工程建设活动影响范围内轨道交通地面设施损坏情况，含导向标识及地铁保护标识（缺失情况）、出入口/风亭（井）铺装、车辆段/场封闭等，防范轨道交通设施破坏行为，及时减少或规避保护区安全风险。

巡查的主要方式以人工现场巡查为主，采用步巡或借助电动车、工程车等交通工具按每日一次的巡查频率进行轨道交通保护区范围全覆盖巡查工作。线路巡查员佩戴个人防护用品、告知函、巡查记录本，辅以手持 GIS 从保护区巡查起始站点开始按照"一站一记录，一站一拍照"的原则，实时、详尽、如实填写线路巡查日志，通过使用智能手机全面记录违规现场场景，对违规事件进行实时一键上报、反馈并进行现场处置。相关信息经管理人员、运营公司确认后，统一反馈至轨道交通保护区行政主管部门。

巡查过程中需定期统计保护区内标识保护状况，如有破损或遗失情况，及时上报进行更换或增设。巡查结束后，线路巡查员应将工作任务落实情况及存在问题及时反馈至所属班组、部门，并进行每日记录总结及梳理，形成每日线路巡查台账。常见的轨道交通保护区标识可分为：标识桩、标志牌、埋置宣传牌、挂式宣传牌四类，地铁保护标识如图 2.3-1 所示。

(a)   (b)

图 2.3-1 地铁保护标识

（a）标识桩；（b）标志牌

 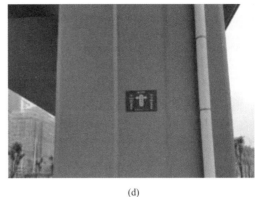

(c)　　　　　　　　　　　　　　　　　(d)

图 2.3-1　地铁保护标识（续）

（c）埋置宣传牌；（d）挂式宣传牌

2.3.2.2　城市轨道交通保护区项目监管

1. 方案审查及手续办理

技术方案主要包括轨道交通保护区项目安全评估报告、轨道交通保护专项施工方案、轨道交通保护监测方案、轨道交通保护过程评估、后评估报告等。

位于或部分位于控制保护区内的项目，在勘察、设计和施工前在建单位按地铁公司或相关管理部门的要求提出申请，并编制地铁专项保护方案进行评审，最终与城市轨道交通建设单位或者运营单位签订安全生产管理协议，落实城市轨道交通安全防护方案中各作业分项的责任单位、责任人及专项费用后方可施工。

2. 现场管理

运营单位根据前期备案的方案，并结合双重预防风险识别内容编制专项监护方案。项目监管负责人组织外部作业项目建设、施工和监理单位召开安全联动会议，进行安全技术交底并建立联动机制，根据监护方案相应的要求，定期进行地铁控制保护区巡查，并形成台账做好记录，检查已审批的项目是否按所报方案施工。

对未按要求施工的项目，以书面形式告知建设活动行为人要求其停止违规施工行为，并将相关情况以邮件等形式报告轨道交通保护区行政主管部门、轨道交通建设单位或运营单位，通知执法部门进行现场执法，保证运营安全。

2.3.2.3　地铁安全保护区监测管理

1. 地铁保护监测

根据轨道交通保护区内外部作业影响情况，对可能受影响的轨道交通设施进行监测，并对轨道交通保护密切相关的施工监测项目进行复测。主要工作内容有测点布设、状态调查、数据采集与分析、地铁保护区监测复核、结构状态巡视等，轨道交通运营单位主要负责审核监测单位施工计划并形成台账做好记录、安排施工监管人员进行施工监管、测点验收。

针对监测数据报警、超控情况，监测单位第一时间以电话、微信、邮件等形式通知相关单位，并在 24h 内以报警单的形式报送项目监管负责人。项目监管负责人对报警情况进行初步分析，核实现场工况后，以书面形式告知项目建设方，要求现场采取措施对风险加以控制；督促建设方立即组织召开报警分析会，对报警原因进行分析，并根据报警分析会专家意见制定项目后续风险管控措施；同时，需将问题告知轨道交通保护区行政管理部门。

2. 长期运营监测

为监控城市轨道交通运营线路结构安全而定期开展对正线、联络线、出入段线等线路的道床结构、区间隧道的管片、高架梁和墩柱、车辆段（场）的监测，有效反映城市轨道交通结构变形程度和长期变形过程。

长期运营监测单位在作业前 30d 内完成监测技术方案的编制工作，并提交轨道交通建设单位或运营单位审核后开展相关监测工作，主要工作内容有测点布设、状态调查、数据采集与分析、地铁保护区监测复核、结构状态巡视等。

2.3.2.4 地铁保护安全管理

1. 双重预防

双重预防体系分为风险分级管控和隐患排查治理，将风险进行分级管理，根据作业条件危险性分析（LEC 法），对保护区内固有风险、作业风险、动态风险进行识别，并将风险分为"特别重大风险、重大风险、较大风险、一般风险、少有风险"五级。每个级别对应相应的风险管控层级，落实责任与风险点的划分，有助于开展针对性保护区日常监督，提高管理效率。

2. 安全宣传

开展轨道交通保护区安全宣传，可采取案例宣传、视频宣讲等多样化形式，广泛开展社区、单位、工地、乘客宣传，提升群众、单位地铁保护安全意识。同时，对勘察单位及地铁保护作业单位开展文明倡议告知活动，排查线路周边有施工风险的有关单位、线路周边老旧小区，并建立联动机制，定期组织回访，形成共同监督、共同保障、共享安全的社会氛围。

2.3.2.5 地铁保护应急管理

1. 应急演练

为有效应对地铁保护区突发事件，需提前进行情景构建，并制定相应的应急预案，明确地铁保护区突发事件处置流程和措施。对地铁保护区范围内发生的可能造成运营设施设备损坏或影响列车安全运行及车站运营服务的事件，如隧道结构被钻穿、车站周边管线破坏、外线高压电缆管沟破坏、路面塌陷及保护区内基坑突涌、基坑坍塌等工程事故开展风险分析。

根据事件类别，影响范围与可能产生的风险损害程度确定事故响应等级，并根据等级确认风险事故处置流程，明确响应要求、现场处置流程、信息报送等内容，定期开展应急演练并对应急处置情况进行评估和总结，提高轨道交通保护区突发事件的现场处置能力。

2. 应急值守与应急预案

根据监管人员居住地点合理编制 24h 值守计划，建立保护区突发事件 24h 电话值守机制，突发事件发生后轨道交通保护区巡查监管人员 45min 内到达现场进行处置，保障突发事件应急响应及时、快速。针对盾构穿越等高风险项目制定专项应急预案，进行风险分析，明确应急处置与信息报送要求，最大程度降低施工对运营造成的影响，各类风险分析如表 2.3-1 所示。

各类风险分析

表 2.3-1

事件类别	影响范围	风险分析
车站周边管线破坏	车站	造成车站水管爆裂、通信中断，车站周边燃气管线破坏，影响乘客正常安全通行及车站运营服务，严重的可能导致车站出入口关闭
高空坠物（外部作业）	高架区间、车辆段、出入段线、U形槽、车站	可能造成车站出入口、紧急出入口、新风井、通风亭、冷却塔等设施设备破坏，严重的可能导致车站出入口关闭、限速行驶、列车晚点、行车中断、列车停运、列车倾覆、人员受困及伤亡、列车受损
外线高压电缆管沟破坏	车站	可能造成车站大面积失电、区间接触网失电，严重的可能导致关站、行车中断、列车停运等
保护区塌陷	隧道区间、高架区间、出入段线、U形槽、车站	可能造成隧道区间、高架区间、出入段线、U形槽、车站、出入口结构沉降、隆起、水平位移，严重的可能导致车站设施设备损毁、车站出入口关闭、关站、列车限速、行车中断、列车停运、人员受困及伤亡等
保护区工程事故	隧道区间、高架区间、车辆段、出入段线、U形槽、车站	可能造成隧道区间、高架区间、出入段线、U形槽、车站、出入口结构沉降、隆起、水平位移，导致隧道区间、车站、出入口渗漏水、漏砂、涌水、涌砂，严重的可能导致车站设施设备损毁、车站出入口关闭、关站、列车限速、行车中断、列车停运等
地铁结构变形数据报警	隧道区间、高架区间、出入段线、U形槽、车站	可能造成车站、区间设施设备检测数据超限、设施设备损坏等

2.4　城市轨道交通保护信息管理系统

2.4.1　信息管理系统发展方向

2020 年初，中国城市轨道交通协会发布了《中国城市轨道交通智慧城轨发展纲要》，奉行"交通强国，城轨担当"的历史使命，遵循"推进城轨信息化，发展城轨智能化，建设城轨智慧化"的建设主线。

智慧城轨基础设施空间数字化地理信息平台研究与应用涉及诸多方面，既要考虑当下各业务应用场景，又要思考智慧地铁后续服务支持；既涉及平台的安全性、可复用性、可冗余性、可维护性、可扩展性，又需思考顶层整体规划、分阶段分期建设。主要内容包括：

（1）基于执法管理平台实现地铁保护大数据分析应用，深化地铁保护区范围内的数据互通和业务联动，探索地铁保护区外部施工由二维管理向三维管控发展。优化保护区巡查执法工作和重大项目、复杂地质项目专项保护方案落实情况的取证和督查。

（2）利用当前越来越被成熟运用的地理信息系统（GIS），构建地铁结构三维空间模型，通过对地铁桥隧空间关联分析，使轨道交通管理部门、执法部门能够快速访问、查询，直观地掌握保护区外部施工与自有桥隧结构的空间关系，现场在终端上搭建基础模型，实现对受控项目与地铁桥隧空间位置的快速判定；通过数字化手段建立内外里程的对应关系，实现各数据的统一与关联查询；对项目是否按照既定的保护方案落实、可能存在的风险等方面推送提醒和预判建议。

（3）远期利用既有设施研究，进一步挖掘保护区巡查历史资料和数据的作用，实现地铁保护区巡查覆盖率和违规/受控项目巡查覆盖率的统计，探索利用建筑信息模型（BIM）数据进行三维可视化巡防，通过遥感影像数据，构建数字地形模型，为各种工程的面积、体积、坡度等计算分析提供数据基础。

2.4.2 巡查管理

1. 无人机辅助巡查

无人机技术近年来得到了快速发展，在多个行业得到了广泛应用。具有结构简单、成本低、机动灵活等优点；轻型无人机通过搭载各种重量轻、体积小、探测精度高的传感器，再与人工智能技术相结合，为自动化、智能化的轨道交通控制保护区巡查提供了新的思路。轨道交通作为线状工程，非常适合使用旋翼无人机或固定翼无人机沿保护区进行地表影像的快速采集。无人机根据规划的航线采集轨道交通沿线影像数据，可对控制保护区内的施工项目、作业行为及外部环境等进行远程监管。

对于采集的影像数据，利用人工智能技术对其进行分析，可实现城市轨道交通控制保护区内违规作业目标的自动识别，通过全球导航卫星系统（GNSS）位置信息可实现违规行为的自动预警和快速定位。目前广州、重庆的轨道交通保护部门展开了无人机辅助的保护区巡查试验。无人机辅助巡查模式能有效减少巡查人员的数量，实现质量标准的统一，节约企业成本，提高巡查效率。同时相比于车载移动实景巡查，无人机辅助巡查具有空中优势，有助于发现更多控制保护区内的违规行为。

2. 智能视频监控巡查

无论是车载移动实景巡查还是无人机辅助巡查，虽然提高了巡查的自动化程度，但仍主要是进行周期性的巡查，无法实现全天候的不间断实时巡查。随着物联网、大数据、云存储及人工智能等现代化技术的快速发展，以网络化、高清化、集成化及智能化等为特征的智能视频监控技术得到了快速发展。在轨道交通线网保护及安全运营需求不断提升的情况下，智能视频监控技术在轨道交通控制保护区管理中具有广泛的应用前景。

通过利用轨道交通沿线的既有视频监控系统或新建监控基础设施，可适应轨道交通沿线复杂多样的环境，实现控制保护区的实时可视化远程巡查。同时，可结合深度学习等人工智能技术，对视频监控系统拍摄的影像进行实时分析，从而实现违规作业行为的实时自动识别与处理。采用智能监控系统可实现全天候、全方位的安全巡查，通过对轨道交通沿线安全状态进行实时把控，不仅可实现事件信息采集的精确化、信息传递过程的网络化、监督管理过程的实时化，还可降低企业成本，提高部门管理水平和工作效率，提升轨道交通安全运营保障能力。

2.4.3 预警及处罚管理

为满足城市轨道交通安全高效运营的多维化需求，近二十年来，以新兴的数字化、自动化、网络化和智能化为核心的信息系统在土木工程的设计、施工、监测检测领域引发了新一轮技术革命。将监测结果借助数字化三维模型、分布式实时数据库、网络地理信息系统等网络技术及时有效反馈给风险管控部门，据其预测事故险情，采取措施以确保在地质、地表环境复杂段的施工安全的新传统已初见端倪。

全国多地轨道交通部门结合自身管理特色与经验，建立城市轨道交通工程管理平台或研发地铁运营安全智能系统，优化重大项目、复杂地质项目专项保护方案落实情况的取证和督查，利用信息化技术识别事故类别，定位入侵地点，建立快速检测、报警、排查具有针对性的联动处理机制，较大程度地提高保护区管理的工作效率。

第3章
城市轨道交通保护区内建设项目
设计要求及案例

3.1 城市轨道交通保护区内建设项目设计要求

3.1.1 一般要求

一般需要保护的城市轨道交通结构包括车站主体、区间结构、车站附属结构（出入口、风亭、冷却塔）和其他轨道交通相关结构。

其他相关结构包括：联络通道、区间风井、出入段线（场）、车辆段（停车场）、控制中心、主变电所、外线高压电缆管沟等。

在城市轨道交通安全保护区内进行下列作业的，应采取相应的安全防护措施：

（1）新建、改建、拆除道路、建（构）筑物。

（2）从事基坑（槽）开挖、顶进、爆破、桩基础施工、灌浆、喷锚、勘察、钻探、打桩、降低地下水位等可能影响城市轨道交通运营及设施安全的作业。

（3）敷设、埋设、架设排污、排水、泄洪沟渠及电力隧道、高压线路等管线和其他需跨越或横穿城市轨道交通的设施。

（4）开挖河道水渠、打井取水。

（5）在过江、过河隧道段水域抛锚、拖锚或从事疏浚作业、采石挖砂等作业。

（6）堆物、取土等大面积增加或减少载荷的活动。

（7）其他可能危害城市轨道交通设施的活动。

保护区范围内的项目实施前，应收集轨道交通结构的相关资料，掌握轨道交通结构建设进度和安全状况，根据轨道交通结构安全状况、工程地质和水文地质条件、外部作业影响程度等因素，明确外部作业的轨道交通结构安全保护等级。

盾构法或顶管法地下结构安全控制指标值需参考表 2.2-6～表 2.2-8，并结合轨道交通结构的现状评估进一步确定。在设计工作开展前，应结合外部条件和轨道交通结构安全状况，对设计进行多方案比选。方案比选过程中应着重考虑工程建设对已建地铁设施的影响，选取安全可靠、经济合理、方便施工的技术方案。

3.1.2　桩（墙）工程设计要求

3.1.2.1　桩（墙）施工的影响机理

邻近地铁设施的地下空间开发涉及众多外部作业行为，而地下桩（墙）的施工往往是其他后续环节得以开展的前提和基础。在常规工程建设领域，一般认为桩（墙）施工对周边环境的影响相对较小，甚至可以忽略不计。但是，相关工程实测已表明，即使是非挤土的桩（墙），其施工导致的变形量也非常可观，如地下连续墙成槽开挖至主体开挖之前的总变形量可达主体开挖总变形量的 40%～50%。

桩（墙）施工包括成孔（槽）、泥浆护壁、混凝土浇筑与硬化等多个环节，周边土体不仅要经历复杂的加、卸载过程，还会受到施工的扰动（如施工机械或混凝土快速灌注对侧壁的冲击）、水分迁移与土体软化、多桩施工影响的叠加等，使其变形进一步增大。此外，桩（墙）施工使周边土体内产生正或负的超孔隙水压力，由于软土中超孔隙水压力消散缓慢，导致工后仍会产生长期的变形。地铁设施随着近距离桩（墙）施工及工后的土体变化而变化，在隧道与土体的相互作用后形成最终的地铁设施变形。

软弱土地区桩（墙）施工引起邻近盾构隧道变形超过控制要求甚至管片结构受损的事故屡有发生。如某项目在工程桩、三轴水泥土搅拌桩施工期间，隧道最大沉降就超过10mm，收敛最大变形为 22mm，使得后续基坑开挖施工期间盾构隧道的安全余量大幅度减小，严重阻碍了项目的推进；又如另一项目由于工期较紧，地下连续墙在最后施工阶段没有按照要求进行跳槽施工，造成邻近隧道一侧水土压力的激增，导致邻近盾构隧道在一天内产生 2mm 左右的变形，且变形持续发展；更有一工程地下连续墙成槽后未及时浇筑混凝土，导致槽壁塌陷，引起邻近盾构隧道两天沉降变形超过 10mm。因此，对于近距离桩（墙）施工可能引起的地铁设施病害应引起高度重视，采取有效的技术措施保证地铁设施安全。

轨道交通设施保护区范围内外部作业桩基常用桩型如表 3.1-1 所示。

轨道交通设施保护区范围内外部作业桩基常用桩型　　　　　　表 3.1-1

功能	桩型	性能	扰动性
围护桩（墙）	地下连续墙	刚性	非挤土
	灌注桩（泥浆护壁）	刚性	非挤土
	灌注桩（全钢套施工）	刚性	部分挤土
	咬合桩	刚性	部分挤土
	型钢水泥土搅拌墙	柔性＋刚性	非挤土
	钢板桩	刚性	部分挤土
	水泥土重力式挡墙	柔性	非挤土

功能	桩型	性能	扰动性
截水桩（槽壁加固、土体加固）	TRD 工法桩	柔性	非挤土
	MJS 工法桩	柔性	非挤土
	三轴水泥土搅拌桩	柔性	部分挤土
	CSM 搅拌桩	柔性	部分挤土
	RJP 工法桩	柔性	部分挤土
	高压旋喷桩	柔性	部分挤土
工程桩	灌注桩	刚性	非挤土
	预应力管桩	刚性	挤土

常用桩型的施工特点及对周边环境的影响机理如下：

1. 预制管桩施工的影响机理

预制管桩施工时产生挤土效应和孔隙水压力增大的现象，施工时沉桩引起四周土体扰动，改变了土体的应力状态，形成了桩周颗粒的复杂运动，使桩周土体发生变化，这种变化表现为径向位移，桩尖和桩周一定范围内的土体受到不排水剪切以及很大的水平挤压。由于群桩的叠加作用，桩群越密桩径越大，土体的位移和超孔隙水压力就越大，对周围环境和建筑物的影响就越大。预制管桩施工时由于挤土效应会造成隧道结构物发生远离施工方向和向上的位移，大面积桩基施工时挤土效应更加明显，引起的邻近地铁结构变形也就越大。

宋维金等通过试验测量，距离静力预应力管桩 10.0m 处地表最大侧移为 7.1mm，在 2.0m 深度处最大侧移为 6.2mm；距离静力预应力管桩 5.0m 处地表最大侧移为 13.9mm，在 2.0m 深度处最大侧移为 15.3mm。超孔隙水压力随着离开桩的距离非线性衰减，其有效影响半径为 15m 左右。

2. 钻孔灌注桩施工的影响机理

钻孔灌注桩钻孔过程中会对土压力和超孔隙水压力造成一定的释放，若这种压力释放过于迅速则易造成坍孔，钻孔灌注桩坍孔势必造成更大的压力释放。因此，钻孔灌注桩施工对邻近地铁隧道会产生一定的影响。钻孔灌注桩施工时，钻孔会造成土体内部应力释放，也会造成超孔隙水压力的释放，因此造成周边隧道结构出现向钻孔灌注桩施工方向的位移趋势。

图 3.1-1 为软土地区钻孔灌注桩施工造成邻近轨道交通结构变形的工程案例统计。由图可知，竖向沉降在 0～2mm 范围内的监测结果占 81.8%，水平向变形在 0～2mm 范围内的监测结果占约 88.8%，水平收敛在 0～2mm 范围内的监测结果占 70%。统计结果表明，钻孔灌注桩施工期间导致的邻近地铁隧道的竖向变形、水平向变形以及水平收敛基本控制在 3mm 之内，但地铁隧道结构容许变形值（安全控制指标值仅为 5～20mm），可见目前工程中钻孔灌注桩施工影响占比是比较大的。

3. 地下连续墙施工的影响机理

地下连续墙施工的第一步骤是开挖成槽，槽的四面孔壁可能会因临空而失稳，实际中采用向槽内注入泥浆的方法来保持槽壁稳定。注入泥浆以后，对原有土体的应力和变形会产生影响。通过定性分析，总结地下连续墙成槽施工对盾构隧道的影响主要有如下几点：

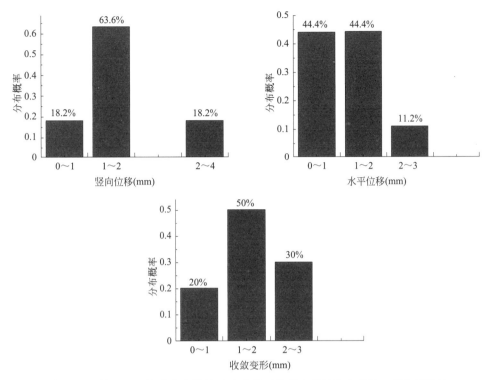

图 3.1-1　软土地区钻孔灌注桩施工造成邻近轨道交通结构变形的工程案例统计

（1）如图 3.1-2（a）和图 3.1-2（b）所示，槽面上的土体剥落会影响后续成槽施工过程，剥落中空的土体需要更多的混凝土填充，影响地下连续墙固结硬化过程。

（2）槽周土体失稳整体滑动，如图 3.1-2（c）所示，危及现场工作人员的安全，对周边环境造成较大的影响，也给后续施工展开造成了困扰。

（3）成槽施工过程对周围土体应力的影响直接关系基坑支护设计的合理性。如图 3.1-2（d）所示为墙周土压力可能分布形式。

总之，地下连续墙扰动了周边土体，大概率会造成周边盾构隧道向施工方向的位移。

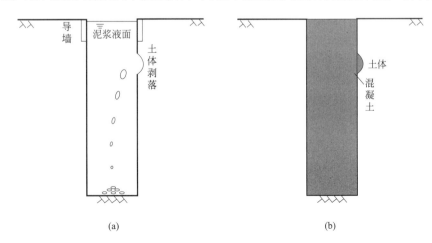

图 3.1-2　地下连续墙成槽后状态

（a）槽面土体剥落；（b）剥落中空的位置被填充；

27

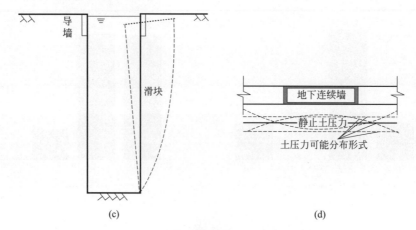

图 3.1-2 地下连续墙成槽后状态（续）

（c）槽周土体失稳整体滑动；（d）墙周土压力可能分布形式

图 3.1-3 是地下连续墙施工对邻近盾构隧道结构的影响统计。从图中可以看出，地下连续墙施工过程引起邻近盾构隧道竖向沉降在 0～2mm 范围内的监测结果占到约 73.3%，水平变形在 0～2mm 范围内的监测结果占约 80%，收敛变形在 0～2mm 范围内的监测结果占约 86%。统计结果表明，地下连续墙施工期间导致的邻近地铁隧道的竖向变形、水平变形、收敛变形基本控制在 2mm 之内。上述地下连续墙施工前，均采用微扰动搅拌墙技术对地下连续墙两侧的槽壁进行了加固。

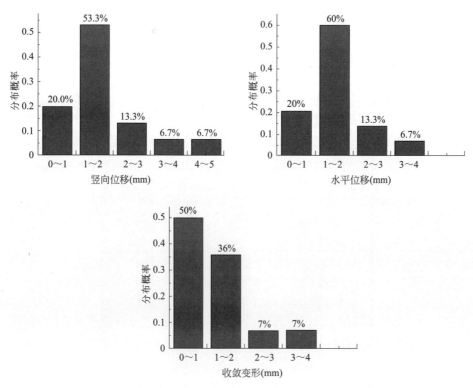

图 3.1-3 地下连续墙施工对邻近隧道结构的影响统计

从统计结果可以看出，存在槽壁加固的前提下，地下连续墙施工对邻近地铁盾构隧道的影响要小于钻孔灌注桩。

4. 高压旋喷桩施工的影响机理

高压旋喷桩是通过高速喷射流切割土体并使水泥与土搅拌混合，形成的水泥土体加固桩。目前高压旋喷桩在地基处理、已建结构物加固、深基坑土体加固、深基坑截水帷幕以及盾构进出口加固等领域都有广泛应用。普通高压旋喷桩根据施工工艺又包括单管法、二管法和三管法。其成桩通常分为两个阶段：

（1）成孔阶段，采用钻孔的方法使喷射头达到预定深度。一般采用钻机预成孔或者驱动喷射管和带有横向喷嘴的特制喷射头进行成孔。单管法和二管法喷射管较细，通常不预先成孔，直接借助喷射管本身喷射。三重管有时需预先钻孔，然后置入三喷射管。

（2）喷射阶段，利用水泥浆或其他材料作为硬化剂，以15MPa以上的压力，通过喷射管由喷射头上直径约2mm的横向喷嘴向土中喷射。喷射管边旋转边向上提升。具有强大切割能力的高压细喷射流，一边切割四围土体，一边与之搅拌混合，并最终形成圆柱状的水泥与土混合的高压旋喷桩加固土。

高压喷射流对土体的切割作用主要包括喷射流的动压力、喷射流的脉冲压力、水块的冲击力以及"水楔"效应等。

在成桩过程中，高压喷射流冲击土体，会在土体内部形成很大的动压作用，破坏土体结构；高压喷射流对土体的切割，也会破坏土体结构，使切割下来的土体颗粒与水泥浆混合成絮状混合体，形成重塑区后向外劈裂挤压土体。随着注浆的持续作用时间增加，土体应力逐渐增大，当增大至临界值后，土体应力迅速衰减，表明土体颗粒发生破坏，即发生劈裂效应。喷射压力高于地内应力，才能破坏土体结构，受到附加压力的土层，将产生不同程度的位移。另外土体结构的破坏将使原土处于非稳定状态，也会一定程度上减小土体强度，周边土体可能需产生位移才能重新恢复稳定。

由于高压旋喷桩强大的喷射压力，最终将导致桩周土体产生远离桩孔方向的位移，同时地表土体向上隆起。受成桩工艺限制，传统高压旋喷桩施工中对原状土体的扰动较大，且成桩质量不如搅拌桩，因此不建议在邻近地铁设施采用传统的高压旋喷桩工艺，可采用改进的全方位高压喷射工法。

5. 注浆施工的影响机理

现有的工程实例中，在既有隧道侧向进行注浆施工主要是由于侧向基坑工程出现渗漏或者变形过大，采取注浆措施堵漏或者加固土体。因此在注浆施工前，土压力及超孔隙水压力已有一定释放，对既有隧道的变形及应力已有一定影响。注浆过程又分为成孔、注入浆液、浆液扩散、凝固等过程，如果施工工序控制不好，在注浆成孔过程中会进一步释放土压力及超孔隙水压力，造成隧道变形的进一步发展。注浆之后，孔隙水压力增大，使隧道有向远离注浆施工的方向发生位移的趋势。注浆对隧道的影响与注浆压力、注浆量、土层的渗透系数有关，过大注浆量及注浆压力对周边土体扰动很大，实际对隧道保护不利；土层的渗透系数越低，周围的孔压消散越慢，影响越持久。注浆施工对土体的扰动主要是高压喷射流对土体的破坏作用。

高压喷射流破坏土体的作用是多方面的，包括喷射流动压、喷射流脉动负荷、水锤冲击力、空穴现象、水楔效应、挤压力及气流液搅动等因素，其中以喷射流动压作用为主，由动量定理，喷射流在空气中喷射时，其破坏力如式(3.1-1)所示。

$$F = \rho Q V_{\mathrm{m}} \tag{3.1-1}$$

式中：F 为破坏力（N）；ρ 为喷射介质的密度（kg/m³）；Q 为流量（m³/s）；V_{m} 为喷射流的平均速度（m/s）。

由式(3.1-1)可知，当喷射流介质密度和喷嘴断面一定时，要取得更大的破坏力，就要增加平均流速，即要增加喷射压力，一般要求高压泵的工作压力在 20MPa 以上，使喷射流有足够的能量冲击破坏土体。但单纯地依靠增大喷射压力来提高喷射切割效果，在能量上浪费很大，不是获得较大桩径的最好办法。在喷射中，有效喷射流长度内的土体结构被破坏至喷射流的终期区域，能量衰减很大，不能冲击切割土体，但能对有效喷射流边界的土产生挤压力，有挤密效果，并使部分浆液进入土粒之间的空隙中，使固结体与四周土连接紧密。

总之，隧道侧向注浆加固施工过程对地铁隧道的影响是个复杂的过程，过程中不可避免会造成隧道侧向土体扰动，有引起地铁侧向变形的趋势。

3.1.2.2 桩（墙）施工的设计防治技术措施

1. 预制管桩（方桩）

（1）净距控制

预制管桩相比于传统的钻孔灌注桩具有强度高、施工速度快、经济性好的特点。但预制管桩施工过程中会引起周边土体的扰动，特别是群桩的叠加后，引起土体的位移和超孔隙水压力就越大，需要长时间才能消散，该过程中对周围环境的影响不可忽视。因此，邻近地铁设施的预制管桩工程，在设计时应注意以下事项：

1）根据《城市轨道交通结构安全保护技术规程》DB33/T 1139—2017 中的规定，预制管桩（挤土桩）与轨道交通设施的净距控制值为≥30m。考虑到预制管桩连续施工的影响较大，一般规定地铁控制保护区不应采用预制管桩，且距离地铁 1.5 倍预制管桩桩长的范围内不宜采用预应力管桩。

2）对于地基土以软弱的淤泥质土为主的情况下，桩基不宜选用预应力管桩。

（2）施工工艺控制

沉桩挤土的主要原因有土体的挤压和超孔隙水压力，因此，减少挤土的方法可以从以下两方面考虑：

1）合理的施工顺序

在工程施工中，为了减少沉桩带来的挤土影响，在打桩前制定一个合理的施工顺序，通过合理安排管桩的施工顺序可以有效减小管桩连续施工的累积效应，有学者通过对比分析顺序施工与跳打施工引起土体的超孔隙水压，发现跳打施工引起土体中的超孔压相较顺序施工减小了 53.2kPa。常用的打桩顺序有：从中间往四周分散打桩、跳打、分区域打桩等，跳打施工流程图如图 3.1-4 所示，不同施工顺序引起的超孔隙水压力变化如图 3.1-5 所示。

2）合理的桩间距

设计时适当加大桩间距。根据《建筑桩基技术规范》JGJ 94—2008 规定，在饱和软土地基中，部分挤土桩的桩间距可以采用 3d（桩径）。但是在实际设计时，尽管开口管桩属于部分挤土桩，但仍采用桩间距为 3.5d 的要求，加大桩间距后可有效减少沉桩时对相

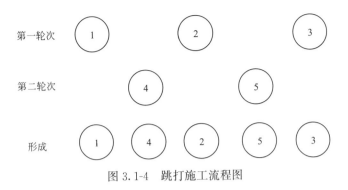

图 3.1-4　跳打施工流程图

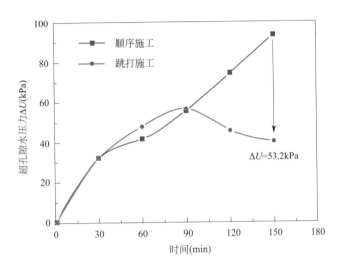

图 3.1-5　不同施工顺序引起的超孔隙水压力变化

邻桩的偏位影响。

3）合理的施工速度

严格控制打桩施工速率。这包括两个方面，一是日沉桩数量，二是连续沉桩天数。从减少影响的角度看，打桩速率越慢越好，但是这涉及工期和经济效应问题，应统筹考虑。一般前期速度可适当加快，到打桩后期，由于土体已接近不可压缩，土体的位移对打桩速率特别敏感，此时就应加强现场监督，严格控制打桩速率。

（3）其他措施

1）采取排水措施（预钻孔或设置排水砂井和塑料排水板），在桩周预钻孔，孔内用碎石或砂土等排水性较好的填料填满。由于施工挤土产生了超孔隙水压力，孔隙水会迅速从压强大的地方向该处汇集，并向地表处排出。这样能够加快土体的渗流速度，加快土体挤密，进而减小桩周土体的水平位移。

2）桩施工会引起桩周边土体产生较大的水平位移，因此，在挤土桩施工区内设置防挤槽或设置防挤孔，这样一方面加快了渗流速度，另一方面减小了土压力。一般情况下，将防挤孔设置于桩间距小、桩数量多的区域，成两排错位排列，最好采用梅花形布置，孔径宜在 400～600mm，孔深不超过桩的长度，孔间距间为 1～2 倍桩间距。

3）监测桩施工的过程中周边环境的变化，例如：①桩周土体的水平位移、沉降、超孔隙水压力和土压力等是否发生变化。②桩体是否发生沉降以及沉降范围。③周围的既有地铁隧道是否发生较大水平位移或是结构开裂等病害。对于现场出现的情况进行及时反馈和处理。

2. 钻孔灌注桩

（1）净距控制

钻孔灌注桩施工对轨道交通设施的影响随着两者距离的增加而迅速减小，虽然单根桩施工对隧道的影响相对较小，但若是大范围的钻孔灌注桩施工，其造成的隧道变形量则不容忽视。因此，从工程实用角度出发，应考虑设置围护桩的净距控制值，约束保护区内近距离钻孔灌注桩作业。

根据《城市轨道交通结构安全保护技术规程》DB33/T 1139—2017 中的规定，钻孔灌注桩与轨道交通设施的净距控制值应≥7m。实际工程中，对地铁设施的影响又受地质条件、地铁设施自身状况、钻孔灌注桩桩身参数、施工工艺等影响。因此，建议对距离地铁设施小于 15m 范围的钻孔灌注桩进行经验分析和数值计算分析，根据分析结果判断钻孔灌注桩施工对地铁设施的影响程度，从而确定钻孔灌注桩作业的退界距离。

（2）施工工艺控制

钻孔灌注桩施工工艺流程包括钻孔、清孔、泥浆护壁、混凝土浇筑与硬化等多个环节，施工过程会引起周边土体的扰动，进一步引起盾构隧道的变形。邻近地铁施工钻孔灌注桩，需改变常规的施工方法，改进施工工艺和参数，如减缓施工速度、改变施工顺序、调整泥浆配比、设置护筒，确保后续的围护结构施工对邻近地铁设施的影响最小。主要措施如下：

1）考虑到桩基施工中上部土体最易受施工扰动影响，且桩基施工中混凝土从隧道深度浇筑至地坪这一过程导致的隧道变形是整个施工过程产生变形的主要部分，在桩基施工中可采用微扰动施工技术，比如一定深度内采取护筒，护筒深度应超过隧道底埋深一定距离，可有效减小桩基施工导致的隧道变形。

2）泥浆性能直接影响钻孔灌注桩施工时孔壁的稳定性，提高泥浆密度可有效减小孔壁侧向变形，控制钻孔灌注桩成孔施工引起的变形，提高泥浆液面是有效控制成孔施工中变形的技术措施。在实际施工中，泥浆密度应经试验确定，施工过程中控制在 $1.05\sim1.15\mathrm{g/cm^3}$，不能过小也不宜过大。同时应选用黏度大、失水量小、能形成薄而韧的泥皮的优质泥浆，并在成孔过程中及时根据监测情况调整泥浆性能指标和泥浆液面标高，来确保孔壁稳定。泥浆性能指标主要通过泥浆中膨润土的浓度和质量来调整，泥浆液面应控制在地下水位 0.5m 以上。

3）合理控制钻进参数（钻速、钻压力、钻进速度）。钻进过程中应切实计算好钻杆和钻具长度，正确计算孔深。

4）采用间隔施工（跳仓法）比顺序施工更有利于地基土拱效应的发挥，从而提高孔壁的稳定性。

（3）其他控制措施

1）在邻近地铁设施施工钻孔灌注桩时，应控制施工期间周边荷载，并采取路面硬化措施，以扩散上部施工荷载，可有效保证孔壁稳定，限制成孔引起的变形。

2）在施工过程中对盾构隧道和周围土体进行动态信息化监测，能较好地预警、控制施工风险。

3）围护结构为水泥土搅拌墙结合钻孔灌注桩时，应先施工水泥土搅拌墙截水帷幕和水泥土被动区加固，待达到一定强度后再施工钻孔灌注桩。

3. 地下连续墙

（1）净距控制

与钻孔灌注桩类似，地下连续墙施工对邻近隧道的影响程度与两者的距离密切相关。根据《城市轨道交通结构安全保护技术规程》DB33/T 1139—2017 中的规定，地下连续墙与轨道交通设施的净距控制值应≥7m。实际工程中，对地铁设施的影响又受地质条件、地铁设施自身状况、地下连续墙施工参数、施工工艺等影响。因此，建议对距离地铁设施小于 15m 范围的地下连续墙进行经验分析和数值计算分析，根据分析结果判断地下连续墙施工对地铁设施的影响程度，从而确定地下连续墙作业的退界距离。

（2）施工工艺控制

地下连续墙施工与钻孔灌注桩施工有相似之处，故在施工工艺上同样可采取钻孔灌注桩施工的相关技术措施，包括：控制泥浆密度、间隔施工、缩短静置时间、控制浇筑速度等。其他工艺上的措施有：

1）槽段划分

槽段划分即合理确定槽段长度。槽段开挖时，土拱效应的发挥与槽段长度密切相关，槽段越长土拱效应越不明显，成槽开挖引起的变形也随着槽段长度的增加而增大，垂直于槽段方向上的地面沉降成勺形曲线。但单元槽段越长，可减小槽段的接头数量，增加地下连续墙的整体性，因此单元槽段的长度不能太长也不应太短。在实际施工中，应根据开挖槽段的稳定性、对邻近地铁设施的影响、机械设备和施工条件等因素来确定单元槽段长度，单元槽段长度宜为 4～6m。成槽开挖过程中还可以通过采用间隔施工进一步发挥土拱效应，从而提高槽壁的稳定性，减小成槽开挖引起的土体变形，地下连续墙分段施工如图 3.1-6 所示。

图 3.1-6　地下连续墙分段施工

2）导墙施工

导墙可以有效约束其深度范围内槽壁的侧向变形及槽段附近的地面沉降，有助于浅层槽壁的稳定；混凝土地坪可以利用其刚度扩散地面荷载，进而控制槽壁顶部的侧向变形及槽段附近的地面沉降。在实际工程中，导墙形式的确定应综合考虑表层土、地面超载、地下水位变化等情况。导墙要有足够的深度，开挖过程中泥浆液面不得低于导墙底，同时，也可适当提高导墙的标高来提高泥浆液面的标高。

3）槽壁加固

地下连续墙成槽开挖施工前对槽壁进行加固，提高槽壁土体的强度，可起到保护槽壁稳定和限制土体变形的作用。一般在地下连续墙成槽前施工，加固措施可采用三轴水泥土搅拌桩、TRD水泥土搅拌墙等。槽壁加固宽度和深度都对减少隧道水平位移有明显效果。在实际施工中，要根据具体地层情况和施工条件，选择合适的槽壁加固工艺。槽壁加固的范围及位置根据地下连续墙深度及场地条件综合确定，为保证后续地下连续墙的垂直度，应控制好加固体的垂直度，地下连续墙槽壁加固示意图如图3.1-7所示。

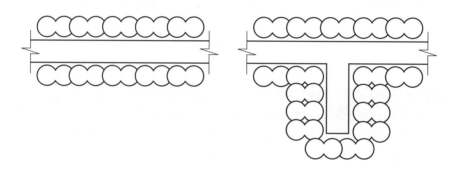

图 3.1-7　地下连续墙槽壁加固示意图

（3）其他控制措施

1）地下连续墙施工动态措施

采用地下连续墙施工前，根据监测原则，围护结构施工前需设置土体位移观测点和轨道交通设施的变形观测点，以实时监控地下连续墙施工对地铁设施的影响，以便施工单位根据位移动态监测结果调整施工方案。

2）周边限载

槽段周边的地面超载（如大型机械设备和工程车辆等）会使得槽段浅层发生较大的侧向变形，影响槽壁稳定性，并在槽段周围产生较大的地面沉降。地面超载大小和作用面积的增加都会使得成槽开挖变形增大；地面超载距槽段越近，引起槽壁上部侧移也越大。鉴于地下连续墙成槽施工中，浅层失稳发生的比例较大，因此，控制槽段周边荷载可有效保证槽壁稳定，限制成槽开挖引起的变形。实际施工中，要对开挖槽段周边限载，尽量使大型设备远离槽段，施工机械在同一个位置的振动时间不能太长，并严禁在槽段周围堆放较重的施工材料。施工时要在槽段边铺设路基钢板来扩散地面超载，从而控制槽壁浅层侧向变形及地面沉降。

4. 土体加固

(1) 净距控制

根据《城市轨道交通结构安全保护技术规程》DB33/T 1139—2017 中的规定，土体加固采用深层搅拌法，与轨道交通设施的净距控制值应≥6m；土体加固采用高压喷射注浆法，与轨道交通设施的净距控制值应≥20m。在实际工程中，若地基土以软土为主，距离地铁盾构隧道 20m 以内的土体加固建议采用渠式切割水泥连续墙工法（TRD 工法）或全方位高压喷射工法（MJS 工法）。

(2) 施工工艺控制

水泥土搅拌桩施工对周边环境的影响不容忽视。对邻近敏感环境、变形控制要求高的深基坑工程，有必要采取有效措施，以减少其施工对周边环境的影响。

1）为了减少搅拌提升或喷浆下沉对周边地层的扰动，施工前应通过试成桩确定搅拌提升速度、喷浆下沉速度及水泥浆液水灰比等工艺参数。

2）确定合理的成桩时间，必要时可添加早强剂等外加剂，确保搅拌桩及时达到设计强度。

3）为了减小搅拌桩施工对周边地层的侧向挤压，应设定合理的喷浆压力，并保证侧向压力喷射的稳定性。

(3) 其他控制措施

1）自动化监测

要达到理想的保护效果，必须做到信息化施工，以对施工过程中出现的问题及时处理，较准确预测下一步的变化。因此宜在隧道内设置自动化沉降测点，实时监控。

2）合理安排打桩顺序

三轴水泥土搅拌桩宜采用跳打方式施工，跳打的间隔时间应根据监测结果动态调整。先行施工搅拌桩对后行施工搅拌桩的挤土效应有阻碍作用，背向保护对象，搅拌桩施工时挤土效应小，对于邻近地铁基坑，可先施工近距离搅拌桩。

3）减小孔隙水压力、采取应力扩散措施

搅拌桩施工过程中，会使孔外土体产生孔隙水压力，对于深厚的淤泥质土层，孔隙水压力消散较慢，成桩引起的土体位移更大，且变形恢复更慢。因此，在淤泥质土层，可采取设置应力扩散孔、对淤泥质土预处理等有效措施增加孔隙水压力消散速度，减小成桩对环境的影响。

5. 微扰动桩（墙）施工技术

(1) 护筒钻孔灌注桩技术

对传统钻孔灌注桩进行研究可知，作为非挤土桩的钻孔灌注桩，当其邻近隧道施工时仍可能造成隧道变形超过控制要求。另外，考虑实际施工中可能出现的坍孔和缩颈等问题，钻孔灌注桩的使用应更为慎重。目前，隧道外部的桩基施工作业更多地采用护筒技术，以尽可能减少近距离钻孔灌注桩施工的影响。一般认为若套护筒采用预钻孔埋设，施工效率低，成本高，且预钻孔孔径会稍大于钢护筒外径，护壁钢护筒施工如图 3.1-8 所示，吊入钢筋笼如图 3.1-9 所示。

图 3.1-8 护壁钢护筒施工   图 3.1-9 吊入钢筋笼

桩基施工中混凝土从隧道深度浇筑至地坪这一过程导致的隧道变形是整个施工过程产生变形的主要部分。因此，减小该深度范围内混凝土对孔周土体的挤压，可有效减少桩基施工对隧道的影响。相比于全护筒技术，采用一定深度内护筒技术，是提高效费比的一种途径。

杭州某工程上跨已运营地铁 1 号线，基础试桩定位平面图如图 3.1-10 所示、基础试桩定位剖面图如图 3.1-11 所示，其桩基础采用钢护筒钻孔灌注桩＋全回转施工工艺，有效避免了传统泥浆护壁成孔灌注桩工艺易导致缩孔或槽壁坍塌的问题。试桩结果表明，邻近地铁 5m 的桩基施工对地铁变形影响可控制在 1.5mm 之内。

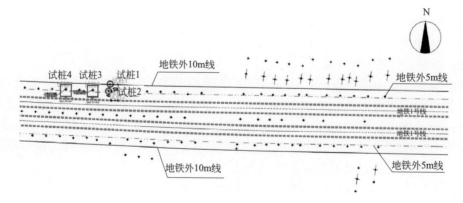

图 3.1-10 基础试桩定位平面图

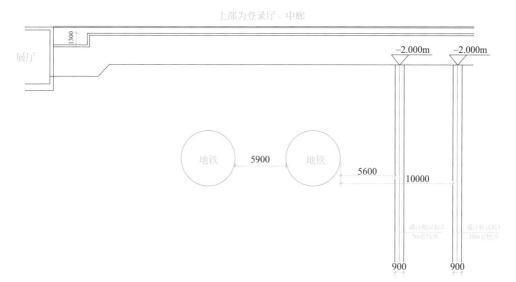

图 3.1-11　基础试桩定位剖面图

（2）渠式切割水泥土连续墙技术

渠式切割水泥土连续墙工法又称 TRD 工法，TRD 工法通过水平横向运动成墙，如图 3.1-12、图 3.1-13 所示，可形成没有接口的等厚连续墙体，其截水防渗效果远远优于柱列式地下连续墙和柱列式搅拌桩加固，其主要特点是环境污染小、成墙连续、表面平整、厚度一致、墙体均匀性好、防渗性能好、施工安全，与传统柱列式地下连续墙相比隔渗，经济性好。TRD 工法水泥土连续墙作为截水帷幕的可靠性随着在国内多项重要工程的成功应用而逐渐被广泛接受。

图 3.1-12　TRD 工法成墙施工示意图

图 3.1-13　TRD 工法

TRD 工法的成墙原理是将链锯式刀具插入土体中，通过刀具的切割沿水平方向掘削前进，在土体中形成连续的沟槽，同时固化液从刀具端部喷出并与土体在原地搅拌混合，形成水泥土地下连续墙。切削刀头向上挤压地基土，而切削下来的土体借助刀具回转和泥水向上运动，并从切削沟槽壁与箱式刀具链节的间隙向后方流动。

刀具在向上切削的同时，主机横向水平移动，被切削下来的松散土体与固化液在原位置进行混合。充分搅拌可以使固化液与原位土混合均匀，在砂砾地层中可大幅度提高抗渗性能，黏性土层成墙中不会出现泥土团块，其优越的截水性能可以用于垃圾填埋场防止渗滤液污染地下水，建造大坝防渗墙渗透破坏。

因此，对于地下水丰富或者深厚软弱土层的邻近地铁设施基坑，建议采用 TRD 水泥土搅拌墙作为截水帷幕。

（3）全方位高压喷射注浆技术

全方位高压喷射工法又称 MJS 工法（Metro Jet System），MJS 工法施工原理示意图如图 3.1-14 所示、MJS 工法现场施工图如图 3.1-15 所示，MJS 工法在传统高压喷射注浆工艺的基础上，采用了独特的多孔管和前端造成装置（习惯称之为 Monitor），实现了孔内强制排浆和地内压力监测，并通过调整强制排浆量来控制地内压力，使深处排泥和地内压力得到合理控制，使地内压力稳定，也就降低了在施工中出现地表变形的可能性，大幅度减少对环境的影响，而地内压力的降低也进一步保证了成桩直径。和传统旋喷工艺相比，MJS 工法可有效减少施工对周边环境的影响。

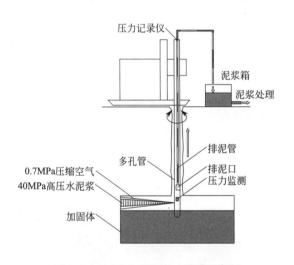

图 3.1-14　MJS 工法施工原理示意图

图 3.1-15　MJS 工法现场施工图

MJS 工法具有以下几个特点：

1）可以"全方位"进行高压喷射注浆施工：MJS 工法可以进行水平、倾斜、垂直各方向、任意角度的施工。

2）桩径大，桩身质量好：喷射流初始压力为 40MPa，流量 90～130L/min，使用单喷嘴喷射，每米喷射时间为 30～40min（平均提升速度为 2.5～3.3cm/min），喷射流能量大，作用时间长，再加上稳定的同轴高压空气的保护和对地内压力的调整，使得 MJS 工法成桩直径较大，可达 2～2.8m。由于直接采用水泥浆液进行喷射，其桩身质量较好，强度指标大于 1.5MPa。

3）对周边环境影响小，超深施工有保证：全方位高压喷射注浆工艺产生的多余泥浆是通过土体与钻杆的间隙，在地面孔口处自然排出。这样的排浆方式往往造成地层内压力偏大，导致周围地层产生较大变形、地表隆起。同时在加固深处的排泥比较困难，造成钻杆和高压喷射枪四周的压力增大，往往导致喷射效率降低，影响加固效果及可靠性。MJS

工法通过地内压力监测和强制排浆的手段，对地内压力进行调控，可以大幅度较少施工对周边环境的扰动，并保证超深施工的效果。

4）泥浆污染少：MJS 工法采用专用排泥管进行排浆，有利于泥浆集中管理，施工场地干净。同时对地内压力的调控，也减少了泥浆"窜"入土壤、水体或是地下管道的现象。

5）自动化程度高：转速、角度等关系质量关键问题的参数均为提前设置，并实时记录施工数据，尽可能地减少人为因素造成的误差问题。

（4）渠式切割装配式地下连续墙

渠式切割装配式地下连续墙，该工法是在渠式切割水泥土连续墙（或双轮铰成墙）中间插入预应力榫卯结构（锁扣）预制墙板形成装配式地下连续墙的一种施工工艺，渠式切割装配式地下连续墙施工现场如图 3.1-16 所示，渠式切割装配式地下连续墙与现浇地下连续墙对比如图 3.1-17 所示。

图 3.1-16　渠式切割装配式地下　　　　　图 3.1-17　渠式切割装配式地下
　　　连续墙施工现场　　　　　　　　　连续墙与现浇地下连续墙对比

渠式切割装配式地下连续墙工法具有以下几个特点：

1）节约用地：在水泥土连续墙中间插入预制墙板，相比传统地下连续墙建造工艺，无需在接幅的外侧施工截水桩，占用空间少，节约了建设用地。

2）质量可靠：由于是装配式的结构，可以按照规格进行成品预制（在工厂加工制作），在现场装配施工，质量有保障。

3）施工省时：与传统的混凝土地下连续墙相比，无需现场制作钢筋笼、无需浇筑钢筋混凝土以及无需混凝土养护，可以节省一半左右的施工工期。

4）绿色环保：因采用了预制构件，只需现场装配，不产生泥浆外运，有利于环境的保护。

5）适应性高：由于是预制构件装配，无需在场内绑扎钢筋骨架，更能适应在有限（狭窄）场地施工。

6）"两墙合一"：在建筑前期起到截水挡土功能，同时有效减少施工时间和施工成本。

3.1.3　基坑工程设计要求

3.1.3.1　基坑施工的影响机理

深基坑开挖引起邻近地铁设施的变形是一个比较复杂的过程。基坑工程施工对轨道交通设施的影响因素一般包含：地面荷载及振动、桩基施工、围护墙体变形、坑底隆起变形和场地水位变化。

施工过程中，机械通行、施工材料堆放、临时土方堆载等，均引起了荷载变化，对于高灵敏性的土体，施工过程的振动可能引起土体力学性质的改变，荷载及力学性质的改变，改变了邻近地铁设施周边土体的应力状态，从而引起了变形。

桩基施工过程，特别是预制桩、大直径灌注桩，以及如围护桩、截水帷幕等密排、连续施工的桩型，其施工过程易对邻近的地铁设施产生影响。

除围护桩施工的变形影响外，由于上方、侧方土体的卸荷，围护桩将产生水平位移，基坑内侧土体产生隆起，围护桩的水平变形和坑内土体隆起进一步引起外侧土体产生相应的变形，从而引起邻近地铁设施的变形。

基坑施工过程中往往伴随地下水位的变化，当地铁设施周边地下水位发生变化时，渗流力作用于轨道交通结构上，直接使其产生内力和变形，同时降水引起的地基变形也对轨道交通结构的变形产生影响。此外，基坑工程施工使周边土体内产生正向或负向的超孔隙水压力，由于软土中超孔隙水压力消散缓慢，导致项目施工完成后仍会产生长期的变形。

外部基坑工程设计与施工应综合考虑施工荷载、围护墙、土体加固、降水、土方开挖、拆除支撑、回填等外部作业对轨道交通结构的不利影响。

3.1.3.2 基坑工程的设计及防治技术措施

邻近地铁设施的基坑工程中，考虑到对地铁设施的保护，桩（墙）支护结合内支撑的围护形式是最常见的围护形式。轨道交通结构周边进行围护桩（墙）、截水帷幕和地基加固等施工，应根据环境影响最小的原则，通过试成桩或试成墙确定施工设备、施工工艺及施工参数，合理选择施工次序，严格控制施工速度。

1. 围护受力桩的设计

（1）保护区范围内的围护桩选型时需考虑围护桩施工的环境影响，选取施工环境影响较小的桩型，在施工前设置试验段，对围护体施工的变形影响进行监测，结合试验段情况调整相应的工艺及施工参数。

（2）轨道交通结构安全保护等级为 A 级时，作用于围护桩（墙）的侧向土压力应采用静止土压力；围护桩的刚度设计时，应考虑轨道交通设施的协同变形，根据轨道交通设施的变形控制要求选取合适的围护体刚度。

（3）保护区范围内的围护桩采用预制桩（如 SMW 工法桩、钢管桩、钢板桩、预制混凝土桩、装配式地下连续墙）时，设计需根据土层情况选取合适的土体预处理措施（如水泥土搅拌桩、双轮铰等），避免预制桩型打入的振动和挤土对轨道交通设施造成不利影响。预制桩型有回收要求的，在回收前应对轨道交通设施的结构状况进行评判，并设试验段进行回收试验，确定相应施工参数。基坑开挖深度超过 5m 时，因选用的预制桩长度较长，回收影响大，一般不予回收。

（4）围护桩采用灌注桩时，不应采用冲孔、振动等扰动大的施工工艺。

（5）轨道交通结构安全保护等级为 A 级，基坑开挖深度超过 10m 或轨道交通结构安全保护等级为 B 级，基坑开挖深度超过 15m 时，围护墙宜采用地下连续墙，并在平面上封闭设置。为减少地下连续墙成槽期间的环境影响，轨道交通结构侧应采取槽壁加固措施。

（6）根据工程经验统计，地铁保护区范围内的围护桩以地下连续墙、混凝土灌注桩为
主，单体基坑围护桩选型如表 3.1-2 所示。

单体基坑围护桩选型 表 3. 1-2

基坑开挖深度	$L_{wd}\leqslant10$	$10<L_{wd}\leqslant15$	$15<L_{wd}\leqslant25$	$25<L_{wd}\leqslant40$	$L_{wd}>40$
$5>h\geqslant2$	b	b	b	b、c	b、c
$10>h\geqslant5$	a、b	a、b	a、b	a、b	b
$15>h\geqslant10$	a	a	a	a、b	a、b
$h\geqslant15$	a	a	a	a	a

注：a 为地下连续墙；b 为混凝土灌注桩；c 为 SMW 工法桩；h 为基坑开挖深度（m）；L_{wd} 为基坑围护桩外边线
和地面放坡坡顶线与轨道交通结构的最小水平净距（m）。

（7）围护桩长设计时应根据浙江省工程建设标准《建筑基坑工程技术规程》DB33/T
1096—2014 的要求进行基坑稳定性、强度和变形计算，当基坑底部存在淤泥、淤泥质
土或黏性土时，围护桩底端土体抗隆起安全系数及绕最下道支点圆弧滑动的抗隆起安
全系数，对应于轨道交通结构安全保护等级 A 级、B 级、C 级时，安全系数不小于
2.2、2.0、1.8 的取值，计算时桩体深度宜按最不利工况采用截水帷幕和围护桩深度的
较小值。

（8）轨道交通结构安全保护等级为 A 级的外部作业，地铁侧围护结构应紧贴地下室
外墙布置，围护桩与地下室外墙间不得留设肥槽。地下室结构体排布时，该侧的地下室轮
廓尽可能简洁平滑，避免过多的折线和夹角。

2. 轨道交通保护区范围内的降、截水设计

（1）地铁保护区范围的基坑工程，位于淤泥质土、砂土、粉砂土层中，或位于水位线
以下时，应设置有效的截水帷幕。保护区范围内存在承压水时，应进行承压水突涌验算，
当不满足承压水抗突涌稳定性时，应采用安全可靠的抗突涌技术措施。

（2）保护区范围内围护体施工时，宜先施工截水帷幕，后施工围护桩（墙）。连续封
闭的截水帷幕达到一定强度后，可为后续围护桩（墙）施工提供隔离屏障，减小围护桩
（墙）施工时引起的地铁设施变形。截水帷幕往往是距离轨道交通设施最近，最先施工的
围护体系，截水帷幕施工对隧道的影响不可忽视。设计时应根据项目的深度、土层、地下
水情况等综合评判截水帷幕施工对轨道交通设施的变形影响，选取质量可靠、环境影响较
小的帷幕形式。

（3）保护区范围内的地下水位应控制并保持稳定，截水帷幕外侧不宜进行降水作业。
对于地下水丰富，土体渗透性强的项目，基坑外可设置坑外回灌井，地下水位下降时可进
行主动回灌。同时，回灌井兼作坑外应急降水井，在基坑截水帷幕出现漏水、基坑出现管
涌时启动应急降水，避免水位突变、水土流失对地铁设施变形产生影响。

（4）基坑截水帷幕内侧可根据开挖要求进行降水作业，降水深度控制在开挖面以下
0.5～1m，坑内降水的最大深度不得超过截水帷幕深度。

（5）基坑内部采用降水作业时，降水的影响范围宜满足表 3.1-3 的分坑要求，即：分

坑开挖时，不宜对开挖区域以外的未开挖的分坑进行降水作业。

（6）地铁保护区范围内基坑的截水帷幕底部宜进入相对隔水层，切断坑内外潜水的水力联系，截水帷幕剖面示意图如图 3.1-18 所示；若下方不存在隔水层或者隔水层埋深过深时，截水帷幕深度宜设至轨道交通设施底部埋深以下不少于 2m 处，且满足《城市轨道交通结构安全保护技术规程》DB33/T 1139—2017 中土体抗隆起安全系数的要求。

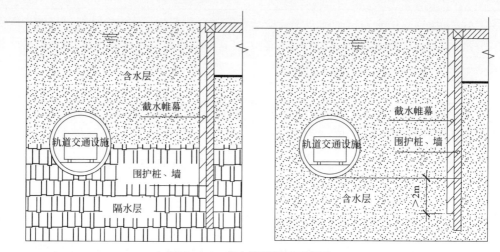

图 3.1-18　截水帷幕剖面示意图

（7）当坑内进行承压水降水作业时，截水帷幕应切断坑内外承压水的水力联系，明确承压水降水井的启动、停止工况，施工时严格控制承压水降水深度。

（8）采用地下连续墙作为围护结构时，地下连续墙兼作截水帷幕，设计时宜采用截水性能较好的地下连续墙接头形式，地下连续墙外侧宜设置槽壁加固保证成墙质量。对于地下水丰富，影响范围土体渗透性强的项目，地下连续墙外侧的槽壁加固可按照截水帷幕的相应要求进行设计，形成槽壁加固、地下连续墙两道截水屏障，进一步提升其截水性能。

3. 内支撑的设计

（1）轨道交通设施保护区范围内的基坑设计，宜设置内支撑，不宜采用放坡或悬臂式支护体系。

（2）内支撑竖向设计时：

1）开挖深度 8m 以内的基坑可采用一道内支撑。

2）开挖深度 8~12m 的基坑不宜少于二道内支撑。

3）开挖深度 12~16m 的基坑不宜少于三道内支撑。

4）开挖深度 16~20m 的基坑不宜少于四道内支撑。

5）开挖深度 20m 以上的基坑宜根据地铁安全状况、地质条件等因素，对项目的支撑体系进行重点设计，可考虑采用逆作法、主动变形控制技术等。

（3）邻地铁侧基坑的支撑形式可选用钢结构或混凝土结构，不应采用锚索、土钉等。采用钢支撑时，宜设置自动轴力补偿系统；采用大跨度的混凝土内支撑时，宜采取分段浇筑、合理养护、添加外加剂等手段，控制混凝土的收缩变形。

（4）支撑排布时，平面布置应充分考虑土方开挖顺序、出土方向；竖向布置需留设机械作业空间，为土方开挖提供良好的作业条件，从而加快土方作业速度，减少基坑暴露时间。

（5）轨道交通结构安全保护等级为 A 级、B 级时，邻近轨道交通结构侧的主体结构基础混凝土应延伸至围护墙边，混凝土支撑拆除应采用静力切割措施，围护墙与地下室外墙之间的空隙应采用素混凝土回填密实。

（6）支撑拆除前宜对围护体及轨道交通设施状况变形情况和安全状况进行评判，拆除时设置试验段，评判拆撑过程的变形影响，根据试验段的数据调整后续的拆撑速度和措施，必要时增设临时换撑措施。

4. 基坑工程的分坑设计

（1）围护设计时应根据地质情况、轨道交通设施安全状况、围护体开挖深度、围护体与轨道交通设施之间的距离等因素控制单体基坑的平面尺寸，当基坑平面尺寸较大时，应通过分坑措施控制单体基坑的平面尺寸，规定单体基坑的施工时间及次序。旁侧单体基坑平面尺寸控制值如表 3.1-3 所示。

旁侧单体基坑平面尺寸控制值　　　　　　　　　　　　　　　表 3.1-3

基坑开挖深度	$L_{wd} \leqslant 10$	$10 < L_{wd} \leqslant 15$	$15 < L_{wd} \leqslant 25$	$25 < L_{wd} \leqslant 40$	$L_{wd} > 40$
$5 > h \geqslant 2$	$S_d < 2000$ $L_1 < 40$	$S_d < 5000$ $L_1 < 60$	—	—	—
$10 > h \geqslant 5$	$S_d < 1500$ $L_1 < 30$	$S_d < 3000$ $L_1 < 50$	$S_d < 5000$ $L_1 < 70$	$S_d < 10000$ $L_1 < 90$	—
$15 > h \geqslant 10$	$S_d < 1000$ $L_2 < 20$	$S_d < 1200$ $L_2 < 20$	$S_d < 2000$ $L_1 < 40$	$S_d < 5000$ $L_1 < 60$	$S_d < 10000$ $L_1 < 80$
$20 > h \geqslant 15$	$S_d < 800$ $L_2 < 20$	$S_d < 1000$ $L_2 < 20$	$S_d < 1500$ $L_2 < 20$	$S_d < 3000$ $L_1 < 40$	$S_d < 5000$ $L_1 < 60$
$h \geqslant 20$	$S_d < 700$ $L_2 < 20$	$S_d < 800$ $L_2 < 20$	$S_d < 1000$ $L_2 < 20$	$S_d < 1500$ $L_2 < 20$	$S_d < 3000$ $L_1 < 40$

注：

1. S_d 为单体基坑面积（m^2）；

2. h 为基坑开挖深度（m），当隧道位于 1.5 倍开挖深度范围内，且隧道顶位于基坑底以上时 $h =$ 实际开挖深度＋5m；

3. L_{wd} 为基坑围护体外边线和地面放坡坡顶线与轨道交通结构的最小水平净距（m）；

4. L_1 为与轨道交通设施平行方向的基坑边长（m），L_2 为与轨道交通设施垂直方向的基坑边长（m）。

（2）对于开挖深度 8m 以上的基坑，分坑应从第一道支撑开始，分坑桩型宜采用灌注桩、地下连续墙等刚性桩型，确保分坑位置的围护体刚度。分坑围护体与坑边围护体之间需可靠连接，围护及分坑采用地下连续墙的，应在分坑位置设置 T 形幅，转角处设置转角幅，增加节点刚度，支撑节点详图如图 3.1-19 所示。

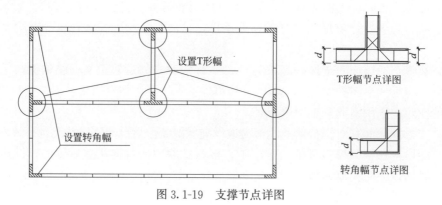

图 3.1-19　支撑节点详图

　　侧方基坑项目的分坑平面图如图 3.1-20～图 3.1-23 所示，侧方基坑分坑航拍图如图 3.1-24、图 3.1-25 所示。

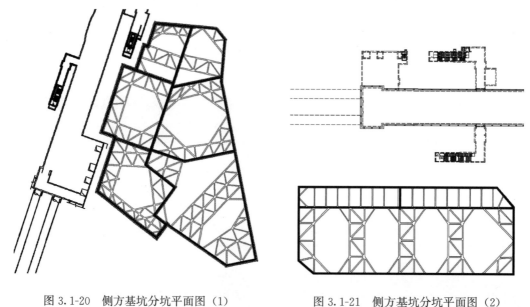

图 3.1-20　侧方基坑分坑平面图（1）　　　　图 3.1-21　侧方基坑分坑平面图（2）

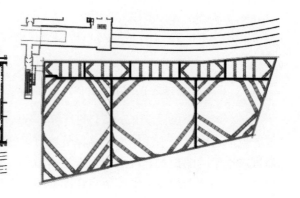

图 3.1-22　侧方基坑分坑平面图（3）　　　　图 3.1-23　侧方基坑分坑平面图（4）

图 3.1-24　侧方基坑分坑航拍（1）

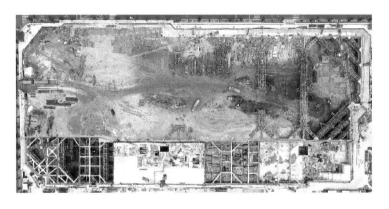

图 3.1-25　侧方基坑分坑航拍（2）

（3）对保护区上方的基坑项目，可引用卸荷比的概念，采用分坑措施控制单次卸荷量，分坑后形成的单体基坑卸荷比，轨道交通结构安全保护等级为 A 级时不宜超过 0.2，B 级时不宜超过 0.3，卸荷比估算如下：

隧道上方卸荷比 V_1 可根据上方基坑与隧道的空间关系，选取最不利断面按式（3.1-2）计算，隧道上方卸荷比计算简图如图 3.1-26 所示。图中 φ 为隧道顶部以上土体的加权平均内摩擦角。

$$V_1 = \frac{S_1}{S} \qquad (3.1\text{-}2)$$

式中：S_1——隧道上方主要覆土区的基坑最大断面面积（m^2）；

S ——隧道上方主要覆土区的断面面积（m^2）。

轨道交通设施上方单体基坑沿轨道交通结构纵向的长度不宜超过地下结构顶部埋深。

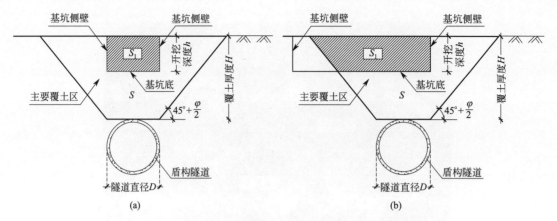

图 3.1-26　隧道上方卸荷比计算简图

(a) 基坑范围位于主要覆土区；(b) 基坑范围超出主要覆土区

（4）上方基坑可采取分段跳开施工的技术措施；设计时应明确施工分段交接处的土体高差和坡度，必要时对交接处的土体采取加固措施。

（5）上方基坑设计时宜根据卸荷比在已经施工完成的混凝土垫层和基础上设置临时压重措施。

（6）上方卸土项目位于软弱土层中时，开挖前宜采取地基土体加固措施，加固时应避免扰动地下结构周边原状土体，保持其结构性及强度，加固体与地下结构的水平及竖向净距均不宜小于 2m。对于运营中的轨道交通设施，加固体与地下结构的水平及竖向净距均不宜小于 5m。

（7）外部作业工程同时具有旁侧基坑和上方基坑的属性时，宜通过分坑措施将整体基坑分为旁侧基坑和上方基坑，分别进行设计与施工，并综合考虑二者的影响叠加效应。土方开挖时需充分考虑基坑的时空效应，严格分层分块作业，减少基坑暴露时间。

上方基坑项目的分坑平面图如图 3.1-27、图 3.1-28 所示。

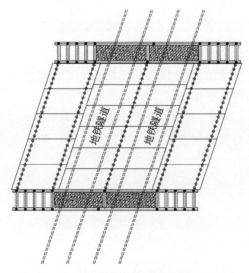

图 3.1-27　上方基坑项目的分坑平面图（1）

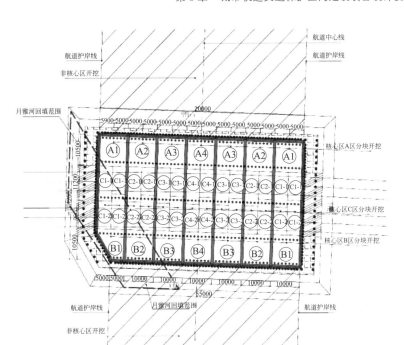

图 3.1-28　上方基坑分坑平面（2）

3.1.4　外部隧道工程设计要求

3.1.4.1　隧道穿越施工的影响机理

现阶段我国城市轨道交通区间隧道建设的工程经验及相关理论研究认为：盾构施工引起的地层损失和盾构周围土体受扰动，或受剪切破坏的重塑土的再固结，是地面沉降的基本原因。盾构穿越施工引起邻近既有轨道交通结构变形的根本原因在于施工引起了周边土体的变形。分析外部隧道工程施工影响，比较简洁、清晰的方法是采用地层损失分析法。

1. 地层损失机理

地层损失是盾构施工中开挖土体体积和建成隧道体积之差。建成隧道体积包括隧道外围包裹的压入浆体体积，地层损失率用地层损失占盾构理论排土体积的百分比表示。周围土体弥补地层损失的过程中，发生地层变形，引起地面沉降。引起地层损失的因素主要有：

（1）地层特性。地层特性决定了盾构机的选型设计和相关配置参数的确定，因为盾构法隧道施工的掘进系统是通过计算机程序的控制实现对机械的控制，而智能控制的外部因素就是盾构机所作用的土层。盾构机在不同地层中掘进时，其变形特征也有所差异。

（2）开挖面土体移动。若盾构掘进时，开挖面土体受到水平支护应力小于原侧向应力，则开挖面土体向盾构内移动，引起地层损失，从而导致盾构上方地面沉降；若盾构掘进时，作用在正面土体的推应力大于侧向应力，则正面土体向上、向前移动，引起地层负损失，而导致盾构前上方土体隆起。

（3）改变掘进方向。盾构在曲线掘进、纠偏、抬头或磕头掘进过程中，实际开挖面不是圆形而是椭圆形，引起地层损失。盾构轴线与隧道轴线的偏角越大，则对土体扰动和超挖程度就越大，其引起的地层损失也越大。

（4）同步注浆及二次注浆。从理论上讲，随着盾构机的掘进，通过盾尾同步注浆可实现浆液同步填充空隙；但实际上由于盾构内部空间的限制，很难做到真正意义上的同步，总会有间隙时间存在。压浆不及时，压浆量不足，压浆压力不适当，均可能使盾尾后周边土体失去平衡状态，向盾尾空隙中移动，引起地层损失。

（5）盾构后退。盾构掘进施工过程中，如遇特殊情况需长期停止掘进时，较长时间的盾构停止掘进，盾构掘进千斤顶会因漏油而缩回，从而引起盾构后退，造成开挖面土体稳定失衡，使土体坍落或松动，造成地层损失。

（6）随盾构掘进而移动的盾构正面阻碍物，使地层在盾构通过后产生空隙，而又无法及时压浆填充，引起地层损失。

（7）掘进的盾构外周粘附一层黏土时，盾尾后隧道外周环形成空隙会有较大量的增加，如不相应增加压浆量，地层损失必然大量增加。

（8）在土压力作用下，隧道衬砌产生的变形也会引起地层损失。饱和松软地层衬砌渗漏亦会引起地层沉降。

2. 地层损失理论

采用地层损失分析法分析外部隧道工程施工影响时，可将施工引起的地层损失分为三类：

（1）正常的地层损失

盾构施工操作没有失误，但由于地质和盾构施工方法的特定条件，在施工中总要引起不可避免的地层损失。一般这种地层损失可以控制到一定限度，可通过变形弥补地层损失，因此施工沉降槽体积与地层损失相等。在均匀地质中，这种地层损失引起的地面沉降比较均匀。

（2）不正常的地层损失

因盾构施工操作失误而引起的地层损失，如隧道气压骤降，压浆不及时，开挖面超挖，盾构后退等。这种地层损失引起的地面沉降有局部变化的特征，如仅仅是局部位置发生较大变化，通常可认为是正常现象。

（3）灾害性的地层损失

盾构开挖面发生的土体急剧流动或突发性的崩塌，引起灾害性的地面沉降。经常是敞开式盾构遇到水压大、透水率高的颗粒状土或遇到地层中的贮水洞穴导致的。在黏性土中局部土体强度降低过多而引起灾害性地面沉降的情况则少见。

3. 基于地层损失理论地面沉降的预测

盾构法施工日益广泛地被采用，盾构法施工引起的地面沉降的研究也日益深入。目前有大量计算盾构法施工引起地面沉降的方法。通常，地层损失率就是通过派克公式计算的。

在计算中，通常作以下假定：

（1）实际工程中，为减少地层沉降，可采取超注浆等措施，在计算中通常不进行考虑。

（2）不考虑掌子面不平衡推力、盾构机身摩擦力及其他不当操作引起的地层损失。

（3）通过建立地表沉降与地层损失之间的关系，结合数值分析、现场实测，可建立施工参数与周边环境影响的关联关系，从而指导施工。

3.1.4.2 隧道穿越工程的设计及防治技术措施

1. 概述

隧道穿越工程设计要保证实现以下两个目标：

（1）要确保下穿工程的功能。

（2）要确保被下穿工程的安全。

为了达到这个目标，需综合考虑多方面的因素进行设计。针对城市轨道交通的隧道下穿工程，设计需充分考虑以下几点：

（1）下穿工程的功能，即轨道交通的站位、区间线形及线位。

（2）考虑被下穿工程的保护要求：变形控制指标。

（3）下穿工法的合理选择及施工的安全控制。

（4）下穿段工程的长期影响包括下穿工程结构和被穿越工程结构的长期影响。

针对以上四个要点，城市轨道交通的隧道下穿工程应遵循以下原则：

（1）合理选择车站及区间线位，设计阶段前期隧道专业应介入线位设计，针对涉及隧道穿越问题的节点，及时有效提出下穿方案，尽可能选择对被穿越结构影响最小的位置下穿施工。

（2）盾构隧道下穿时，尽可能选择垂直下穿，尽量减小下穿时斜交的角度，减小穿越影响范围。

（3）结合工程地质情况，尽可能使盾构隧道在合适的土层中穿越施工；如果不得不在不理想的土层中进行穿越，需对土层进行预处理以控制施工对被穿体产生的不利影响。

（4）盾构隧道的线位设计需考虑轨道交通运营时列车振动对被穿越结构的影响及控制。

（5）下穿重要的轨道交通结构时，隧道线形应以平顺的直线下穿，尽量避免以小半径曲线下穿；当不得不以较小半径曲线下穿时，盾构隧道曲线半径的设计应考虑盾构机的灵敏度、掘进对地层的扰动以及采取的施工措施等。

（6）盾构法隧道不宜在穿越结构下方及一定范围内设置变坡点。

（7）盾构法隧道不得在穿越结构下方及一定范围设置联络通道。

（8）尽量避免以大坡度方式下穿。

2. 盾构穿越既有线设计

（1）先期实施隧道结构设计措施

隧道穿越节点明确的情况下，可以在先期实施的隧道结构设计时就预先考虑加固措施，为后续隧道穿越提供条件，采取的措施主要包含以下几个方面：

1）地层预加固处理。提前将先期实施隧道范围、后实施隧道穿越范围以及交叠隧道夹心土进行地层预加固，改良土体特性，从源头控制后实施隧道引起的变形。常用的方法是从地面采用搅拌桩等工艺进行地层预加固处理。加固的范围一般不小于隧道轮廓外1m，地层预加固示意图如图 3.1-29 所示。

2）夹心土预加固处理。先期实施隧道施工完成后，可以从隧道内部注浆孔往外注浆，对交叠隧道夹心土进行注浆预加固处理。后实施隧道下穿时，一般对下半部分断面或下部120°范围进行加固。注浆加固厚度不宜超过 3m，既有隧道下部注浆预加固处理措施图如图 3.1-30 所示。

3）先期隧道结构加强。对先期实施隧道结构配筋、螺栓进行提前加强，改善隧道结构承载能力。

先期实施隧道加固案例：

杭州地铁某地铁线在某站通道换乘，新建地铁区间隧道出地铁站大里程端头井后即下

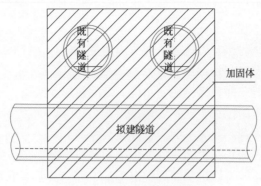

图 3.1-29 地层预加固示意图

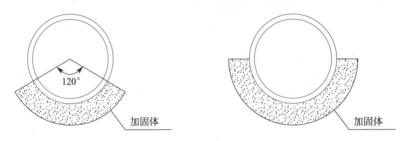

图 3.1-30 既有隧道下部注浆预加固处理措施图

穿既有地铁站区间隧道。

平面上新建隧道与既有隧道呈81°相交。纵断面上新建隧道在下，既有隧道在上，最小净距约为3m，新建隧道下穿既有隧道平面图及剖面图如图3.1-31～图3.1-33所示。

在既有隧道管片设计时，新建隧道穿越范围内管片增设10个注浆孔，同时，隧道施工完成后，通过注浆孔进行二次长管注浆，为后期施工的新建隧道预留条件，减少对既有隧道的影响。管片由中埋调整为深埋，螺栓相应提高为8.8级。新建隧道在穿越范围内将螺栓等级提高至8.8级，同时注浆孔增设至16个。

为了控制隧道沉降，在掘进过程中适当提高掘进压力，盾构穿越过程中隧道呈现"微隆起"的状态，隧道穿越过之后一个月内进行"少量多次"注浆，避免淤泥质地层中的既有隧道出现沉降加快的趋势。整个过程中，既有右线隧道最大沉降为－7.6mm，最大水平位移为4.8mm，最大水平收敛为3.4mm。既有左线隧道最大沉降为－8.6mm，最大水平位移为9.7mm，最大水平收敛为6.4mm，变形数据满足控制要求。

（2）后实施隧道结构设计措施

1）隧道结构加强设计。盾构隧道在下穿地铁隧道时，由于列车动荷载或建筑物超载的作用，可能使盾构隧道产生长期的后续沉降和不均匀沉降，使得管片出现错台、开裂、渗漏水等影响耐久性的病害，为此需对下穿段盾构隧道管片结构进行加强设计，包括管片配筋加强以及螺栓加强。另外，盾构隧道在长期列车动荷载作用下，可能产生较大的沉降和不均匀沉降，特别是隧道的不均匀沉降将引起管片错台或开裂，从而引起隧道不同程度的渗漏水，因此还应针对性地采取设计措施减少差异沉降和渗漏水的设计。软土地区可通过对管片增加预留注浆孔等措施增强后期运营保障，增加后每环可设置16个注浆孔。

图 3.1-31　新建隧道下穿既有隧道平面图（单位：m）

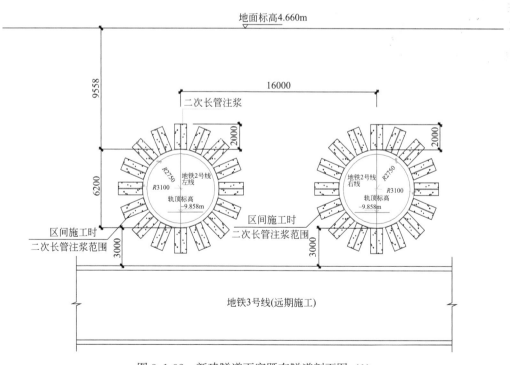

图 3.1-32　新建隧道下穿既有隧道剖面图（1）

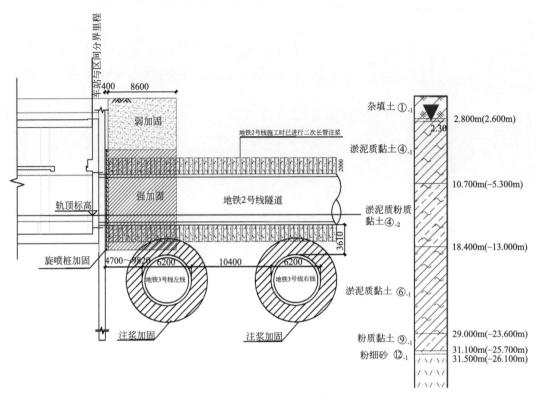

图 3.1-33　新建隧道下穿既有隧道剖面图（2）

2）夹心土加固处理。当先期实施隧道处于运营阶段，或由于其他情况无法进行预加固时，可考虑从施隧道内部注浆孔向外注浆，对交叠隧道夹心土进行注浆加固处理，夹心土加固处理措施示意图如图 3.1-34 所示。

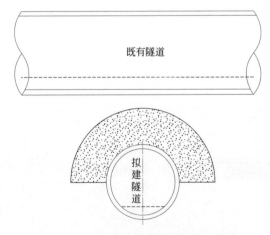

图 3.1-34　夹心土加固处理措施示意图

（3）盾构机选型相关要求

根据盾构穿越的地层情况，通常选择土压平衡盾构机以及泥水平衡盾构机。

1）土压平衡盾构机参数选择

①刀盘开口率的选择

土压平衡盾构机刀盘开口率对土仓压力、刀盘扭矩和盾构出土率都有明显影响。选择合适的开口率是保证盾构穿越既有隧道过程变形控制的重要因素。盾构机刀盘开口率通常需要根据地层特点进行确定，较小的刀盘开口率在黏土地层中对保证开挖面稳定，控制地层损失有利，然而过小的开口率会造成出土困难、掘进缓慢的现象，反而对地铁保护不利。通常而言，流塑性黏土中，开口率建议设定为 30%～40%；硬塑性黏土中，开口率不宜低于 50%；掘进范围以粉砂性土为主时，开口率可设置在 60% 以上；当存在开挖不同范围穿越不同地层时，通常考虑采用较小的开口率，通过仓内加水、减摩剂等措施，改善开挖面土体进仓能力。

②防止结泥饼的针对措施

当盾构穿越的范围存在黏土、粉质黏土等细颗粒土时，由于土体黏性较强，易在刀盘结泥饼，导致掘进参数突变，对保护既有隧道不利。可以采取以下措施防止刀盘结泥饼：

a. 加大刀盘中心开口。

b. 中心区域注入改良剂，增加改良剂的注入回路，提升中心渣土改良效果。

c. 土仓中设置搅拌棒，加强搅拌。

d. 配置高压冲洗水进口，降低形成泥饼的风险。

e. 进渣口采用"倒锥形"等特殊设计，避免渣土堵塞。

③减少土体扰动的针对措施

盾构施工对上部隧道的影响，主要原因是盾构施工对土体的扰动，当隧道位于淤泥质土层中时，土体灵敏度高，易被扰动。可以采取以下措施减少对土体的扰动：

a. 加强主驱动配置，给盾构掘进作扭矩准备。

b. 配置稳定可靠的同步注浆系统。

c. 配置多层次补浆系统，必要时可考虑设置盾构径向注浆系统。

d. 承压含水地层防喷涌的针对措施。

在粉砂、圆砾等局部承压水地层，在渣土改良不到位时，容易发生喷涌，可能导致土仓失压，引起地层沉降。针对喷涌现象，可采用在土仓壁或螺旋机内注入膨润土或高分子聚合物，缓解螺旋机喷渣压力，同时也可以采用加长螺旋输送器或采用二次螺旋输送器降低喷涌压力。

2）泥水平衡盾构机参数选择

①刀盘开口率的选择。

泥水平衡盾构机的刀盘开口率对泥水仓压力、刀盘扭矩和盾构出土率等有明显影响，开口率越小，开挖面前方不易进入泥水仓，对地层沉降控制较有利，然而在泥岩及砂砾层中掘进时，开口率过小容易引起刀盘结泥饼。泥水平衡盾构机开口率通常可按 40%～50% 选取。

②减少土体扰动的针对措施。

泥水平衡盾构机可采用减少土体扰动的措施包括：加强主驱动配置、配置稳定可靠的同步注浆系统及多层次补浆系统等。

（4）隧道穿越过程控制

1）区间穿越之前应在类似地层设置试验段，在试验段内根据监测反馈结果实时调整掘进参数，摸索出最优的施工参数，包括掘进速度、顶推力、土仓压力、注浆压力、注浆量等。试验段的长度宜设置为 100m，不宜小于 50m。

2）盾构掘进过程中需进行严格维护与检测，宜在穿越前 50m 以外对盾构机设备进行检查，保证穿越过程中不出现停机等现象。对于长距离掘进区间，当盾构掘进距离超过 1.5km 时，需要结合地质情况、盾构机刀盘配置等情况，考虑设置中间工作井，进行更换盾尾密封刷等操作。

3）隧道穿越既有线过程中应保持匀速通过，在常规土层中掘进，盾构机的掘进速度控制在 2.0cm/min 左右，日均掘进以 6～7 环为宜。

4）合理设定土仓压力，并及时进行同步注浆，以在最短的时间内填充盾尾间隙，减小因间隙临空面而产生的应力释放变形。对于刀盘与盾体尺寸不一致引起的空隙，建议采用"克泥效"工法进行填充。

5）隧道在黏性土地层穿越时，针对刀盘"结泥饼"问题，可以考虑适当加大盾构机开孔率，同时通过仓内加水、减摩剂等措施，改善开挖面土体进仓能力；对于淤泥质黏性土，应尽可能减少对地层的扰动，加强同步注浆，同时根据监测数据进行"少量多次"二次注浆。

6）隧道在粉砂性地层穿越时，应密切注意掌子面"喷涌"问题。土压平衡盾构机可采用在土仓壁或螺旋机内注入膨润土或高分子聚合物，缓解螺旋机喷渣压力，同时也可以采用加长螺旋输送器或采用二次螺栓输送器降低喷涌压力。

（5）工后沉降的控制

对于位于淤泥质土层中的隧道下穿既有隧道工程，穿越过程中既有隧道变形可通过注浆等措施进行控制，然而由于土体受到扰动，穿越之后的工后沉降持续的时间长达半年到一年，工后沉降在隧道总沉降所占比例高达 90% 以上。

可考虑采用以下措施对工后沉降进行控制：

1）隧道穿越过程中可适当加大土仓压力，穿越后使既有隧道处于"微隆起"的状态，隆起量以 1～2mm 为宜，为工后沉降预留空间。

2）隧道穿越完成后，根据监测数据采用"少量多次"二次注浆。二次注浆启动的时机建议以隧道沉降绝对值以及一定时间内沉降阶段变化值双控。注浆压力以 0.2MPa 左右为宜，采取多轮次注浆，直到隧道沉降趋势收敛后停止注浆。

3. 已运营隧道主动加固措施

对于已运营既有隧道，受运营限制，洞内注浆加固等措施实施难度较大，而从新建隧道内部对夹心土进行注浆加固，又难以保证注浆效果。MJS 工法加固具有对地层扰动小、可定向摆喷等特点，可以作为对已运营隧道的主动加固措施，一方面直接将软弱土进行硬化，极大降低其变形能力；另一方面隔离和约束既有线隧道底部未加固土体，减小其变形空间，同时对工后沉降进行注浆处理，也能提高注浆效果，有效遏制既有线隧道沉降。

下面结合杭州地铁某新建隧道下穿既有隧道工程，简单介绍下 MJS 工法加固设计案例：

考虑到在已运营隧道两侧采用 MJS 工法桩在国内建设项目中尚不多见，为确保预加固过程万无一失，探明 MJS 桩对已建隧道的影响程度，在新建隧道区间右线 15～20 环两侧进行试桩。试桩桩位在距隧道 1m 位置共 9 根 MJS 工法桩，其中，南侧 3 根 $\phi2.8m$

MJS工法桩（隧道本体深度范围进行180°加固，隧道底以下3m进行360°加固，有效桩长9.2m）；北侧3根φ2.4m180°MJS工法桩、北侧2.8m处3根φ2.4m360°MJS工法桩（有效桩长9.2m）。新建隧道试桩桩位及监测平面布置图如图3.1-35所示。

试桩过程中，对隧道水平位移、隧道竖向位移、隧道净空收敛、深层土体水平位移、深层土体竖向位移、孔隙水压力等项目进行监测，收集并分析MJS工法桩施工对隧道变形及周边土层影响。

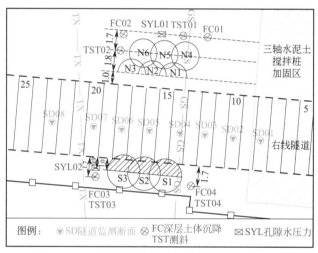

图 3.1-35　新建隧道试桩桩位及监测平面布置图

监测数据显示，隧道累计水平位移和水平收敛量基本能控制在±3mm以内。MJS工法桩施工对隧道影响较小。

经新建隧道试桩施工确定MJS工法桩施工对隧道变形影响较小的情况下，决定采用MJS工法桩对地铁隧道穿越重叠部位进行预加固处理。具体实施方案为：新建隧道穿越既有隧道范围进行MJS工法桩加固；其中MJS工法桩桩径为2.8m，间距为2m；其中靠近既有隧道的4排MJS工法桩采用下部全圆喷浆，上部采用半圆喷浆；加固深度为既有隧道顶至隧道底以下2.7m（桩底距新建隧道0.5m），加固土体28d无侧限强度不小于1.0MPa，具体见图3.1-36、图3.1-37。

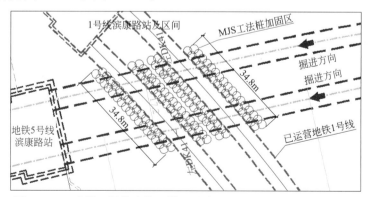

图 3.1-36　地铁5号线穿越地铁1号线MJS工法桩加固平面布置图

根据现场监测结果，MJS工法桩施工引起既有隧道的沉降均控制在2mm以内，隧道

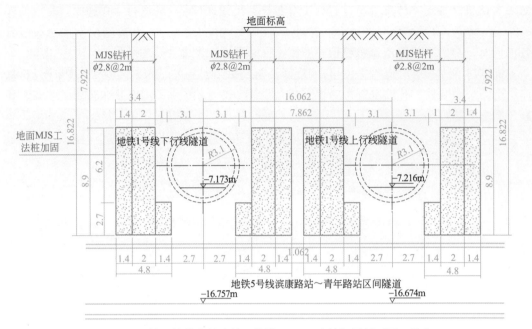

图 3.1-37　地铁 5 号线穿越地铁 1 号线 MJS 工法桩加固剖面图（单位：m）

结构收敛控制在 1mm 左右。

　　为了控制隧道沉降，在掘进过程中适当提高掘进压力，盾构穿越过程中隧道呈现"微隆起"的状态，隧道穿越过之后一个月内进行"少量多次"注浆，避免淤泥质地层中的既有隧道出现沉降加快趋势。根据监测结果，整个新建隧道穿越过程中，既有隧道隆起的幅度在 6mm 以下，最终既有隧道最大沉降控制在 2mm 以内。

　　4. 顶管穿越既有隧道设计技术

　　顶管法是继盾构法之后而发展起来的一种地下工程施工方法，它不需要开挖面层，并且能够穿越公路、铁道、河川、地面建筑物、地下构筑物以及各种地下管线等。顶管施工借助于主顶油缸及中继间等的推力，把掘进机从工作井内穿过土层一直推到接收井内吊起。与此同时，也就把紧随掘进机后的管节结构埋设在两井之间，以期实现非开挖施工地下结构的施工方法。

　　由于顶管法具有安全、高效，对交通、管线影响小等优点，在城市过街通道、地下管道工程等项目中有广泛的应用。

　　顶管穿越既有隧道通常采用上跨的方式，在设计中应遵循以下原则：

　　（1）合理选择顶管穿越既有隧道的位置，尽可能选择对被穿越结构影响最小的位置实施，如既有隧道埋深较大的位置或地质条件更有利的位置。

　　（2）顶管穿越既有隧道时，尽可能选择垂直下穿，尽量减少下穿时斜交的角度，减少穿越影响范围。

　　（3）尽量优化顶管结构的坡度，避免以大坡度方式穿越既有结构。

　　同时，顶管穿越既有地铁区间隧道在设计中需对以下问题进行关注：

　　（1）顶管覆土以不小于 1.0 倍管节高度为宜，若顶管覆土不够，需采取临时压重等措施，避免顶管整体背土破坏。

（2）根据不同地层情况，调整减摩泥浆配比，控制减摩泥浆参数，减少顶管顶推力，避免顶管背土。

（3）选择合适的顶管机型，顶管机具有足够的顶推能力，根据地层配置适宜的刀盘；顶管穿越区间隧道前，对顶管机械设备进行评估，避免顶进过程停机。

（4）掘进过程中合理控制顶管总推力，尽量使千斤顶编组合理，受力均匀；尤其在洞门加固软硬交界面处，应控制掘进速率，保持顶管机姿态平稳；穿越隧道期间顶进速率宜按照 1cm/min 左右控制。

（5）根据监测数据及时补充压注泥浆，减少地层损失。

（6）若顶管上跨既有盾构隧道时，可考虑在顶管内适当采用内部压重措施，以减少地铁区间盾构的上浮。

5. 定向钻穿越既有隧道设计技术

定向钻施工一般多用于石油、天然气以及一些市政管道建设，由大型的定向钻机进行定位钻孔、扩孔、清孔、管道回拖等过程后再进行管道施工。定向钻施工工序流程图如图 3.1-38 所示、定向钻施工示意图如图 3.1-39 所示。

图 3.1-38　定向钻施工工序流程图

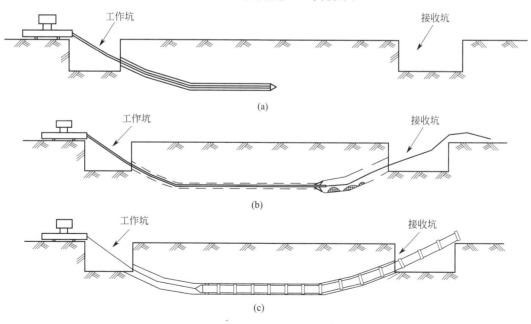

图 3.1-39　定向钻施工示意图
（a）钻导向孔；（b）预扩孔；（c）回拖管线

定向钻穿越既有隧道时，在设计中应遵循以下原则：

（1）定向钻应尽可能从既有隧道上部穿过，避免从既有隧道下部穿过。

（2）合理选择定向钻穿越既有隧道的位置，尽可能选择对被穿越结构影响最小的位置实施，如既有隧道埋深较大的位置或地质条件更有利的位置。

（3）定向钻穿越既有隧道时，尽可能选择垂直下穿，尽量减少下穿时斜交的角度，减少穿越影响范围。

同时，定向钻穿越既有地铁区间隧道在设计中需对以下问题进行关注：

（1）定向钻应具有完整的测向、控向工具，包括地下测量电子设备和地面接收设备，能够测得钻头所在位置的磁方位角（用于左、右控制）和倾斜角（上、下控制）以及钻头的钻进方向，保证钻进精度。同时，大型钢结构（桥梁，桩基，其他管道）和电力线路会影响磁场读数，应注意避让或屏蔽。

（2）定向钻与既有区间隧道之间保持足够的安全距离，保证定向钻钻进有偏差情况下，不与既有隧道冲突。

（3）管道拉通后，应及时进行注浆填充，避免塌陷。

3.1.5　其他工程设计要求

3.1.5.1　地铁出入口连接通道工程

随着城市的不断发展，同步推进了地铁及周边土地综合开发一体化建设进程，为满足地铁与周边地块开发利用最大化原则，地铁设施与周边商业及住宅项目的衔接也随之越来越多。为满足地铁人防、消防、管理、安全等方面的要求，周边地块与地铁衔接方式通常以独立的连通道为主，一般设置在地铁出入口处。为保证连通道工程与地铁顺利衔接，在连通道工程设计前及施工期间需注意以下几点：

（1）提前收集地铁出入口自身及周边环境的相关资料，包括其围护结构及主体结构形式、出入口上方有无管线等。

（2）了解出入口是否为后续地块的连通预留了充足的条件，如出入口结构底板下方设置工程桩，侧墙有针对性地预留暗梁、暗柱。

（3）应着重注意连通道工程与地铁衔接处的截水措施，包括围护结构衔接处的截水及衔接处底板下方的截水，条件允许的情况下可委托地铁建设单位预先对接缝处进行加固处理。

（4）如地铁出入口未预先在侧墙预留暗梁、暗柱，开洞时应在满足结构安全的前提下尽可能分块、跳槽施工，避免大面积开洞对出入口产生较大影响。

（5）地铁若已运营，需在地铁内部设置临时硬分隔，同时需满足地铁正常疏散功能的要求。

典型案例：

某商业地块拟与地铁出入口连通，如图 3.1-40 所示，规划期间与地铁相关部门进行了充分对接，前期地铁为商业地块预留了接驳条件，在后续连通道工程施工时，对围护结构接缝处采取针对性的加强措施，开洞期间在地铁内部增加硬隔离措施，在地铁运营的前提下完成了接通，在满足地铁安全的同时创造了良好的社会效益和经济效益。

3.1.5.2　地铁盾构进出洞工程

地铁端头井位置一般为地铁车站及盾构区间的交界，因两者刚度不同会造成差异沉降，为满足盾构始发或接收要求的同时减少后期差异沉降，在端头井处通常会设置盾构进出洞加固，在外部工程基坑靠近端头井位置时，需结合已有的加固进行针对性的设计，满足地铁安全的同时又可减少成本，在设计时需注意以下几点：

（1）提前收集地铁进出洞的加固资料，包括加固方式和加固范围。

（2）结合地铁的端头加固对本项目地块进行针对性的设计。

典型案例：

某商业地块边线距地铁端头井较近，在了解盾构加固的平面位置和深

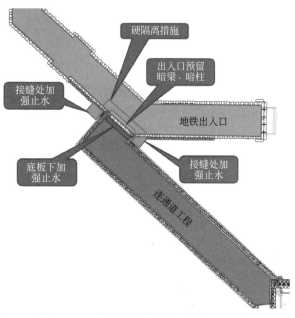

图 3.1-40　某商业地块拟与地铁出入口连通

度后，采取了针对性的设计，有效地确保了该项目基坑实施以及邻近轨道交通设施变形满足地铁保护控制要求，某商业地块邻地铁侧平面示意图如图 3.1-41 所示。

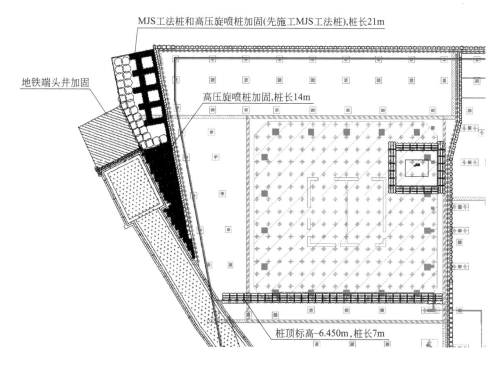

图 3.1-41　某商业地块邻地铁侧平面示意图

3.2 城市轨道交通预先保护措施

对于邻近城市轨道交通设施的地下室结构，通常可以在地下结构施工前对地下室退界距离、工程时序安排以及结构形式的选择等多方面进行优化，在项目施工前预先对邻近轨道交通设施采取针对性的主动保护设计措施。

3.2.1 建筑地下室退界优化

大量的工程实践证明，邻近轨道交通设施的地下室基坑开挖深度越深、净距越小，则基坑施工引起的轨道交通设施变形越大。因此，目前较多邻近已建轨道交通设施基坑项目采取了邻地铁侧尽量不设置地下室或仅设置一层地下室的措施，以减少基坑施工期间引起的轨道交通设施变形。

典型案例一：邻地铁侧不设置地下室

某邻近已运营轨道交通设施基坑项目，下设两层整体地下室，基坑开挖面积为 16500m²，开挖深度为 11.6~12.1m，开挖范围内主要为透水性较好的粉砂土。为减少基坑开挖对邻近轨道交通设施的影响，取消了部分邻地铁侧 18~49m 范围内地下室。由于以上预先保护措施的实施，有效地确保了该项目基坑实施以及邻近轨道交通设施变形满足地铁保护控制要求，地下室平面布置示意图如图 3.2-1 所示。

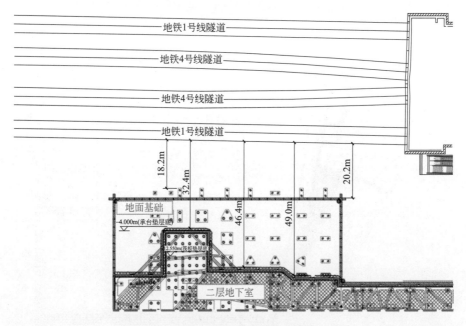

图 3.2-1　地下室平面布置示意图

典型案例二：邻地铁侧设置一层地下室

某邻近已运营轨道交通设施基坑项目，下设一层（邻地铁侧）和两层整体地下室，基坑开挖面积约为 31500m²，一层地下室基坑开挖深度为 5.15~5.95m，二层地下室基坑开挖深度约为 9.70m，开挖范围内主要为淤泥质黏土、粉质黏土。为减少基坑开挖对邻近轨道交通设施的影响，地铁 50m 保护线范围内仅设置一层地下室，二层地下室均位于地铁保护线范围外。项目安全顺利施工完成，同时邻近轨道交通设施变形满足地铁保护控制要求，地下室平面布置示意图如图 3.2-2 所示。

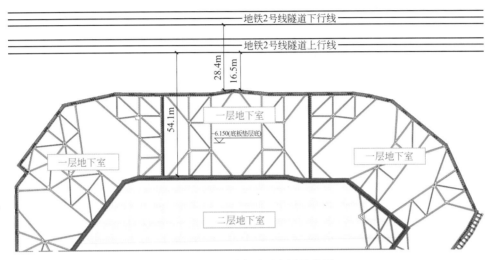

图 3.2-2　地下室平面布置示意图

3.2.2　工程时序优化安排（预先打桩、地下室提前施工等）

由于城市用地资源十分宝贵，若能够采取措施在确保轨道交通设施安全的情况下，最大限度地利用保护区范围内的地下空间，则可产生巨大的经济效益和社会效益。对与在建地铁设施存在交叉施工情况的项目，可考虑采用合理安排施工工序的措施，避免或减少项目施工对轨道交通设施产生一定的影响。目前，通常采取的工序安排有以下几种：

（1）与地铁设施同步建设，此施工方式主要针对在建轨道交通设施位于项目基坑内的情况。

（2）在建轨道交通设施施工至项目影响区范围前，先行完成地铁 50m 保护线范围内的地下室结构。

（3）在建轨道交通设施施工至项目影响区范围前，先行完成邻近轨道交通设施一定范围内的地下室结构或底板施工。

（4）在建轨道交通设施施工至项目影响区范围前，先行完成地铁 50m 保护线范围内的桩基施工。

典型案例一：与地铁设施同步建设

某项目场地内有在建地下两层岛式地铁车站，项目下设一层、二层和三层（邻地铁车站两侧）地下室，基坑开挖面积约为 49200m²，一层地下室基坑开挖深度约为 5.80m，二层地下室基坑开挖深度约为 10.10m，三层地下室基坑开挖深度约为 13.60m，开挖范围内主要为砂质粉土、淤泥质粉质黏土。考虑到场地内为在建地铁车站，为减少项目基坑开挖对地铁车站的影响，经多方协调后采用共坑同步建设的方案。采用共坑同步建方案后，避免了项目基坑施工对在建地铁车站的交叉影响，加快了工程施工进度的同时也大量节省了基坑围护造价，经济效益和社会效益可观，基坑平面布置示意图如图 3.2-3 所示。

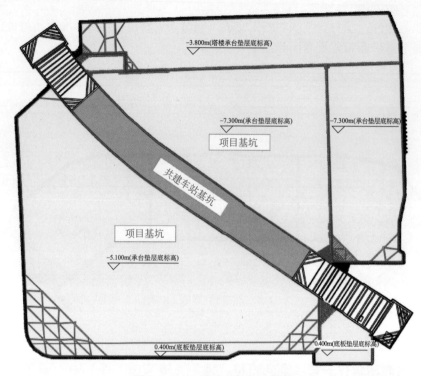

图 3.2-3　基坑平面布置示意图

典型案例二：先行完成邻近轨道交通设施一定范围内的地下室结构底板

某项目场地内有一在建盾构隧道，项目下设一层、二层地下室，基坑开挖面积约为 41000m²，一层地下室基坑开挖深度约为 5.26m，二层地下室基坑开挖深度约为 8.76m，开挖范围内主要为砂质粉土。根据工期安排，预计在项目基坑施工期间隧道推进至场地影响范围。为最大限度减少项目基坑施工对下穿隧道的影响，项目建设单位通过合理安排工期，在隧道推进至项目场地前，对隧道两侧 15.6～16.5m 范围内的桩基础、底板先行施工完成。目前，该项目地下室结构已施工完成，隧道变形均满足控制要求。该项目通过合理的工期优化安排，充分开发利用了隧道影响范围内的地下空间资源，基坑平面布置示意图如图 3.2-4 所示。

3.2.3　基础形式和深坑布局优化

在充分考虑地下室退界、施工工序优化调整的措施后，对于邻近轨道交通设施项目，可进一步对结构的构件形式、主楼位置、坑中坑位置的布置进行针对性的优化调整，减少邻近轨道交通设施范围内基坑开挖深度，优化调整的措施主要有以下几类：

（1）邻近轨道交通设施保护区范围内的地下室结构的基础形式，宜采用筏板基础。相较传统的承台基础，筏板基础可一定程度上减少基坑开挖深度，同时可有效加快基础施工速度，减少基坑暴露时间。

（2）对于主楼位置的分布宜尽量远离轨道交通设施。由于主楼位置竖向荷载大，使得主楼基础高度较高，导致基坑挖深增加。同时，主楼位置往往设有电梯井等深坑，挖深较

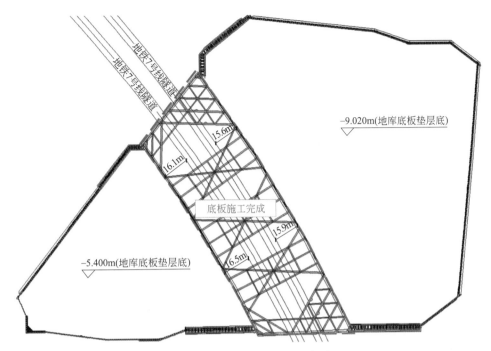

图 3.2-4　基坑平面布置示意图

深。此外，由于主楼范围工程桩较为密集，桩基施工及承受竖向荷载作用时对周边土层有一定程度的扰动。

（3）对于电梯井、集水井等深坑的布置宜尽量远离轨道交通设施。

3.2.4　其他

（1）对于邻近轨道交通设施项目，围护结构设计过程中应合理选择围护墙的形式，应尽量选择外扩空间较小（指围护墙＋截水帷幕的宽度）的围护墙，邻近轨道交通设施侧不宜设置肥槽。

（2）对于采用地下连续墙的基坑，可考虑采用"两墙合一"的形式，即地下连续墙既作为临时围护墙亦作为永久使用的地下室结构外墙。在同等情况下，采用"两墙合一"的形式相较其余围护形式，围护结构与轨道交通设施间净距可减少 0.8～1.5m。

（3）对于不采用地下连续墙作为围护墙的基坑，若与轨道交通设施距离较近，亦可考虑采用围护墙与截水帷幕相结合的工艺，如渠式切割装配式地下连续墙、咬合桩等。

3.3　城市轨道交通保护区内建设项目案例

3.3.1　杭州某市政高架工程

3.3.1.1　工程概况

杭州某市政工程改造及南伸工程高架段桩基，沿地铁 1 号线某盾构区间密集分布，数量较多，约有 90 根桩距已运营的地铁盾构区间段较近（净距为 5m 范围内，最小距离仅 2.5m）。

杭州地铁1号某区间段自南向北穿越改造段，并沿道路西侧平行设置，其相对关系图如图3.3-1所示。此地铁区间由二管盾构隧道组成，结构物总宽度为18.2m，结构物覆土深度为7.2～15.1m。目前该隧道处于通车运营状态。

改造工程的高架桥桩直径$D=1500$mm，桩长约60m，进入基岩（中风化砂岩）不小于$2D$。桩与隧道水平距离示意图如图3.3-2所示，桩与隧道距离统计表如表3.3-1所示。

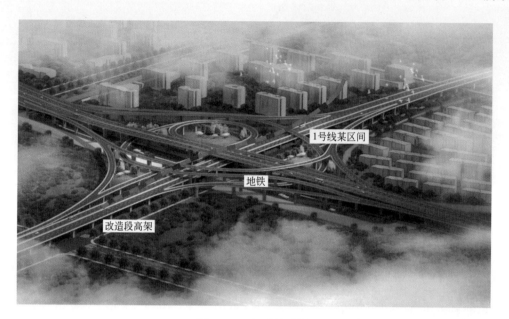

图 3.3-1　相对关系图

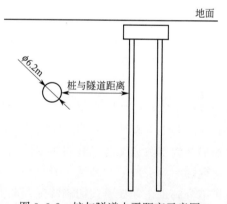

图 3.3-2　桩与隧道水平距离示意图

桩与隧道距离统计表 表 3.3-1

距离(m)	数量(根)
$L<3$	19
$3{\leqslant}L<5$	67
$5{\leqslant}L<10$	38

注：L为桩基与隧道距离。

由图 3.3-2 和表 3.3-1 可知，桩基沿地铁 1 号线某区间密集分布，数量较多，部分桩距离隧道结构很近（水平距离小于 3.0m），大部分桩距离隧道 3.0～5.0m。

3.3.1.2　前期试桩过程概况

为了保障已经建设完成的杭州地铁 1 号线区间的安全运行，前期已选择在地铁隧道附近进行了试桩，根据试桩情况来判定能否大规模开展工程桩的施工。

试桩平面位置示意图如图 3.3-3 所示，试桩剖面示意图如图 3.3-4 所示，试桩各桩布置情况见表 3.3-2。其中，桩的直径 $D=1500\text{mm}$，桩长约 60m，钢护筒护壁灌注桩，均为嵌岩灌注桩，桩端持力层为中风化砂岩，进入岩（中风化砂岩）4.5m。

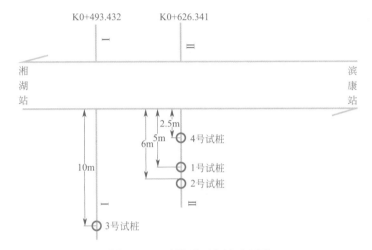

图 3.3-3　试桩平面布置示意图

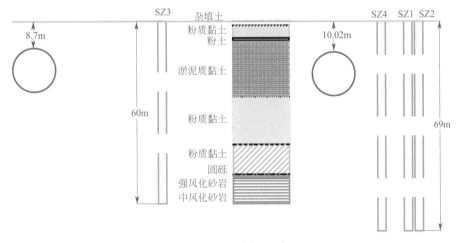

图 3.3-4　试桩剖面示意图

试桩各桩布置情况　　　　　　　　　　　　　　　　　　表 3.3-2

类目	第一次试桩			
桩号	1	2	4	3
与隧道外结构线距离(m)	5	6.5	2.5	10
对应地铁区间环号	上行线 1234 环		上行线 1349 环	

本次试验监测分为两个部分：一是试桩施工期间对邻近隧道影响区域区间的监测；二是试桩施工期间对地铁区间进行的道床沉降监测。盾构隧道断面设置一组水平位移监测点，一个竖向位移监测点，一组净空收敛监测点，一组轨道沉降监测点。监测点布置图如图 3.3-5～图 3.3-7 所示。

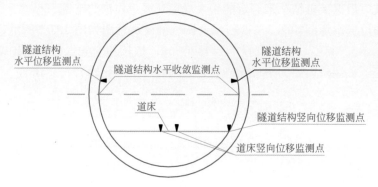

图 3.3-5　地铁隧道监测点布置剖面图

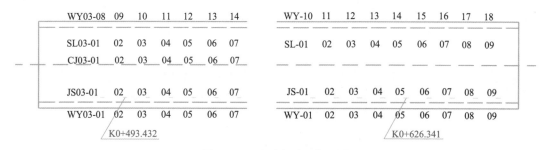

图 3.3-6　监测点平面布置图

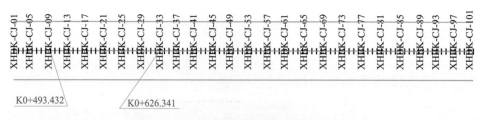

图 3.3-7　地铁区间道床沉降监测点布置图

3.3.1.3　试桩施工对邻近地铁隧道的影响

监测数据表明各试桩施工过程中，都会对邻近隧道产生一定的影响，其中 SZ3 试桩施工过程监测较为具体，因此选用 SZ3 试桩监测曲线来说明试桩施工对邻近地铁隧道的影响。

图 3.3-8 是 SZ3 试桩施工中，监测点道床竖向位移曲线图。由于井圈、护板的施工及钻机就位等附加荷载，再加上护筒下压作用使得监测曲线开始表现为向下发生沉降，而后相关施工设备的撤离使得下覆土体所受荷载减小，土体回弹上升，紧接着试桩施工，由于桩身自重使得周围土体再次发生沉降，因此在道床监测曲线上表现为先下降，然后有个轻度上升，最后又持续下降动态趋势。

SZ3 试桩浇筑从 2012 年 7 月 28 日开始至 8 月 20 日结束。该期间监测指标有道床竖向位移、隧道结构竖向位移、水平位移、水平收敛四个量，监测数据曲线图如图 3.3-8～图 3.3-11 所示。除了水平收敛位移外各变形值均在预警值内，而水平收敛位移也未超出其报警值，这说明试桩施工过程所引起的隧道变形位移较小。隧道结构竖向监测曲线近似于直线的形式缓慢增长，变化速率最大点为 JS03-02 点，值为－0.09mm/d，表明当前地铁隧道变形处于稳定可控状态。

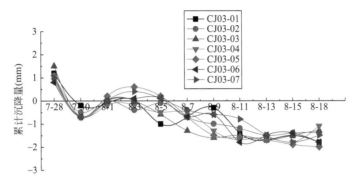

图 3.3-8　道床竖向位移曲线图

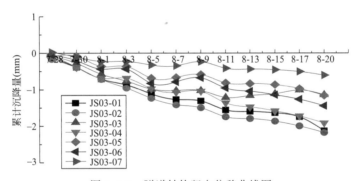

图 3.3-9　隧道结构竖向位移曲线图

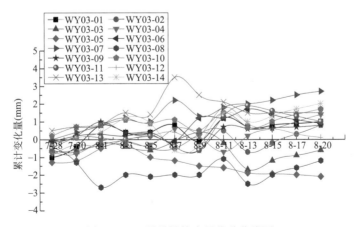

图 3.3-10　隧道结构水平位移曲线图

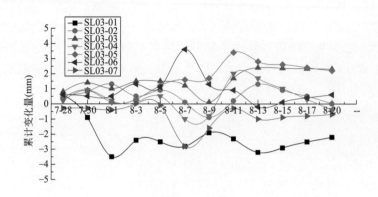

图 3.3-11 隧道结构水平收敛曲线图

3.3.1.4 护筒拔除对邻近地铁隧道的影响

SZ1 试桩施工情况与 SZ3 试桩类似，但 SZ1 试桩施工时护筒有拔除，两者相对比可说明护筒拔除过程对隧道的影响状况。

SZ1 桩从 2012 年 9 月 21 日 6:00 开始起拔护筒，于 2012 年 9 月 22 日 11:10 分护筒全部起拔完成。图 3.3-12 是 SZ1 试桩护筒拔除过程中隧道结构竖向位移监测曲线图。9 月 21 日 6:00~6:30 时间段内，混凝土灌注速率为 3.7m³/h，护筒平均起拔速率为 2.0m/h，施工速度较缓，监测曲线较为平稳，各点的监测数值均没有明显变化。

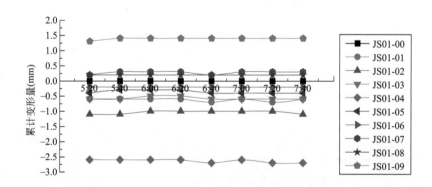

图 3.3-12 SZ1 试桩护筒拔除过程中隧道结构竖向位移监测曲线图

21 日 11:20~14:40，起初监测曲线较为平稳，各点监测值基本没有变化，从 13:20 隧道管片开始下沉，一直到 14:06 又重新恢复稳定状态。这一时段内平均沉降率为 0.45~1.65mm/h，沉降累计变化值为 1.6mm。产生沉降的主要原因是因为试桩浇筑速度过快，灌浆压力又不足以将上覆土体顶起，而只能下压下覆土体使其产生沉降变形。随后暂停混凝土浇筑，监测曲线又重新恢复到稳定状态，该时间段内混凝土平均灌注速率为 6.3m³/h，护筒拔除速率为 3.7m/h，如图 3.3-13 所示。

21 日 23:15~22 日 1:05，此时段内测深已达至 14.5m，所处土层为淤泥质黏土层。曲线一开始也是较为平缓，各点测值变化不大，而后从 0:20 开始监测曲线开始上升，隧道管片上浮，放慢施工进度后，至 0:40 监测点又在短时间内趋于稳定。

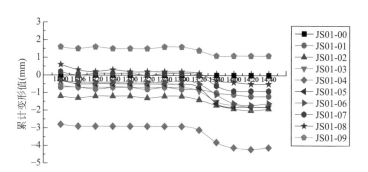

图 3.3-13　9 月 21 日 11:00～14:40 隧道结构竖向位移监测曲线图

这期间，历时 20min 内隧道上浮速率为 2.1～5.7mm/h，累计上浮变化量为 1.9mm。此时段内也是因为施工速度过快导致，与上一时段不同的是，此时灌浆深度较浅，所处地层为淤泥质黏土层。在淤泥质黏土层中灌浆时，对于自重较小上覆土层有一定的抬升效果。此时段内混凝土平均灌注速率为 13.7m³/h，护筒平均拔除速率为 3.7m/h，如图 3.3-14 所示。

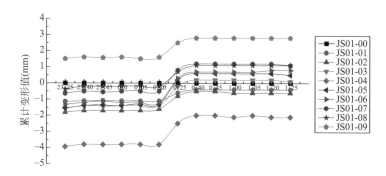

图 3.3-14　9 月 21 日 23:25～22 日 1:25 隧道结构竖向位移监测曲线图

22 日 5:00～7:20 时段内，由于前段时间产生的超静孔隙水压力消散，使得周围土体发生沉降，隧道管片也缓慢下沉，此时段内混凝土灌注速率为 30m³/h，护筒拔除速率为 13m/h，至此混凝土浇筑完成，如图 3.3-15 所示。

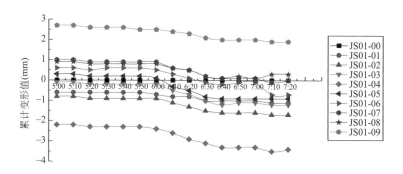

图 3.3-15　9 月 22 日 5:00～7:20 隧道结构竖向位移监测曲线图

22 日 10:00~12:50，护筒拔除最后 13m，中间有停歇，故监测曲线有较小的波动，后又恢复至稳定状态，隧道处于安全可控状态，如图 3.3-16 所示。

通过上述分析，可知护筒拔除对于周围土体的扰动较大，若没有控制好施工进度，其产生的影响是相当大的。正如 SZ1 试桩施工中 0:20~0:40 时段内那样沉降速率达 2.1~5.7mm/h，远大于 SZ3 试桩施工隧道沉降速率 0.09mm/d。就算考虑护筒拔除过程中隧道管片上浮与下沉相互抵消作用，护筒拔除全过程，各监测点也有 0.3~0.7mm/d 的平均沉降或上浮速率，远大于 SZ3 试桩的沉降速率，因此护筒拔除过程对邻近地铁隧道的影响是相当大的。

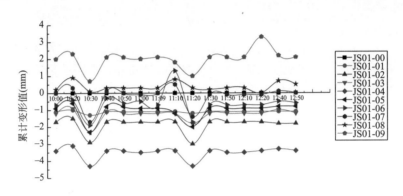

图 3.3-16　9 月 22 日 10:00~12:50 监测曲线图

3.3.1.5　试桩施工及后期沉降对邻近隧道的影响

为观测桩基施工对盾构区间隧道的工后影响，该试桩完成后半年内（2012 年 8 月～2013 年 1 月），杭州地铁集团对该段区间进行了多次运营监测。地铁上行线隧道道床位移沿里程分布曲线图如图 3.3-17 所示。

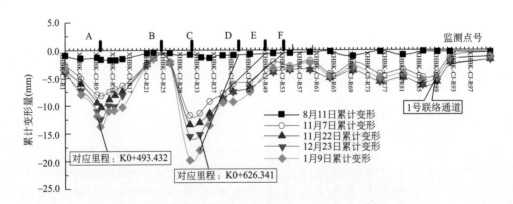

图 3.3-17　地铁上行线隧道道床位移沿里程分布曲线图

根据图 3.3-17，地铁区间上行线出现了一定程度的工后沉降，且沉降槽所对应的里程恰为桩基施工影响区域。

通过以上监测曲线及表 3.3-3 可以看出，试桩施工过程对隧道的影响较小，但工后影响较大。

试桩隧道监测情况统计表　　　　　　　　　　　　　　表 3.3-3

类目	第一次试桩			
	1 号桩	2 号桩	3 号桩	4 号桩
与隧道净距(m)	5	6.5	10.0	2.5
桩长(m)	约 60	约 60	约 60	约 60
桩径(mm)	1500	1500	1500	1500
是否设置护筒	是	是	是	是
是否拔除护筒	是	是	是	是
桩施工期间隧道沉降(mm)	0.28～－0.76	0.1～－0.7	－0.09～－0.41	－0.1～－0.4
桩施工期间隧道水平位移(mm)	0.4～－0.7	0.4～－0.3	0.4～－1.3	0.8～－0.7
桩施工期间隧道收敛(mm)	—	—	—	—
拔除护筒后隧道变形增量(mm)	下沉 1.6	—	—	—
隧道工后最大累计沉降(mm)	12mm(11 月 7 日)	13mm(11 月 22 日)	16mm(12 月 23 日)	20mm(2013 年 1 月 9 日)
隧道工后最大累计沉降(mm)	3.3mm(9 月 18 日)	0.9mm(1 月 4 日)	2.7mm(8 月 20 日)	0.9mm(11 月 14 日)
试桩时间		2012 年 08 月 31 日	2012 年 09 月 21 日	2012 年 7 月 28 日

3.3.2　杭州某电影院工程

3.3.2.1　工程概况

杭州某电影院工程下设整体三层地下室，工程桩采用钻孔灌注桩。由于拆迁等因素，整个项目分期建设，本次基坑围护针对电影院部分，与邻近基坑之间设置分隔墙。

结构±0.000 标高相当于绝对标高为 8.500m，根据周边道路标高情况，自然地坪取绝对标高为 8.200m，即相对标高－0.300m。地下室基础面标高－13.900m，综合考虑室内外高差以及基础、垫层厚度后，基坑开挖深度约为 15.4m，局部电梯井范围开挖深度 17.8m。

该工程周边环境复杂，具体如下：

地下室基本紧贴用地红线，周边设置多个地下通道与一期、二期及三期已建项目连通。基坑北侧道路下埋设有大量的市政管线，包括 $\phi600$ 污水管（埋深 3.26m），燃气、给水、通信等管线，该侧设置地下通道与邻近项目连通。基坑南侧项目为地下一层，采用预制方桩（350mm×350mm，桩长 15～23m，持力层为黏土层，桩顶标高约－6.000m）。基坑西侧道路下设置地下通道与一期项目连通（未建）。基坑东侧为城市的主干道，刚刚整治完成，保护标准较高，道路下设置大量市政管线（包括电力、给水、污水、煤气灯）。基坑东侧道路下布有地铁 1 号线盾构隧道，与盾构管片外边界最小距离约为 7.6m，埋深约为 12.3m，基坑总平面图如图 3.3-18 所示、与邻近地铁隧道相互关系图如图 3.3-19 所示。

3.3.2.2　工程地质条件

根据外业勘探和室内土工试验成果、结合场地土成因类型，现将各地基岩土层的特征从上而下分述如下：

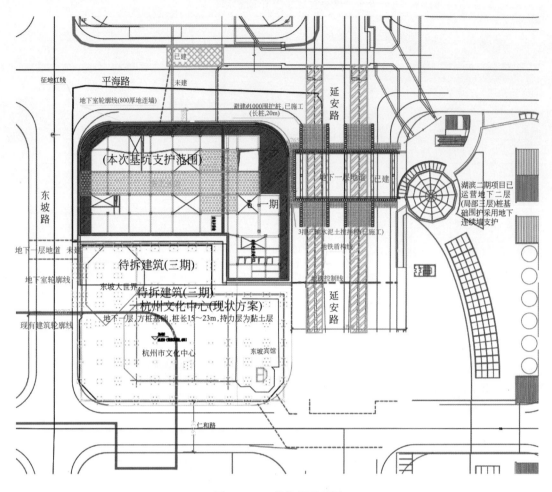

图 3.3-18　基坑总平面图

①$_{-1}$ 杂填土：褐灰色、杂色，松散，主要由建筑垃圾组成，含大量砖瓦碎片及少量黏性土和生活垃圾。

①$_{-2}$ 素填土：灰黄色、灰色，稍密，以黏质粉土为主，含少量有机质和腐殖质。

①$_{-3}$ 淤填土：灰黑色，流塑，含腐殖质，少量碎石。

②粉质黏土：灰黄色，可塑，含云母、氧化铁，夹粉土。

③黏质粉土：灰黄色、灰色，很湿，稍密，含云母，夹少量薄层状粉质黏土。

④$_{-1}$ 淤泥：灰色，流塑，含腐殖质和未完全分解的植物残骸及少量贝壳碎片。

④$_{-2}$ 淤泥质粉质黏土：灰色，流塑，含云母碎片、少量贝壳碎屑、腐殖质和未完全分解的植物残骸。

⑤粉质黏土：灰黄色，可塑，夹薄层状粉土，含高岭土团块和氧化铁斑点。

⑥粉质黏土：灰色，软塑，含有机质。

⑦粉质黏土：灰色、灰黄色，可塑，含高岭土团块和氧化铁斑点。

⑨砾砂：黄灰色，稍密，粒径大于 2mm 颗粒含量占 35%～45%，呈亚圆形，粒径一般为 0.5～2.0cm，最大直径大于 3cm，成分为石英砂岩和安山玢岩，其间充填中粗

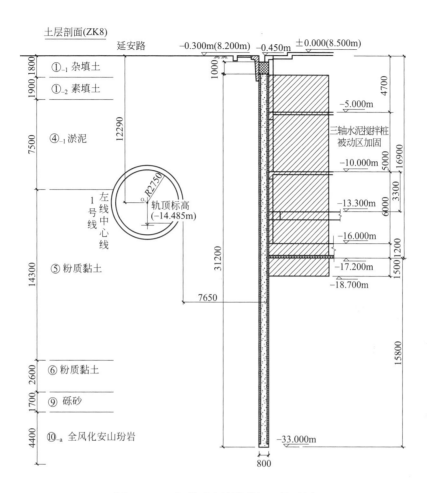

图 3.3-19 与邻近地铁隧道相互关系图

砂及黏性土，局部中粗砂含量较高，部分地段已相变为圆砾，该层在纵向和横向均有所变化。

⑩-a 全风化安山玢岩：紫红色，硬可塑～可塑，风化后呈黏土状，原岩结构已破坏。

⑩-b 强风化安山玢岩：紫红色，颜色多样，岩石强烈风化，呈颗粒和碎块状，裂隙发育，手掰易碎，母岩成分已强烈风化，但其结构可见，局部夹中等风化岩块。

⑩-c 中等风化安山玢岩。

本场地上部地下水为潜水，潜水埋藏较浅，主要赋存于场地内的填土、粉土层中，勘察期间钻孔内测得其埋深在地表下 1.04～2.00m，该层潜水主要受大气降水的影响，地下水位年变幅为 1.0～2.0m。

拟建场地勘探孔位置处均未发现不良地质体及不良地质作用，拟建场地旧房基础较深，填土较厚，局部存在块石，桩基施工过程中应注意。

3.3.2.3 围护方案

地下连续墙内边线距离东侧地铁 1 号线盾构管片外边界最小距离仅 7.6m，根据地铁相关规定，盾构外侧 5m 范围内禁止任何桩基施工，且上部道路刚整治完成，无施工作业面，坑外设置隔离桩的保护措施无法实施，如按常规设计施工，无法确保盾构安全（盾构变形控制在5mm以内），结合基坑平面形状，设置分隔墙，沿盾构边形成小基坑，利用基坑时空效应减小变形，小基坑内满堂加固，控制变形确保盾构安全。地铁盾构主要保护措施如下：

（1）分期施工，内部设置分隔墙，邻盾构侧基坑仅22m×58m，便于基坑快速施工，减少变形（根据第三方评估报告，邻盾构侧基坑内部新增800mm厚支撑墙，确保安全）。基坑采用分区逆作法，对于靠近地铁侧的小基坑，其空间效应大大增强，对于基坑控制变形有利。

（2）结合分隔墙布置，坑内满堂加固，加固采用ϕ850三轴水泥土搅拌桩，确保质量。邻地铁侧小基坑满堂加固示意图如图3.3-20所示、邻地铁侧基坑满堂加固竖向剖面图如图3.3-21所示。

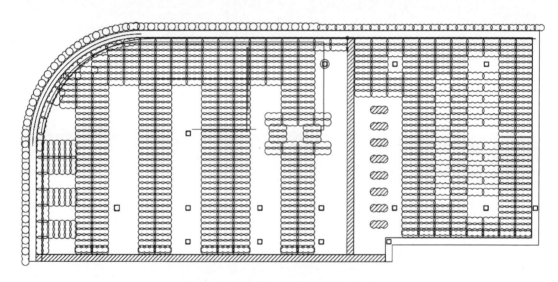

图3.3-20 邻地铁侧小基坑满堂加固示意图

（3）支撑系统采用结构楼板，整体刚度大，控制变形能力强，局部落深处设置临时混凝土内支撑（第四道内支撑），提高安全度。

（4）动态化监测，根据监测结果及时设计和施工，确保盾构安全。

根据计算，盾构变形在允许范围内，盾构与地下室之间设置有ϕ1000钻孔咬合桩（通道围护桩，桩长20m，平面上沿路方向布置约40m，同时咬合桩前后均已设三轴水泥土搅拌桩加固，该范围的通道围护桩对盾构变形也起到非常好的控制作用），基坑满堂加固竖向剖面与结构围护及隧道关系图如图3.3-22所示，本项目与通道围护桩、隧道相互关系示意图如图3.3-23所示。

综合以上因素，为确保盾构安全，项目分期实施，采用地下连续墙挡土兼作截水帷幕。逆作法利用楼板作为支撑，刚度较大，一定程度上也解决了施工场地紧张的问题。出土口布设本着保证施工出土便捷及结合地下室楼板开孔原则布设，出土口布置图如图3.3-24所示。

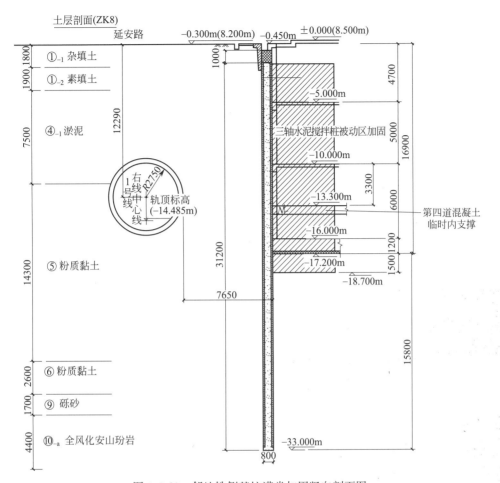

图 3.3-21　邻地铁侧基坑满堂加固竖向剖面图

3.3.2.4　监测数据

在整个地下室施工过程中，围护结构变形控制较好，盾构隧道运行正常。根据监测单位提供的基坑深层土体水平位移数据，盾构隧道及地铁车站变形监测结果见表 3.3-4、表 3.3-5。

盾构隧道变形监测结果　　　　　　　　　　　　　　　　　　表 3.3-4

开挖步骤	隧道上行线水平位移(mm)	隧道上行线竖向位移(mm)	隧道上行线收敛变形(mm)	隧道上行线道床轨间高差(mm)	隧道下行线水平位移(mm)	隧道下行线竖向位移(mm)	隧道下行线收敛变形(mm)	隧道下行线道床轨间高差(mm)
地下室土方回填完成	2.5	−2.2	−1.5	−2.0	3.7	−3.3	−3.1	2.6

地铁车站变形监测结果　　　　　　　　　　　　　　　　　　表 3.3-5

开挖步骤	地铁车站上行线车站水平位移(mm)	地铁车站上行线车站竖向位移(mm)	地铁车站下行线车站水平位移(mm)	地铁车站下行线车站竖向位移(mm)
地下室土方回填完成	1.6	−1.8	−2.1	−1.5

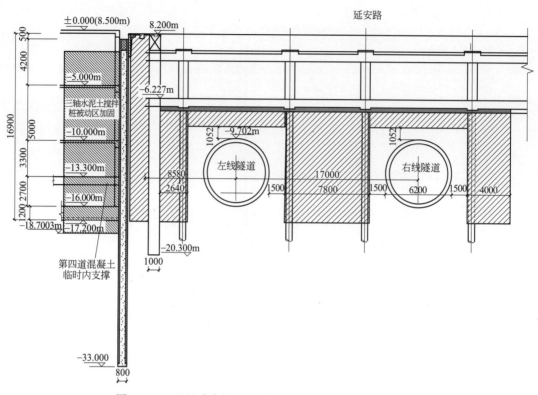

图 3.3-22 基坑满堂加固竖向剖面与结构围护及隧道关系图

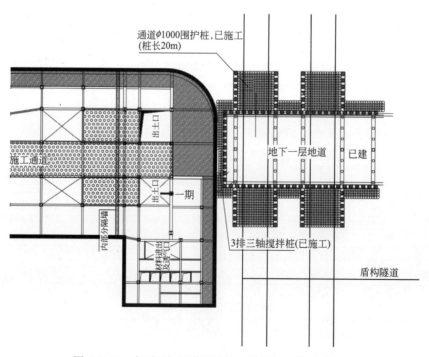

图 3.3-23 本项目与通道围护桩、隧道相互关系示意图

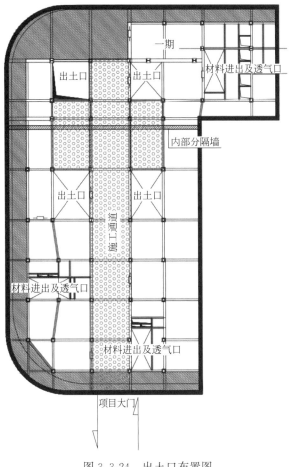

图 3.3-24　出土口布置图

3.3.3　宁波某商用项目基坑工程

3.3.3.1　工程概况

该项目位于浙江省宁波市，项目总平面图如图 3.3-25 所示。该项目主要包括 5 幢高层办公楼及公寓楼。1 号地块：1 幢办公楼 17 层；2 号地块：1 幢办公楼 30 层；3 号地块：1 幢办公楼 20 层，1 幢酒店 28 层；4 号地块：1 幢办公楼 51 层。4 个地块整体设置三层地下室。本项目基坑面积约为 41000m²，周长约为 885m，基坑开挖深度为 15.9～18.1m。

本工程自然地坪标高－0.200m，整体设置三层地下室，层高分别为 7.55m，3.65m，3.9m。裙楼基础底板厚 800mm，办公楼基础底板厚度分别为 1150mm、2000mm、3000mm，基坑开挖深度为 15.9～18.1m。

1. 地铁设施与基坑的关系

已建地铁车站：基坑西侧有在建的地铁 2 号线，地铁车站距离本工程地下室最近约23.5m，地铁车站为地下二层结构，地铁车站顶埋深约为 2.7m，底埋深约为 17.6m，底板厚度 1000mm。地铁车站采用明挖法施工，周边设置 800mm 厚地下连续墙，地下连续

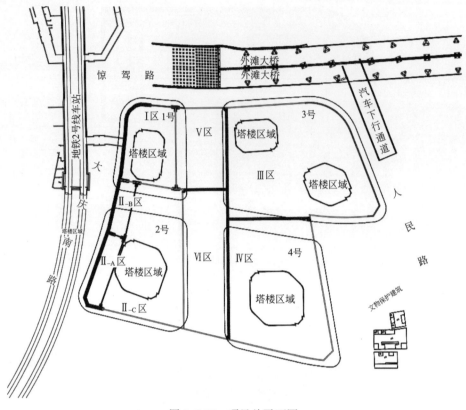

图 3.3-25 项目总平面图

墙墙底相对标高约－39.610m。基坑与车站相互关系见图 3.3-26。

已建地铁隧道：基坑西侧为已施工完成的地铁 2 号线隧道，隧道直径为 6.2m，中心距为 13.8m，隧道顶埋深约 9m，底埋深约 15.2m，地铁隧道距离本工程地下室最近距离约 11.5m，基坑西侧与地铁隧道的位置关系图见图 3.3-27。

2. 工程地质与水文地质条件

工程地质典型剖面图见图 3.3-28。各土层物理力学指标见表 3.3-6。

各土层物理力学指标 表 3.3-6

层号	岩土名称	天然重度	固快强度指标		渗透系数	
			C	φ	垂直	水平
		kN/m³	kPa	°	cm/s	cm/s
1-1	粉质黏土	19.0	29.1	14.0	$4.22×10^{-7}$	$4.61×10^{-7}$
1-2	淤泥质粉质黏土	18.4	19.5	8.0	$4.38×10^{-7}$	$4.59×10^{-7}$
2-1	黏质粉土	18.7	13.7	24.6	$1.02×10^{-4}$	$1.66×10^{-4}$
2-2	淤泥质粉质黏土	17.4	16.1	10.0	$2.74×10^{-7}$	$3.46×10^{-7}$
3	淤泥质黏土	17.3	18.1	11.0	$2.30×10^{-7}$	$3.99×10^{-7}$
4	黏土	17.2	25.0	12.8	$2.27×10^{-7}$	$3.84×10^{-7}$

层号	岩土名称	天然重度	固快强度指标		渗透系数	
			C	φ	垂直	水平
		kN/m³	kPa	°	cm/s	cm/s
5-1	粉质黏土	20.2	27.0	15.8	1.39×10^{-7}	5.20×10^{-7}
5-2	粉质黏土夹粉土	19.0	31.0	15.8	—	—
6-1	粉质黏土	18.7	23.0	12.0	—	—
6-2	粉质黏土	18.8	22.0	11.9	—	—
7	粉质黏土	20.3	39.3	17.2	—	—
8-1	粉砂	20.2	10.0	27.3	—	—
8-1a	粉质黏土	20.2	24.0	13.1	—	—
8-2	中砂	20.1	9.3	31.2	—	—

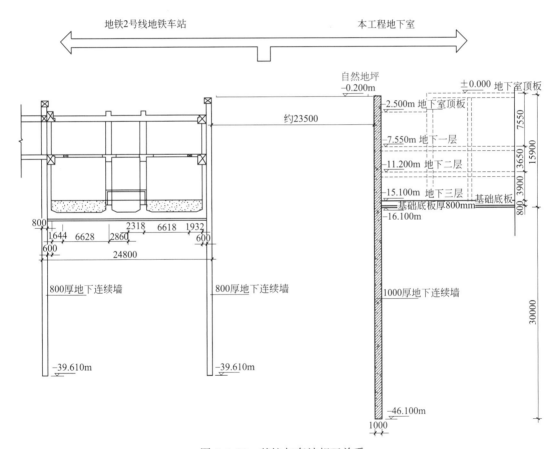

图 3.3-26 基坑与车站相互关系

拟建场地位于宁波平原，场区地表水属于宁波平原三江口河网水系。场地内地表水体及水系不发育，仅局部存在小沟，在雨期局部存在积水，但场地周边发育较多河流，处于三江口地带。但由于地表河流距离本工程均有一定的距离，故对本工程影响不大。

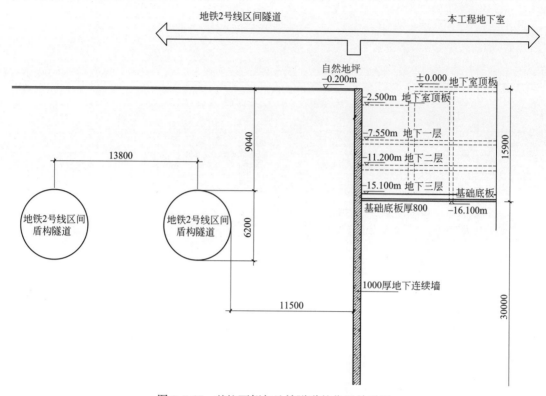

图 3.3-27 基坑西侧与地铁隧道的位置关系图

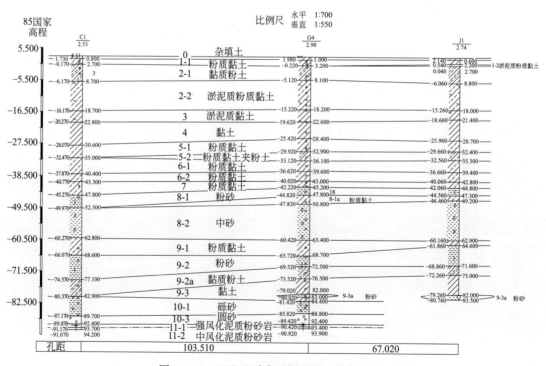

图 3.3-28 工程地质典型剖面图（单位：m）

拟建场地浅部地下水为孔隙潜水，主要赋存于表部填土及其下覆的粉质黏土、黏质粉土和淤泥质土中，其富水性和透水性具有明显的各向异性。表部杂填土、浅部黏质粉土透水性、富水性较好，水量较大；浅层粉质黏土和淤泥质土富水性、透水性均差，入渗微弱，水量贫乏，单井出水量小于 $5m^3/d$。场地内潜水主要接受大气降水的竖向入渗补给，多以蒸发方式和向低洼处径流排泄。水位受季节及气候条件等影响，但动态变化不大，潜水位变幅一般为 0.5～1.0m，勘察期间测得潜水位埋深为 0.5～0.8m，相应的标高为 1.700～2.280m。

3. 围护方案

本工程基坑共由四个地块组成，每个地块的设计拆迁进度及主体结构设计进度均不同，导致各地块的开发进度安排各异。基坑支护设计时应考虑业主的开发节奏，实现业主的工期目标。同时本工程场地浅层淤泥质土层较厚，基坑开挖时面临围护体、隧道及周边环境变形控制难度较大等一系列难题，给基坑工程设计和地铁隧道的保护带来了较大难度。类似多个分区开发进度各异且邻近地铁隧道的大基坑在软土地区多采用"化整为零、分区实施"的设计方案。本工程采用基坑分区的设计思路，基坑开挖深度深，周边环境保护要求高，为减少基坑开挖对周边环境的影响，基坑周边采用"两墙合一"地下连续墙作为基坑围护体；周边基坑内部分区间的临时隔断考虑到将来凿除方便，采用钻孔灌注桩结合三轴水泥土搅拌桩截水帷幕作为临时隔断围护体。普遍区域基坑采用钢筋混凝土对撑＋角撑的支撑体系，邻近地铁隧道区域基坑体系采用第一道钢筋混凝土支撑结合四道无围檩水平钢管支撑体系。

3.3.3.2 地铁设施保护技术

1. 分区技术

总体分区原则如下：

（1）根据业主筹划，本工程各地块的先后开发顺序为 1 号地块、3 号地块、2 号地块、4 号地块，同时也存在相关地块同步实施的可能性，基坑分区时应考虑业主的开发节奏，实现业主的工期目标。

（2）基坑分区时应以保护地铁车站及地铁隧道为原则。

（3）基坑分区时应尽量结合主楼位置及地下室功能分区确定，以确保主楼完成性及相关工程区的完整性。

（4）1 号地块西侧邻近地铁车站，地铁车站采用明挖法施工，地下室结构为钢筋混凝土箱体结构，结构整体性好，抗变形能力相对较强，且与本工程地下室距离相对较远，最近距离约 25m，超过 1 倍基坑开挖深度；且原地铁车站围护体采用 800mm 厚地下连续墙，插入基底以下深度较深，本工程基坑施工时可作为"隔离体"以减少基坑开挖对地铁隧道的影响。相对地铁区间隧道，地铁车站的保护要求相对较低。本工程考虑将 1 号地块单独划分为一个小基坑单独实施，1 号地块基坑面积约 3100m^2。

（5）2 号地块西侧邻近地铁区间隧道，该隧道直径为 6.2m，隧道顶埋深约为 9m，底埋深约为 15m，隧道中心距约为 13.8m，与本工程地下室的距离为 11.5～25.0m，地铁区间隧道位于流塑状的淤泥质粉质黏土层中，对邻近基坑变形的反应较为敏感。为保护地铁隧道，本工程基坑分区时考虑在 2 号地块邻近地铁隧道侧单独划出一个宽约 15m 的狭长形基坑，由于邻近地铁侧的基坑长度较长，为减小基坑开挖对地铁隧道的影响，将上述小基坑再分成 3 个小坑。首先实施邻近地铁侧的狭长形小基坑,再进行远离地铁隧道大基坑的施工。

(6)由于本项目 4 个地块的施工进度不尽相同,根据施工组织安排,1 号地块和 3 号地块的进度会快于 2 号地块和 4 号地块,为实现 1 号地块和 3 号地块首先开挖,考虑 3 号地块和 4 号地块单独分成一个分区,且在 1 号地块和 3 号地块以及 2 号地块和 4 号地块间分别设置一个缓冲带,以减少相邻地块施工的相互制约及相互影响。

(7)综合考虑上述分区条件,本工程基坑分区平面示意图如图 3.3-29 所示,施工工况如下:

施工阶段一:首先进行Ⅱ-E 区、Ⅰ区及Ⅲ区施工。

施工阶段二:待Ⅱ-E 区、Ⅰ区及Ⅲ区地下室结构施工完成后,进行Ⅱ-D 区、Ⅴ区及Ⅳ区施工。

施工阶段三:待Ⅱ-D 区、Ⅴ区及Ⅳ区地下室结构施工完成后,即可进入Ⅱ-A 区、Ⅱ-B 区、Ⅱ-C 区及Ⅵ区施工。

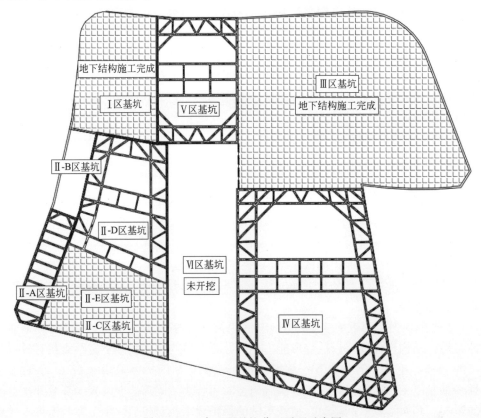

图 3.3-29　本工程基坑分区平面示意图

2. 围护体综合刚度应用技术

本工程基坑周边采用"两墙合一"地下连续墙作为基坑围护体。普遍区域基坑采用钢筋混凝土对撑+角撑的支撑体系,邻近地铁隧道区域基坑体系采用第一道钢筋混凝土支撑结合四道无围檩水平钢管支撑体系。坑内则采用三轴水泥土搅拌桩进行土体加固。普遍区域基坑采用钢筋混凝土对撑+角撑的支撑体系,基坑首道混凝土支撑平面布置图如图 3.3-30 所示。

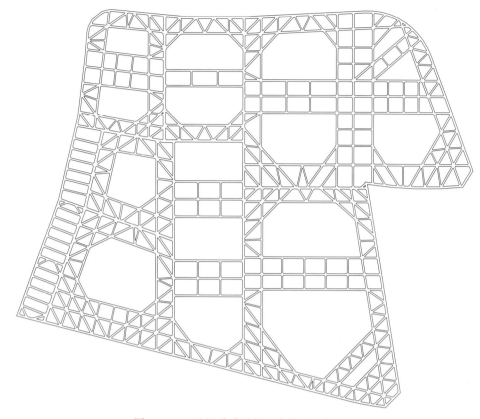

图 3.3-30　基坑首道混凝土支撑平面布置图

3. 自动轴力补偿技术

邻近地铁区间隧道的小基坑面积较小，采用无围檩钢管支撑体系施工方便，支撑形成速度快，无需养护，大大减小了围护体无支撑暴露时间，采用智能轴力补偿系统施加和附加预应力，能有效控制围护体变形。

4. 隔离桩技术

在外部基坑与地铁结构之间设置隔离桩，隔离桩施工对地铁结构的影响较小，当隔离桩具有足够刚度和长度时，隔离桩对滑动区土地有较好的隔断作用，对控制基坑及隧道结构变形的作用尤为明显。

5. 信息化监测技术

从监测范围的设置、全站仪自动化监测精度及控制网建设、监测指标体系等方面，综合应用地铁设施安全监测技术，及时反映地铁设施的变形发展，有效指导施工。

3.3.3.3　基坑监测实施及数据分析

1. 邻近地铁侧基坑主要工况时间节点如表 3.3-7 所示。

邻近地铁侧基坑主要工况时间节点　　　　　　　　　　　　表 3.3-7

序号	时间	分区	节点
1	2014 年 11 月 24 日至 2015 年 9 月 26 日	Ⅱ-E	第一层土方开挖至地下一层顶板完成
2	2015 年 9 月 15 日至 2016 年 8 月 3 日	Ⅱ-D	第一层土方开挖至地下一层顶板完成

序号	时间	分区	节点
3	2016 年 6 月 14 日至 2016 年 6 月 19 日		第一层土方开挖、第二道钢支撑架设完成
4	2016 年 6 月 30 日		第二层土方开挖、第三道钢支撑架设完成
5	2016 年 7 月 8 日		第三层土方开挖、第四道钢支撑架设完成
6	2016 年 7 月 17 日		第四层土方未开挖、垫层完成
7	2016 年 7 月 26 日	Ⅱ-A	底板浇筑完成
8	2016 年 8 月 6 日		地下三层地下室结构完成
9	2016 年 8 月 15 日		地下二层地下室结构完成
10	2016 年 9 月 28 日		地下一层地下室顶板完成
11	2016 年 11 月 1 日至 2016 年 11 月 7 日		第一层土方开挖、第二道钢支撑架设完成
12	2016 年 11 月 13 日		第二层土方开挖、第三道钢支撑架设完成
13	2016 年 11 月 19 日		第三层土方开挖、第四道钢支撑架设完成
14	2016 年 11 月 29 日	Ⅱ-B	第四层土方未开挖、垫层完成
15	2016 年 12 月 7 日		底板浇筑完成
16	2016 年 12 月 24 日		地下三层地下室结构完成
17	2017 年 1 月 3 日		地下二层地下室结构完成
18	2017 年 1 月 20 日		地下一层地下室顶板完成
19	2017 年 2 月 22 日至 2017 年 3 月 3 日		第一层土方开挖、第二道钢支撑架设完成
20	2017 年 3 月 14 日		第二层土方开挖、第三道钢支撑架设完成
21	2017 年 3 月 23 日		第三层土方开挖、第四道钢支撑架设完成
22	2017 年 4 月 6 日		第四层土方未开挖、垫层完成
23	2017 年 4 月 15 日	Ⅱ-C	底板浇筑完成
24	2017 年 5 月 3 日		地下三层地下室结构完成
25	2017 年 5 月 16 日		地下二层地下室结构完成
26	2017 年 6 月 6 日		地下一层地下室顶板完成

2. 基坑监测数据汇总分析

邻近地铁侧基坑的监测点平面布置图如图 3.3-31 所示：

（1）Ⅱ-A 区、Ⅱ-B 区、Ⅱ-C 区深层土体水平位移监测分析

监测结果显示，各土体测斜孔累计位移值为 14.49～39.64mm，其中 5 个测斜孔达到报警值，占比 62.5%，最大点为 CX18。Ⅱ-A 区、Ⅱ-B 区、Ⅱ-C 区 3 个基坑面积较小，且第 2、3、4 道支撑使用钢支撑，架设方便，在施工过程中，施工单位做到随挖随撑，基坑无支撑暴露时间较短，各阶段测斜变形量相差不大，但总体来看还是开挖第 4 层土方至底板混凝土浇筑完成期间变形较大，历时 16d，占总变形的 22%～43%。基坑开挖至底板完成总历时 42d，深层土体水平位移如图 3.3-32 所示。

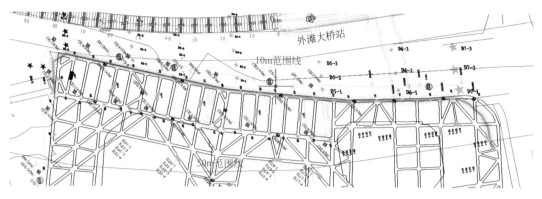

图 3.3-31　邻近地铁侧基坑的监测点平面布置图

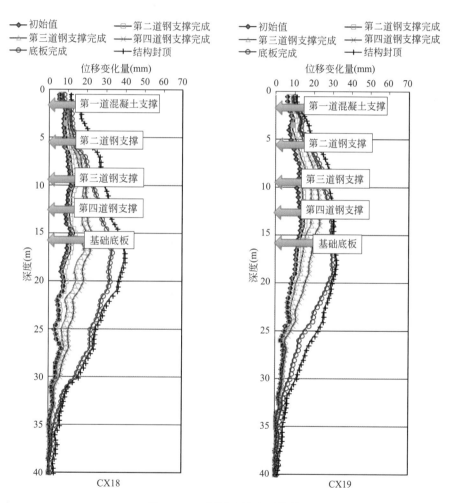

图 3.3-32　深层土体水平位移

（2）Ⅱ-A 区、Ⅱ-B 区、Ⅱ-C 区深层墙体水平位移监测分析

监测结果显示，各墙体测斜孔累计位移值为 1.34～41.83mm，3 个近地铁侧的墙体孔超过设计控制值，占比 50%，最大点为 CXQ15。墙体测斜孔变化趋势与土体孔相似，

在开挖第四层土方至底板混凝土浇筑完成期间变形较大，占总变形的 21%～34%，深层墙体水平位移如图 3.3-33 所示。

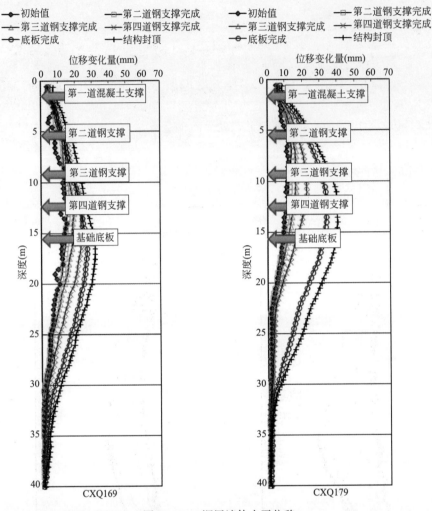

图 3.3-33　深层墙体水平位移

3.3.3.4　地铁隧道各阶段监测结果

1. 车站结构沉降变形分析

车站沉降变形在 Ⅰ 区基坑施工阶段平均变形为 −1.7mm，最大变形为 −2.6mm，呈下沉趋势；在 Ⅱ 区围护施工阶段平均沉降为 0.8mm，Ⅱ-E 区基坑施工阶段平均沉降为 1.8mm，均呈隆起趋势；在 Ⅱ-D 区、Ⅱ-A 区、Ⅱ-B 区、Ⅱ-C 区基坑施工阶段及 Ⅱ 区全部地下室顶板结构施工完成后半年变形均较小。本项目基坑施工对地铁车站沉降的影响较小，在可控范围内。

2. 车站道床沉降变形分析

车站道床沉降监测点于 Ⅱ 区围护结构施工前埋设，车站道床沉降在各施工阶段变形均较小，整体呈上浮趋势，最终累计沉降变形最大值为 4.9mm，小于监测预警值（5mm）。本项目基坑对地铁车站道床沉降影响较小，在可控范围内。

3. 车站水平位移变形分析

车站水平位移在Ⅰ区基坑施工阶段平均位移为 2.0mm，最大位移为 3.0mm，总体向基坑方向位移；在其余施工阶段水平位移变形均较小，最终水平位移最大值为 4.7mm，小于监测预警值。本项目基坑施工对地铁车站水平位移的影响较小，在可控范围内。

4. 上行线隧道道床沉降变形分析

上行线隧道道床沉降与车站道床沉降监测点同期埋设，隧道道床沉降在Ⅱ区围护施工阶段变形较小，在Ⅱ-D 区、Ⅱ-A 区、Ⅱ-B 区、Ⅱ-C 区基坑施工阶段均有一定沉降，上行线隧道道床沉降前期Ⅱ-E 区、Ⅱ-D 区基坑施工阶段变形相对较平稳，Ⅱ-A 区、Ⅱ-B 区、Ⅱ-C 区基坑施工阶段沉降速率增大，最大阶段变形发生在Ⅱ-B 区基坑施工阶段，最大变形区域随着开挖区块的变化而变化，基本位于施工区块与隧道上的投影范围，上行线隧道道床沉降变形断面曲线图如图 3.3-34 所示。

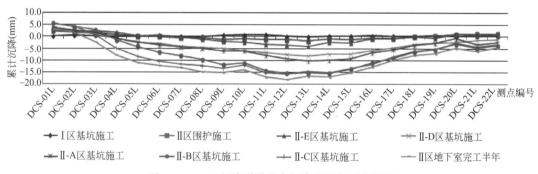

图 3.3-34　上行线隧道道床沉降变形断面曲线图

5. 上行线隧道水平位移变形分析

上行线隧道水平位移监测采用人工监测及自动化监测方式进行。受隧道内条件限制，水平位移人工监测于 2014 年 7 月份开始，自动化监测于 2015 年 3 月份开始，曲线图采用人工监测数据统计，上行线隧道水平位移变形断面曲线图如图 3.3-35 所示。

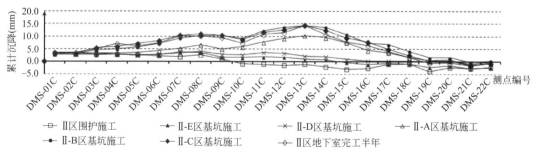

图 3.3-35　上行线隧道水平位移变形断面曲线图

上行线隧道水平位移在Ⅱ区围护施工、Ⅱ-E 区、Ⅱ-D 区基坑施工阶段变形均较小，在Ⅱ-A 区、Ⅱ-B 区、Ⅱ-C 区基坑施工阶段产生了较大位移，截至Ⅱ区地下室结构全部完成半年后，上行线隧道水平位移最大值达 14.5mm，超出监测控制值。

6. 上行线隧道横向收敛变形分析

上行线隧道横向收敛变形监测采用自动化监测。

上行线隧道横向收敛变形监测数据显示，在Ⅱ-E区基坑及Ⅱ-D区基坑施工阶段收敛变形较小，Ⅱ-A区基坑施工阶段收敛变形最大值6.4mm（60环），截至Ⅱ区地下室结构全部完成后半年后，上行线隧道横向收敛变形最大值为8.9mm，超过监测报警值。根据曲线图分析，上行线隧道横向收敛在Ⅱ-E区基坑及Ⅱ-D区基坑施工阶段变形较平稳，Ⅱ-A区基坑、Ⅱ-B区基坑开挖阶段收敛变形速率增大，上行线隧道横向收敛变形断面曲线图如图3.3-36所示。

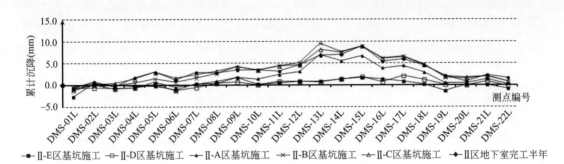

图 3.3-36　上行线隧道横向收敛变形断面曲线图

7. 下行线隧道水平位移变形分析

下行线隧道水平位移监测采用人工监测及自动化监测方式进行。受隧道内条件限制，水平位移人工监测于2014年7月份开始，自动化监测于2015年3月份开始，数据曲线图采用人工监测数据统计。下行线隧道水平位移在各施工阶段变形均较小，截至Ⅱ区地下室结构全部完成后半年，下行线隧道水平位移最大值6.2mm（20环），超过监测预警值但小于监测报警值，本项目基坑施工对地铁区间下行线隧道水平位移有一定的影响但影响较小，在可控范围内，下行线隧道水平位移变形断面曲线图如图3.3-37所示。

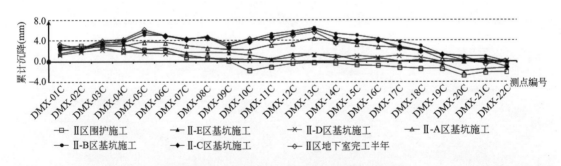

图 3.3-37　下行线隧道水平位移变形断面曲线图

8. 下行线隧道横向收敛变形分析

下行线隧道横向收敛变形监测采用自动化监测。下行线隧道横向收敛变形监测数据显示，各施工阶段下行线横向收敛变形均较小，截至Ⅱ区地下室完工半年后，下行线隧道横向收敛变形最大值为3.5mm，未达到监测预警值，本项目基坑施工对地铁下行线隧道收敛变形影响较小，在可控范围内，下行线隧道横向收敛变形断面曲线图如图3.3-38所示。

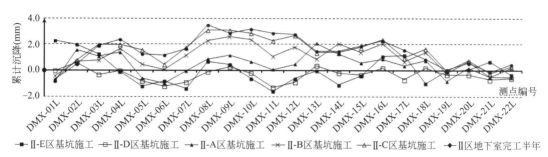

图 3.3-38　下行线隧道横向收敛变形断面曲线图

3.3.4　长沙某地铁穿越工程

3.3.4.1　工程概况

长沙某地铁穿越工程，新建隧道与既有隧道的平面位置图如图 3.3-39 所示。既有隧道为双圆形隧道，由土压平衡盾构机驱动。既有地铁隧道轴线之间的水平距离为 15m。隧道顶部埋深约 8.8m。隧道衬砌的内、外径分别为 5.4m 和 6m。每段的厚度和长度分别为 0.3m 和 1.5m。既有地铁线于 2014 年开通运营。

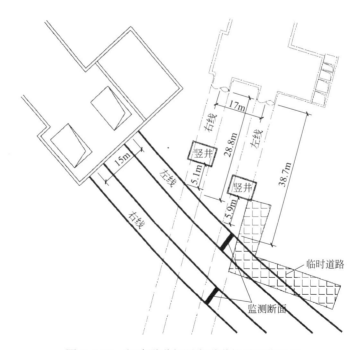

图 3.3-39　新建隧道与既有隧道的平面位置图

如图 3.3-39 所示，两条新建隧道轴线之间的水平距离为 17m。新建隧道和现有隧道之间呈 58°相交。新建隧道左线和右线盾构分别从车站出发 38.7m 和 28.8m 后开始下穿既有地铁隧道。新隧道与既有隧道的最小垂直净距仅为 2.9m，新建隧道与既有隧道剖面关系图如图 3.3-40 所示。新建隧道管片衬砌尺寸和类型与既有隧道完全相同。新建地铁左线隧道下穿范围为 25～43 环，右线隧道下穿范围为 19～37 环。新建地铁盾构隧道采用

89

外径 6280mm 的土压平衡盾构机施工，开盘开口率为 37%，盾构机全长约 12.5m。在下穿之前，对盾构机进行了彻底的检查和维护，并更换了所有切割刀以避免在现有隧道下方发生故障。

3.3.4.2 工程地质条件

如图 3.3-40 所示，场地土从上至下分别为杂填土、细砂、圆砾和中粗砂。土壤剖面表明，新建隧道与既有隧道交会区主要位于中粗砂地层。地下水位在地表以下 2.0m 处。该场地靠近湘江，地下水位埋深不稳定。土体物理力学性质参数如表 3.3-8 所示。

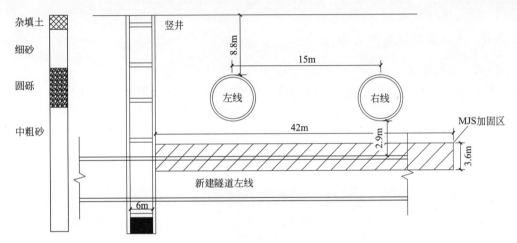

图 3.3-40　新建隧道与既有隧道剖面关系图

土体物理力学性质参数　　　　　　　　　　　　　　　　　　表 3.3-8

土层	天然重度 γ (kN/m³)	饱和重度 γ_{sat}/(kN/m³)	压缩模量 E (MPa)	泊松比 υ	有效黏聚力 c (kPa)	有效内摩擦角 φ (°)
杂填土	19	19.2	6.4	0.3	46	18.5
细砂	19.6	19.8	32	0.3	2	32
圆砾	20	20	34.9	0.27	0	37.4
中粗砂	19.5	19.5	37.8	0.3	2	34

3.3.4.3 MJS 工法加固方案

因为新建隧道与既有隧道的交会区位于中粗砂地层。为了保证既有隧道的安全，需要在盾构下穿前采取加固措施。在这种情况下，采用了 MJS 工法桩加固和矩形竖井的方案具体如下：

（1）在新建隧道左线和右线线路上各设置一个长 8m，宽 6m 的竖井，左线竖井距既有隧道最短距离为 5.9m。竖井内设有一道冠梁，三道腰梁，采用袖阀管注浆的方法在竖井底部施工 4m 厚的水泥浆加固体和 2m 厚的双液浆加固体。

（2）在竖井内建造 MJS 工法桩施工平台，施工平台为 500mm 厚的 C25 素混凝土加固层。

（3）新建隧道开挖前在各隧道拱顶上方建造 13 根 MJS 工法桩，MJS 工法桩示意图如

图 3.3-41 所示。每个 MJS 工法桩的直径和长度分别为 2m 和 42m，桩间搭接厚度为 400mm，MJS 工法桩剖面为下半圆截面，以减少 MJS 工法桩施工对上部既有隧道的影响。MJS 工法桩采用跳桩法施工，具体的施工顺序为：12 号桩、6 号桩、13 号桩、11 号桩、9 号桩、10 号桩、8 号桩、7 号桩、5 号桩、3 号桩、1 号桩、2 号桩、4 号桩。其中，7 号桩和 5 号桩、3 号桩和 1 号桩、2 号桩和 4 号桩皆为两根桩同时施工。

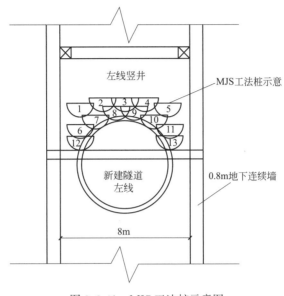

图 3.3-41　MJS 工法桩示意图

3.3.4.4　监测数据

整个盾构穿越过程中，上部既有隧道变形控制较好，地铁运行正常。根据监测数据，地表及盾构隧道变形监测结果如表 3.3-9 所示。

地表及盾构隧道变形监测结果　　　　　　　　　表 3.3-9

监测位置	上方地表最大沉降(mm)	隧道左线竖向位移(mm)	隧道右线竖向位移(mm)
盾构远离既有地铁隧道	1.1	4.33	2.56

第4章
城市轨道交通保护区内建设项目评估要求及案例

4.1 评估依据

4.1.1 相关文件

（1）项目地质勘察报告。

（2）项目设计说明和设计图纸。

（3）项目影响范围内轨道交通设施的设计图纸/竣工图。

（4）项目影响范围内轨道交通设施的服役状态。

（5）项目影响范围内的周边建（构）筑物、周边道路、管线等资料。

（6）项目实施进度计划。

（7）项目施工方案。

4.1.2 相关标准

（1）《地铁设计规范》GB 50157—2013。

（2）《铁路隧道设计规范》TB 10003—2016。

（3）《城市轨道交通工程项目规范》GB 55033—2022。

（4）《城市轨道交通地下工程建设风险管理规范》GB 50652—2011。

（5）《地下铁道工程施工质量验收标准》GB 50299—2018。

（6）《盾构法隧道施工及验收规范》GB 50446—2017。

（7）《铁路工程抗震设计规范》GB 50111—2006（2009 年版）。

（8）《城市轨道交通结构安全保护技术规范》CJJ/T 202—2013。

（9）《建筑结构荷载规范》GB 50009—2012。

（10）《混凝土结构设计规范》GB 50010—2010（2015 年版）。

（11）《混凝土结构耐久性设计标准》GB/T 50476—2019。

（12）《建筑地基基础设计规范》GB 50007—2011。

（13）《建筑基坑支护技术规程》JGJ 120—2012。

（14）《公路桥涵施工技术规范》JTG/T 3650—2020。

（15）其他有关设计计算规范、规程及图集。

4.2　评估报告框架及内容

4.2.1　一般要求

1. 现状评估

轨道交通结构的现状评估应在外部作业实施前，通过现状调查、监测、测量和计算分析等手段，评估当前轨道交通结构的安全状况、持续抗变形能力和承载能力，并应确定相应的结构安全控制指标值。

现状评估是预评估、过程评估和后评估的前提。一般情况下，现状评估工作包含在预评估、过程评估和后评估中。当影响范围内地铁设施特别复杂或服役状态较差，需要研判外部工作建设可行性时，单独进行现状评估工作。

2. 预评估

外部作业实施前，采用理论分析、模型试验、数值模拟等方法，预测外部作业对轨道交通结构的不利影响，还应结合轨道交通结构现状评估确定的结构安全控制指标值，明确相应的预警值、报警值。评估外部作业方案的可行性，提出外部作业方案的改进建议。

3. 施工过程评估

应在外部作业施工过程中，结合轨道交通结构的监测数据、病害情况、外部作业实施状况以及预评估结果，确定轨道交通结构当前的结构安全状况和结构安全控制指标值，评估后续外部作业方案的可行性；施工过程中出现下列情况时宜进行过程评估：

（1）轨道交通结构监测达到报警值。

（2）外部作业方案有较大变动，对轨道交通结构安全不利。

4. 后评估

应在外部作业完成且对轨道交通结构的影响停止后，根据对轨道交通结构造成的影响程度，评估轨道交通结构安全状况、持续抗变形能力和承载能力，并提出相应的整治修复和后期保护的建议。

5. 安全状况

根据轨道交通设施的服役状态评价确定其安全状况。参考《城市轨道交通结构安全保护技术规程》DB33/T 1139—2017，轨道交通结构安全状况根据其变形和结构损伤情况，分为Ⅰ类、Ⅱ类、Ⅲ类、Ⅳ类四个类别，轨道交通结构安全状况分类见表 2.2-4。

杭州地区一般采用标准环错缝隧道，运营盾构隧道横断面收敛变形超 30mm 安全状况一般按Ⅰ类；横断面收敛变形超 20mm 安全状况一般按Ⅱ类；轨道交通设施若能在邻近桩基工程施工完成铺轨，则轨道交通结构安全状况宜按Ⅲ类。若轨道交通设施安全状况较差，如发生严重的漏水漏砂、道床脱开、横断面收敛变形过大（大于 60mm）等危害结构安全或运营安全的情况时，应先加固或整治后再进行外部作业，或外部作业施工过程中同步对轨道交通设施进行加固或整治。

6. 保护等级

根据轨道交通结构安全状况、工程地质和水文地质条件、外部作业影响程度等因素，确定外部作业的轨道交通保护等级。外部作业的轨道交通结构安全保护等级分为 A 级、B 级和 C 级三个等级，见表 2.2-5。

7. 变形控制标准

结合轨道交通结构安全状况、外部作业对轨道交通结构的主要响应特征及安全保护技术要求确定轨道交通设施的变形控制标准。当存在时空相近的多项外部作业时，应综合考虑其影响的叠加效应，分配结构安全控制指标。地下结构安全控制指标值见表 2.2-6～表 2.2-8。

4.2.2 评估流程

评估流程根据各地方有关要求执行，以下以杭州为例，根据《杭州市地铁集团有限公司轨道交通保护区管理实施办法》，轨道交通保护区外部作业项目管理流程图如图 4.2-1 所示。

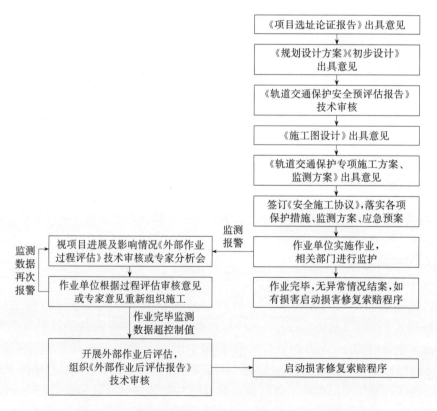

图 4.2-1 轨道交通保护区外部作业项目管理流程图

外部作业实施前地铁保护工作流程图如图 4.2-2 所示。

针对不同阶段的评估工作，总结性地制定了有针对性的一般评估路线。具体流程可在此基础上结合当地法规及地方政府要求进行相应的调整及改进。

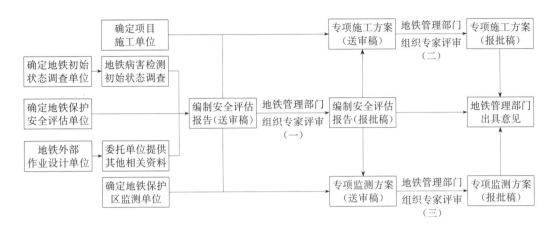

图 4.2-2 外部作业实施前地铁保护工作流程图

现状评估应在外部作业实施前，通过现状调查、检测、测量和计算分析等手段，评估当前轨道交通结构的安全状况、持续抗变形能力和承载能力，并应确定相应的结构安全控制指标值。

现状评估工作技术路线图如图 4.2-3 所示。

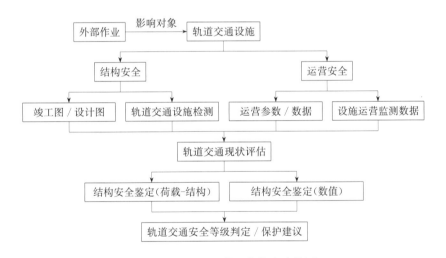

图 4.2-3 现状评估工作技术路线图

预评估要采用多种手段（包括理论和经验法评估、典型剖面计算复核、有限元软件的数值模拟分析）定量分析外部作业引起的轨道交通结构的内力和变形，包括水平位移、竖向变形以及收敛变形等，判断相应指标是否满足结构安全控制指标值。预评估工作技术路线图如图 4.2-4 所示。

一般情况下，当外部作业施工过程中轨道交通结构的变形超过报警值时，应进行施工过程评估。外部作业施工过程评估应结合轨道交通结构的监测数据，分析变形超标的原因；在此基础上再次评估结构在当前状态下的继续抗变形能力和承载能力，根据调整后的外部作业方案，预估下一阶段轨道交通结构的变形增量，提出下一阶段地铁保护措施的改进建议。施工过程评估工作技术路线图如图 4.2-5 所示。

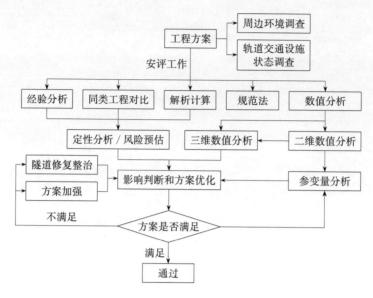

图 4.2-4　预评估工作技术路线图

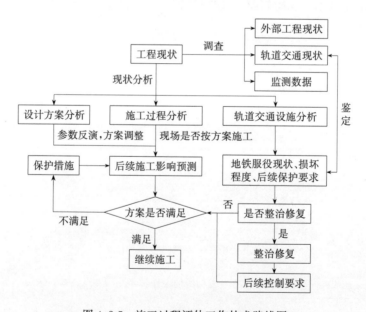

图 4.2-5　施工过程评估工作技术路线图

后评估前，应对轨道交通结构进行调查、测量和检测，主要指对外部作业引起轨道交通设施新增病害的调查，如轨道交通结构新增裂缝数量、长度、宽度以及渗漏水情况等。目的是掌握城市轨道交通结构的当前安全状态，评估轨道交通设施结构安全和运营安全，从而确定是否需要进行修复加固。后评估工作技术路线图如图 4.2-6 所示。

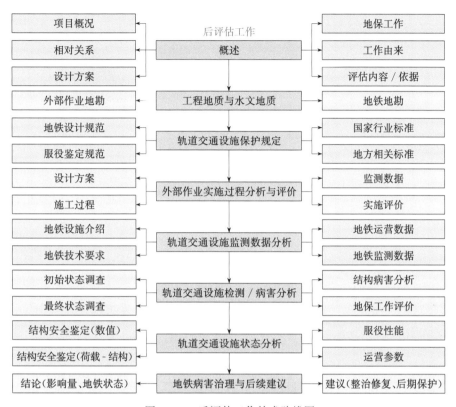

图 4.2-6　后评估工作技术路线图

4.2.3　评估报告内容要求

1. 现状评估工作重点

（1）轨道交通设施资料收集与调查检测。

（2）轨道交通设施结构安全性分析。

（3）轨道交通设施运营安全性分析。

（4）轨道交通设施结构安全控制指标。

现状评估报告内容与具体要求如表 4.2-1 所示。

现状评估报告内容与具体要求　　　　　　　　　　　　　　表 4.2-1

序号	评估内容	具体要求（增加内容）
1	项目概况与特点分析	项目概况、相对关系（平面、剖面），根据项目基础资料，制定评估范围、技术路线、分析手段等
2	地质条件与参数对比	轨道交通的地质与参数对比：分析项目地质勘察报告，绘制地层-影响源-地铁设施的剖面相对关系，找出土层薄弱点和风控点。重点关注是否存在不良地质，包括软弱土、承压水、沼气、障碍物等
3	轨道交通竣工图/设计图	轨道交通设施的初设状态、安全状况调查：调查轨道交通设施的图纸资料，充分了解轨道交通设施现状

97

序号	评估内容	具体要求（增加内容）
4	轨道交通设施调查与检测	对轨道交通设施进行调查和检测；对于地下车站及附属结构，通常需要检测其结构有无裂缝，渗漏水，运营过程有无沉降等病害；对于区间盾构隧道，通常需要检测其管片有无渗漏病害（湿渍、渗水、漏水、漏泥砂等）、破损病害（裂缝、掉块等）、变形病害（管片错台、张开、道床脱空、横向收敛变形，纵向相对变形等）；对于高架区段，需要调查桥墩的沉降、差异沉降、裂缝等
5	轨道交通设施长期运营参数	通过调取轨道交通设施长期运营过程中的监测数据，判定轨道交通设施变形是否稳定；通过调取轨道交通道床、接触网等运营参数，判定轨道交通设施的运营状态，特别是可调余量
6	结构安全性鉴定（荷载-结构）	采用荷载-结构模型进行结构安全性鉴定。对于盾构隧道，衬砌厚度不足时，应按隧道衬砌的实际厚度进行计算；结构存在贯穿裂缝可采用"塑性铰"模拟，钢筋混凝土衬砌受拉区开裂，开裂部分拉应力全部由钢筋承担，混凝土应采用有效面积进行计算；采用荷载-结构模型，并考虑地层对隧道变形约束作用的弹性反力；结合病害程度，采用修正惯用模型或梁-弹簧模型，当管片变形较小时，可采用修正惯用模型，当管片变形较大时，宜采用梁-弹簧模型，考虑接缝刚度的变化；当隧道收敛变形较小时，钢筋混凝土管片可采用弹性本构，否则，宜采用弹塑性本构
7	结构安全性鉴定（数值）	采用数值软件建立整体模型和局部模型分析轨道交通设施的安全状况，对轨道交通设施的安全性进行鉴定。对于盾构隧道，当存在较为严重的病害时，宜采用能反映结构损伤的模型进行数值模拟分析
8	轨道交通安全性等级判定保护建议	根据分析结果，给出轨道交通设施的安全性等级判定，提出后续轨道交通设施的保护要求和控制标准

2. 预评估工作重点

（1）拟建工程与地铁的空间关系、时间关系。

（2）拟建工程影响范围内地铁服役性能。

（3）拟建工程类型、结构形式、施工工艺，为保护地铁所采取的措施和加固手段，监测要求。

（4）拟建工程对地铁影响的定性、定量分析及仿真模拟结果。

预评估报告内容与具体要求如表4.2-2所示。

预评估报告内容与具体要求　　　　　　　　　　　　　　　表4.2-2

序号	评估内容	具体要求
1	项目概况与特点分析	项目概况、相对关系（平面、剖面），根据项目基础资料，制定评估范围、技术路线、分析手段等
2	地质条件与参数对比	轨道交通的地质与参数对比；分析项目地质勘察报告，绘制地层-影响源-地铁设施的剖面相对关系图，找出土层薄弱点和风控点。重点关注是否存在不良地质，包括软弱土、承压水、沼气、障碍物等
3	轨道交通状态调查	对轨道交通设施进行调查和检测；对于地下车站及附属结构，通常需要检测其结构有无裂缝，渗漏水，运营过程有无沉降等病害；对于区间盾构隧道，通常需要检测其管片有无渗漏病害（湿渍、渗水、漏水、漏泥砂等）、破损病害（裂缝、掉块等）、变形病害（管片错台、张开、道床脱空、横向收敛变形，纵向相对变形等）；对于高架区段，需要调查桥墩的沉降、差异沉降、裂缝等

序号	评估内容	具体要求
4	设计关键参数复核	根据各级标准进行复核性审查,计算复核。如对于桩(墙)工程,重点复核与轨道交通设施的关系、成桩成墙方式、桩(墙)施工的保护措施(水泥土预加固、钢护筒等)、桩(墙)施工参数、桩(墙)施工工艺与施工顺序;基坑工程,重点复核基坑规模(面积、挖深等)、分坑尺寸、基坑支护结构选取与支撑数量等;对于外部隧道工程,重点复核相对关系、设备选型、保护措施等
5	工程类比与定性分析	采用工程类比手段,选取同等地质情况下,规模与相对关系大致相近的、已经施工完成的工程,根据已实施工程的经验和教训,为后续工程提供参考
6	数值计算与定量分析	采用数值分析软件等工具进行定量分析。二维数值分析:采用二维数值分析软件建立整体模型分析对地铁设施的影响,将其分析得到的围护结构变形与理正分析结果互校,确保分析合理性;另外二维分析不能考虑基坑的空间效应,分析结果略保守。三维数值分析:采用三维数值分析软件建立整体模型分析对地铁设施的影响,将其分析得到的围护结构变形与理正、二维分析结果互校,将其分析得到的地铁设施变形与二维数值分析进行互校,确保分析合理性
7	风险点识别与应对	识别轨道交通保护风险点及应对措施;采用内部专家讨论、风险树分析法及层次分析法判别工程各阶段风险等级,从而抓住关键因素,重点控制
8	评估结论与建议措施	提出预评估的结论与建议措施;结合定性、定量分析成果,综合判定评估对象对轨道交通设施的影响程度,同时提出建议和加强措施

3. 过程评估工作重点

(1) 地铁变形现状及地铁设施服役状态。

(2) 在建工程施工进度、后续施工安排。

(3) 在建工程和地铁设施的中间过程记录,监测和检测数据。

(4) 变形超标的原因分析。

(5) 后续施工对地铁影响的增量(是否需要对地铁设施进行维修整治),为控制影响所采取的加固措施。

(6) 预估地铁最终服役状态。

过程评估报告内容与具体要求如表 4.2-3 所示。

过程评估报告内容与具体要求 表 4.2-3

序号	评估内容	具体要求
1	项目概况与特点分析	项目概况、相对关系(平面、剖面),重点关注外部作业与轨道交通设施的相对位置关系,施工的时序安排等。根据项目基础资料,制定评估范围、技术路线、分析手段等
2	地质条件与参数对比	轨道交通的地质与参数对比:分析项目地质勘察报告,绘制地层-影响源-地铁设施的剖面相对关系图,找出土层薄弱点和风控点。重点关注是否存在不良地质,包括软弱土、承压水、沼气、障碍物等
3	轨道交通状态调查	对轨道交通设施进行调查和检测:对于地下车站及附属结构,通常需要检测其结构有无裂缝,渗漏水,运营过程有无沉降等病害;对于区间盾构隧道,通常需要检测其管片有无渗漏病害(湿渍、渗水、漏水、漏泥砂等)、破损病害(裂缝、掉块等)、变形病害(管片错台、张开、道床脱空、横向收敛变形,纵向相对变形);对于高架区段,需要调查桥墩的沉降、差异沉降、裂缝等

序号	评估内容	具体要求
4	设计方案与施工现状	设计方案、施工现状及后续安排:重点关注外部作业的设计方案,现场施工是否按照设计方案进行施工,施工过程中的变更情况,施工完成百分比,剩余施工工作计划
5	监测数据与报警情况	外部作业与地铁的监测数据分析:一是分析外部作业自身的监测数据,如基坑工程,要分析围护结构测斜变形,坑外沉降,水位变化,支撑轴力等,绘制监测数据随时间的变化规律图,分析监测数据变形与外部作业施工工况的关系;二是要分析轨道交通设施的监测数据,包括水平位移、竖向变形和收敛变形;三是分析"外部作业自身监测数据-轨道交通设施监测数据-外部作业施工工况"三者的相互关联情况
6	后续加强与应对措施	后续加强及应对措施:根据施工进度与监测数据,制定变形数据报警后的加强措施
7	后续影响增量预测	后续施工作业引起地铁设施的增量变形预测:采用参数反演等手段预测后续剩余施工引起轨道交通设施的增量变形
8	评估结论与建议措施	提出过程评估的结论与建议措施,给出轨道交通是否需要整治、外部作业如何加强等关键性结论

4. 后评估工作重点

(1) 地铁受损及最终服役状态调查。

(2) 地铁设施后续保护建议。

(3) 地铁病害治理及责任划分。

后评估报告内容与具体要求如表 4.2-4 所示。

后评估报告内容与具体要求　　　　　　　　　　表 4.2-4

序号	评估内容	具体要求
1	项目概况与特点分析	项目概况、相对关系(平面、剖面),根据项目基础资料,制定评估范围、技术路线、分析手段等
2	地质条件与参数对比	外部作业与轨道交通的地质与参数对比:分析项目地质勘察报告,绘制地层-影响源-地铁设施的剖面相对关系图,找出土层薄弱点和风控点。重点关注是否存在不良地质,包括软弱土、承压水、沼气、障碍物等
3	外部作业实施过程分析	对项目设计、施工的执行过程进行复盘:重点关注外部作业的设计方案,现场施工是否按照设计方案进行施工,施工过程中的变更情况,外部作业实施过程中的经验和教训
4	监测数据分析	轨道交通监测数据分析:一是分析外部作业自身的监测数据,如基坑工程,要分析围护结构测斜变形,坑外沉降,水位变化,支撑轴力等,绘制监测数据随时间的变化规律图,分析监测数据变形与外部作业施工工况的关系;二是要分析轨道交通设施的监测数据,包括水平位移、竖向变形和收敛变形;三是分析"外部作业自身监测数据-轨道交通设施监测数据-外部作业施工工况"三者的相互关联情况
5	轨道交通检测分析	对轨道交通设施进行调查和检测:对于地下车站及附属结构,通常需要检测其结构有无裂缝,渗漏水,运营过程有无沉降等病害;对于区间盾构隧道,通常需要检测其管片有无渗漏病害(湿渍、渗水、漏水、漏泥砂等)、破损病害(裂缝、掉块等)、变形病害(管片错台、张开、道床脱空、横向收敛变形,纵向相对变形等);对于高架区段,需要调查桥墩的沉降、差异沉降、裂缝等

序号	评估内容	具体要求
6	轨道交通服役性能鉴定	采用各种手段对轨道交通设施的结构安全和运营安全进行鉴定和评价
7	项目地铁保护工作总结	经验教训总结：总结外部作业全过程的保护工作执行情况包括前期的总体方案、后续的施工措施、报警后（如存在报警）的加强措施。总结经验，提取教训，为后续其他项目的轨道交通设施保护提供借鉴
8	后续修复加固建议	根据分析结果，给出轨道交通设施的安全性等级判定，提出轨道交通设施后续修复的加固建议，以及后续的保护要求

4.2.4　评估报告目录

现状评估报告目录如表 4.2-5 所示。

现状评估报告目录　　　　　表 4.2-5

1　概述	3.5　隧道病害与变形关系统计分析
1.1　项目概况	3.5.1　渗漏水病害与隧道结构变形的统计关系
1.2　报告内容	3.5.2　管片损伤病害与隧道变形的统计关系
1.3　参建单位	3.5.3　管片裂缝与横断面变形的统计关系
1.4　评估依据	3.5.4　管片环间错台与纵断面变形的统计关系
1.4.1　依据资料	3.5.5　管片环内错台与横断面变形的统计关系
1.4.2　依据规范	3.5.6　管片接缝张开与横断面变形的统计关系
2　水文地质条件	3.6　小结
2.1　土层分布	4　轨道交通服役现状评价
2.2　水文地质条件	4.1　隧道管片概况
3　轨道交通结构监测与检测分析	4.2　地铁结构安全分析与评价
3.1　纵断面变形监测结果	4.2.1　地铁结构现状调查
3.1.1　监测点布置	4.2.2　地铁服役状态评价标准
3.1.2　监测成果	4.2.3　结构构件及连接件鉴定
3.1.3　累计沉降监测	4.2.4　结构区段服役状态等级评定
3.2　横断面变形检测结果	4.2.5　结构服役状态划分
3.3　病害检测成果	4.3　小结
3.3.1　渗漏水病害	5　轨道交通结构可靠性鉴定
3.3.2　管片损伤病害	5.1　计算软件
3.3.3　管片裂缝	5.2　盾构隧道设计参数
3.3.4　相邻管片环间错台	5.3　计算模型
3.3.5　相邻管片环内错台	5.4　分析结果
3.3.6　隧道管片接缝张开检测成果	5.5　小结
3.3.7　隧道道床脱开病害检测成果与分析	6　轨道交通结构后续整治
3.4　区间隧道典型病害照片	6.1　概述

6.2	现有隧道渗漏水治理方法	6.3.3	旁通道排水管修复
6.2.1	治理方法与原则	6.4	小结
6.2.2	病害治理具体实施措施	7	结论和建议
6.3	盾构结构加固措施	7.1	结论
6.3.1	隧道纵向变形控制	7.2	建议
6.3.2	隧道横向变形控制		

预评估报告目录如表 4.2-6 所示。

预评估报告目录   表 4.2-6

1	概述	4.2.3	工程案例
1.1	项目概况	4.3	小结
1.2	相对关系	5	既有地铁状态评价
1.3	评估范围及内容	5.1	地铁概况
1.4	技术路线	5.1.1	盾构隧道基本参数
1.5	评估依据	5.1.2	正线及出段线
1.5.1	依据资料	5.1.3	延长线及出入段线
1.5.2	依据规范	5.2	地铁长期运营数据
2	工程地质	5.3	地铁现状检测数据
2.1	土层分布	5.3.1	出段线
2.2	水文地质	5.3.2	其他线路
2.3	地质剖面关系	5.3.3	全断面扫描数据
3	变形控制标准	5.4	隧道服役现状评价
3.1	城市轨道交通行业控制标准	5.4.1	允许值确定
3.2	城市轨道交通杭州控制标准	5.4.2	隧道服役状态评价
3.3	既有隧道控制标准	5.5	小结
3.4	盾构施工控制指标	6	风险评估
3.5	小结	6.1	风险分析步骤
4	设计方案及工程调研	6.2	常用风险评估方法
4.1	设计方案	6.2.1	专家打分方法
4.1.1	设计线路	6.2.2	敏感性分析
4.1.2	矩形盾构隧道工程材料	6.2.3	风险树分析法
4.1.3	端头井进出洞加固	6.2.4	层次分析法
4.1.4	盾构机要求	6.3	现场风险管理建议
4.1.5	技术措施及施工注意事项	6.4	现场安全风险分析
4.2	设备介绍与工程调研	6.5	小结
4.2.1	类矩形盾构机设备介绍	7	理论影响机理分析
4.2.2	类矩形盾构荷载分析	7.1	穿越工程分类

过程评估报告目录如表 4.2-7 所示。

过程评估报告目录　　　　　　　　　　　　　表 4.2-7

11.2.2 模拟工况	12.1.1 模型建立
11.2.3 分析结果	12.1.2 模型参数
11.3 剖面 B	12.1.3 施工步序
11.3.1 模型尺寸及边界条件	12.1.4 分析结果
11.3.2 模拟工况	12.2 MIDAS 数值分析
11.3.3 分析结果	12.2.1 模型建立
11.4 剖面 C	12.2.2 模型参数
11.4.1 模型尺寸及边界条件	12.2.3 施工步序
11.4.2 模拟工况	12.2.4 分析结果
11.4.3 分析结果	12.3 小结
11.5 小结	13 结论与建议
12 三维数值分析	13.1 结论
12.1 PLAXIS 数值分析	13.2 建议

典型项目的后评估报告目录如表 4.2-8 所示。

典型项目的后评估报告目录　　　　　　　　　表 4.2-8

1 概述	3.3.2 安全保护等级
1.1 项目概况	3.3.3 外部作业净距控制值
1.2 技术路线	3.3.4 控制指标
1.3 评估依据	3.3.5 轨道交通结构加固
1.3.1 依据资料	3.4 杭州市城市轨道交通运营管理办法
1.3.2 依据规范	3.5 服役鉴定规范
2 工程地质与水文地质条件	3.5.1 构件服役状态等级
2.1 工程地质	3.5.2 连接服役状态等级
2.2 水文地质条件	3.5.3 区段服役状态等级
3 轨道交通保护相关规定	3.6 小结
3.1 地铁设计规范	4 基坑实施过程分析与评价
3.1.1 总则	4.1 基坑设计方案
3.1.2 限界	4.2 基坑施工过程
3.1.3 轨道	4.2.1 各工况时间节点
3.1.4 地下结构	4.2.2 施工过程记录
3.2 轨道交通保护行业规范	4.3 监测空间分析
3.2.1 外部作业影响等级	4.3.1 测点布设
3.2.2 外部作业净距控制值	4.3.2 测斜监测
3.3 轨道交通保护浙江省规程	4.3.3 水位监测
3.3.1 安全状况	4.3.4 坑外沉降

4.3 桩（墙）工程评估要点

4.3.1 一般要求

轨道交通设施保护区范围内外部作业桩基按功能可以分为：围护桩、截水桩、工程桩、土体加固桩。轨道交通设施保护区范围内外部作业桩基按性能可以分为：刚性桩、柔性桩。轨道交通设施保护区范围内外部作业桩基按施工扰动可以分为：挤土桩、非挤土桩。

桩（墙）对周边的影响主要包括以下几个方面：

（1）桩（墙）施工过程中的影响：施工过程中对周边土体的扰动。

（2）桩基使用过程中的影响：上部荷载通过桩传入地基，桩基承载过程中对周围土体产生影响；基坑坑内卸载，桩体变形导致坑外土体应力释放对周边土体产生影响。使用过程中的影响分为荷载施加阶段和正常使用阶段。

地下连续墙、钻孔灌注桩在正常施工情况下（保证施工质量），对邻近地铁设施的影响较小。但在施工质量有问题时（坍孔，缩颈等），钻孔灌注桩施工对周围影响较大。目前对钻孔灌注桩施工影响的研究仅局限在对工程实例的分析上，没有对整个施工过程影响进行系统的探讨。钻孔灌注群桩基础沉降对邻近隧道的影响主要体现在沉降方面。

桩（墙）形式的选取应结合工程地质条件、桩基尺寸、桩基荷重、布桩密度、与地铁相对关系、施工工艺以及地铁设施的保护要求等综合确定。其中轨道交通设施中盾构隧道的保护要求较高，其他结构形式保护要求可适当降低。外部桩基工程往往伴随着承台开挖、上部结构施工、长期使用期间附加荷载等，应综合考虑影响。

4.3.1.1　保护等级

桩基础对轨道交通结构的安全保护等级可综合其上部结构荷重、桩形、布桩密度、与轨道交通结构的距离、轨道交通结构安全状况等因素综合确定。

地基主要压缩层范围的土体以淤泥质土、软塑～可塑的黏性土、松散～中密的粉砂土和碎石土等为主时，桩基础对盾构法或顶管法地下结构的安全保护等级由表 4.3-1～表4.3-3 确定。

Ⅰ类盾构法或顶管法地下结构安全保护等级　　表 4.3-1

q_1(kPa)	$L_{pd} \leq (D+H)$	$(D+H) < L_{pd} \leq (2D+H)$	$(2D+H) < L_{pd} \leq (3D+H)$	$L_{pd} > (3D+H)$
$q_1 \leq 60$	B	C	C	C
$60 < q_1 \leq 150$	A	B	C	C
$150 < q_1 \leq 300$	A	A	B	C
$300 < q_1 \leq 450$	A	A	B	B
$450 < q_1$	A	A	A	B

Ⅱ类、Ⅲ类盾构法或顶管法地下结构安全保护等级　　表 4.3-2

q_1(kPa)	$L_{pd} \leq (D+H)$	$(D+H) < L_{pd} \leq (2D+H)$	$(2D+H) < L_{pd} \leq (3D+H)$	$L_{pd} > (3D+H)$
$q_1 \leq 60$	B	C	C	C
$60 < q_1 \leq 150$	B	C	C	C
$150 < q_1 \leq 300$	A	B	C	C
$300 < q_1 \leq 450$	A	A	B	C
$450 < q_1$	A	A	A	B

IV类盾构法或顶管法地下结构安全保护等级　　　　表 4.3-3

q_1(kPa)	$L_{pd}{\leqslant}(D+H)$	$(D+H){<}L_{pd}{\leqslant}(2D+H)$	$(2D+H){<}L_{pd}{\leqslant}(3D+H)$	$L_{pd}{>}(3D+H)$
$q_1{\leqslant}60$	B	C	C	C
$60{<}q_1{\leqslant}150$	B	C	C	C
$150{<}q_1{\leqslant}300$	B	C	C	C
$300{<}q_1{\leqslant}450$	A	B	C	C
$450{<}q_1$	A	A	B	C

注：1. q_1为作用效应标准组合时，上部结构在其水平面投影面积的平均压力值（kPa）；

2. H为既有盾构法或顶管法地下结构顶部埋深（m）；

3. D为既有盾构法或顶管法地下结构的外径或宽度（m）；

4. L_{pd}为桩基础承台外边线与既有盾构法或顶管法地下结构的水平净距（m）。

符合下列条件之一时，保护等级应提高一级，保护等级为 A 级时不再提高：

（1）地基条件以淤泥、松散的新填土等为主。

（2）桩顶水平力较大。

符合下列条件之一时，保护等级可降低一级采用，保护等级为 C 级时不再降低：

（1）保护对象为盾构法或顶管法地下结构以外的其他轨道交通结构。

（2）地基条件以密实的粉砂土及碎石土、硬塑以上的黏性土以及岩石为主。

4.3.1.2　净距要求

轨道交通保护范围内外部桩（墙）作业净距控制如表 4.3-4 所示。

轨道交通保护范围内外部桩（墙）作业的净距控制值　　　　表 4.3-4

外部作业		轨道交通结构			
		地下结构		地面结构	高架结构
		盾构法	其他		
围护桩、地下连续墙		≥7m	≥5m	≥5m	≥5m
工程桩	非挤土桩	≥4m	≥3m	≥3m	≥3m
	挤土桩	≥30m	≥20m	≥15m	≥10m
土体加固	深层搅拌法	≥6m	≥5m	≥5m	≥5m
	高压喷射注浆法	≥20m	≥15m	≥6m	≥6m

4.3.1.3　其他要求

（1）桩基础设计与施工应综合考虑下列因素对轨道交通结构安全的不利影响：

1）成桩施工引起的轨道交通结构附加应力及变形。

2）承台侧面及底部土体压力、桩顶水平力、桩侧摩阻力和桩端阻力等引起的轨道交通结构受力状态变化。

3）桩基础施工及长期使用期间的地基变形引起的轨道交通结构附加应力及变形。

（2）桩基础对轨道交通结构的安全保护等级为 A 级时，桩基础设计应符合下列规定：

1）桩基应选择中、低压缩性土层作为桩端持力层。

2）对非嵌岩桩，桩端应超过轨道交通结构底部不小于 D（D 为地下结构外径或宽度）的距离。

3）桩基最终变形量最大值不宜大于 15mm。

（3）桩基础对轨道交通结构的安全保护等级为 B 级时，桩基础设计应符合下列规定：

1）桩基宜选择中、低压缩性土层作为桩端持力层。

2）对非嵌岩桩，桩端应超过轨道交通结构底部不小于 0.5D 的距离。

3）桩基最终变形量最大值不宜大于 25mm。

（4）桩基施工应符合下列规定：

1）正式施工前应进行试成桩，数量不少于 3 根。

2）成桩施工顺序应遵循先近后远的原则。

3）灌注桩距离轨道交通结构较近时，可采取减小桩径、钢护筒护壁、增加泥浆密度、地基预加固、间隔跳开施工等措施减少成桩施工影响。

4）挤土桩施工可采用预钻孔、设置防挤沟、隔离墙等措施减少挤土效应。

4.3.2　评估方法

桩（墙）工程对轨道交通设施影响的分析可采用工程类比法和数值分析法等手段。工程类比法主要通过工程类比的形式预估影响，根据相似地层，相似位置关系和相同的桩基施工技术措施的其他工程，预评估工程对轨道交通设施的影响。数值分析法主要是通过数值模拟的方式计算桩基工程施工对轨道交通设施的影响。

4.3.2.1　工程类比法

根据工程类比定性分析桩（墙）施工对轨道交通设施的影响。

根据规范要求，及杭州近十年来轨道交通设施影响范围内外部作业工程经验总结，轨道交通设施影响范围内桩基适用条件如表 4.3-5 所示。

轨道交通设施影响范围内桩基适用条件　　　　　表 4.3-5

桩基类别		适用条件	备注
工程桩	钻孔灌注桩（泥浆护壁）	1. 地铁地面结构、高架结构影响范围内； 2. 地铁地下车站（地下连续墙）； 3. 地铁地下结构（无地下连续墙等）20m 范围以外	
	钻孔灌注桩（全回转护筒）	地铁设施影响范围内外均适用	应控制桩间距，地铁设施 20m 范围内应明确护筒内土塞高度（软土区建议不小于 8m，硬土区建议不小于 3m）
	预应力管桩	地铁设施 50m 影响范围以外	地铁设施 50～100m 范围内使用时应设置减压孔、隔离沟等措施
围护桩	地下连续墙	地铁设施影响范围内外均适用	地铁设施 25m 范围内地铁侧应采用槽壁加固，幅宽不宜大于 6m
	钻孔灌注桩	基坑挖深小于 10m，或地铁设施 25m 范围以外	先施工截水帷幕，后施工钻孔灌注桩
	SMW 工法桩	地铁设施 25m 范围以外	
	TRD＋H 型钢	地铁设施 25m 范围以外	
	PC 工法桩	地铁设施 50m 范围以外	

续表

桩基类别		适用条件	备注
加固/截水桩	MJS 工法桩	地铁设施影响范围内外均适用	与地铁设施之间采取隔离措施（MJS 工法、围护墙、TRD 工法等）后可减少控制范围
	TRD 工法桩	地铁设施 10m 范围以外	
	三轴水泥土搅拌桩	1. 隧道 25m 以外； 2. 地下车站、出入口（无地下连续墙）10m 以外； 3. 其他结构 3m 以外	
	RJP 工法桩	地铁设施 50m 范围以外	
	高压旋喷桩	地铁设施 50m 范围以外	

类比案例一：萧山某项目，根据桩基与隧道的水平距离不同，采用不同的保护措施。对于距离为 5.0～12.0m 的桩基，采用全护筒全回转钻机旋挖/冲抓成孔，对于距离为 12.0～20.0m 的桩基，采用半护筒全回转钻机旋挖成孔，对于距离大于 20m 的，采用常规旋挖钻机成孔，以上桩基护筒均不拔除。

类比案例二：图 4.3-1 为新塘路某项目剖面关系图，新塘路某桥梁工程桥墩桩基与地铁 2 号线盾构距离较近，天桥桩基与地铁 2 号线盾构外边缘最小净距为 3.57m。为了保证天桥桥墩桩基施工期间对地铁的影响可控，桥墩桩基采用深护筒钻孔灌注桩形式，钢护筒底标高超出盾构结构底标高至少 5m，同时施工期间在盾构内布置好监测设备，密切做好监测工作。项目已施工完成，经监测，桥桩实施引起盾构隧道的变形均在 3.0mm 以内，盾构隧道安全可控。

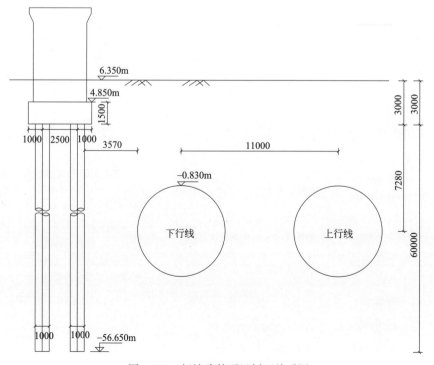

图 4.3-1　新塘路某项目剖面关系图

　　类比案例三：市心南路某项目，拼宽桥梁基础采用 $\phi1.5$m 的钻孔灌注桩，桩基深53m，桩基距离盾构隧道外缘净距最小为 2.2m；潘水二桥、三桥扩建项目采用 $\phi1.2$m 的钻孔灌注桩，桩基距离盾构隧道外缘净距最小为 2.0m。拓宽工程与隧道位置关系剖面图如图 4.3-2 所示。桥梁施工期间，对隧道周边 2.5m 范围内土体进行注浆加固。目前该桥已施工完成，根据监测总结报告桥梁施工对隧道的扰动相对较小，隧道在工后沉降阶段未发生明显变形情况。

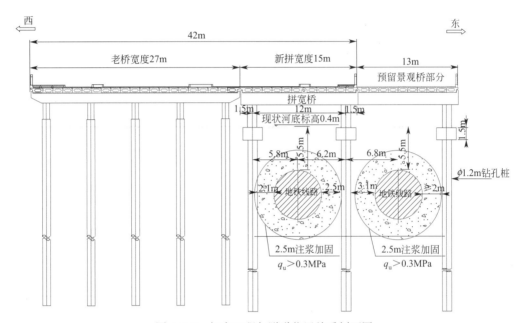

图 4.3-2　拓宽工程与隧道位置关系剖面图

4.3.2.2　数值分析法

　　1. 本构选取与模型建立

　　有限元分析中常用 Hss 模型（小应变硬化模型），即等向硬化弹塑性模型，可以同时考虑剪切硬化和压缩硬化，采用 MC 破坏准则，适合多种土类的破坏和变形行为的描述。Hss 模型克服了 M-C 模型的一些弊端，如 Hss 模型可模拟初次加载和卸载-再加载之间的刚度差别。

　　在 Hss 模型中，土体弹性模量选取原则与摩尔-库仑模型相同。轨道交通设施结构一般用板单元，桩用桩单元。施工的桩基一般采用实体单元。

　　预评估阶段计算参数通常根据地勘参数取经验值。过程评估阶段应根据前期施工过程中变形量反演计算参数，根据反演计算参数计算后续施工的影响量。

　　有限元模型尺寸应确保分析结果不受边界约束的影响，边界至既有结构和新建结构的距离应不小于 30m，底板应不小于桩底且底部宜取至岩层。

　　2. 模拟分析步骤

　　（1）既有结构生成，位移清零。

　　（2）桩基成孔，泥浆护壁桩基采用实体冻结或改为泥浆参数，钢护筒护壁的桩基钢护筒采用板单元，成孔时由于钢护筒的挤土效应，应考虑土体的应变。

（3）混凝土浇筑。

（4）桩基上部荷载施加。

（5）注意事项：施工荷载，如吊车、运梁车的停放位置、行驶范围。桩基施工顺序。

3. 数值分析结果输出

数值模拟主要计算各分阶段施工对轨道交通设施的影响，包括成孔阶段、混凝土浇筑阶段、荷载增加阶段等。轨道交通设施分析结果主要有水平位移、竖向位移、收敛变形、内力变化等。

以下以杭州某项目为例，给出数值分析模型图和数值分析结构图如图 4.3-3、图 4.3-4 所示。

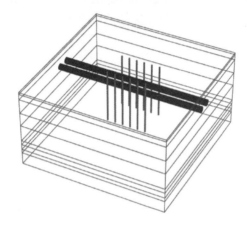

图 4.3-3　数值分析模型图

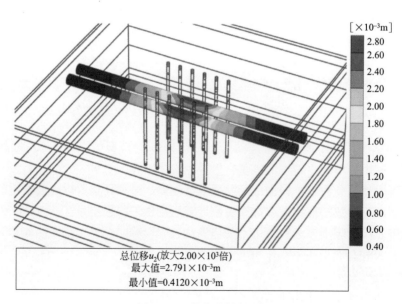

图 4.3-4　数值分析结构图

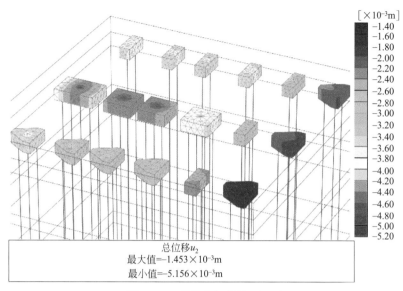

总位移 u_2
最大值=-1.453×10^{-3}m
最小值=-5.156×10^{-3}m

图 4.3-4　数值分析结构图（续）

4.3.3　加强措施

轨道交通设施保护区范围内的桩基工程安全评估首先需对桩基工程设计方案进行评价，主要包括以下内容：桩基工程设计方案是否合理，桩基类型、与轨道交通设施的相对位置关系（平面、竖向）；桩基工程设计方案是否满足规范要求；对邻近轨道交通设施的保护措施、施工要求是否合理；设计方案能否进一步优化。

桩（墙）工程评估要点和加强措施：

（1）地铁盾构隧道特别保护区范围内不应进行桩基施工，当确实需要，应进行专项研究。

（2）正式施工前应进行试成桩，数量不少于 3 根。

（3）挤土桩：地铁盾构隧道 30m 范围内不宜采用挤土桩，30～50m 范围内挤土桩施工可采用预钻孔、设置防挤沟、隔离墙等措施减少挤土效应。灌注桩距离轨道交通设施较近时，应尽量减小桩径，增加泥浆密度，间隔跳开施工，隧道旁侧 20m 范围内灌注桩宜采用钢护筒护壁或土体预加固措施（MJS 工法桩）。

（4）地下连续墙距离轨道交通设施较近时，宜控制连续墙厚度和幅宽，增加泥浆密度，采用工艺可靠的槽壁加固措施。

（5）施工前制定详细的施工方案，并进行专项论证，施工过程中严格按照设计要求进行施工，详细记录钢护筒深度、取土深度，施工技术人员、监理现场旁站，对记录数据签字确认后每天报送各参建单位。

（6）土体预加固应采用扰动较小的工艺，加固体范围应大于桩基边线不小于 0.3m。

（7）采用钢护筒防护措施时，为确保钢护筒顺利下压，保证钢护筒垂直度，减少扰动，宜采用全回转钻机，不宜采用搓管机，钢护筒下压过程应控制下压速度。钢护筒壁厚应能使钢护筒保持圆筒状且不变形，常规厚度为 15～30mm，应根据计算确定。钢护筒埋设时，护筒中心与桩中心的平面偏差应不大于 50mm，垂直方向的倾斜率不应大于 1%。钢护筒打设范围内存在承压水时，应提高钢护筒泥浆密度，反压水头应高于承压水头 2.0m 以上。钢护筒施工过程中取土时，为减少振动影响，宜采用旋挖工艺。钢护筒施工过程中，在淤泥、淤泥质土等较差地层中取土时，土塞高度应满足 $h \geqslant 8.0m$；除淤泥、淤泥质土以外的其他软土地层中，土塞高度应满足 $h \geqslant 3.0m$；在钢护筒达到设计标高前，挖土深度严禁超过钢护筒深度。

（8）地铁保护区内桩（墙）施工应选用有经验的施工队伍，控制施工参数，如护筒进入速度、挖土工艺、挖除速度、泥浆重度、清孔要求等。建议注浆材料采用密度大、稠度低、收缩性小的泥浆。桩位土体挖出，下方钢筋笼及导管时，尽量避免撞击钢护筒及侧壁土体。

（9）开孔前应做好桩位及地铁位置复核工作。地铁定位坐标系应确保与设计坐标一致。地铁及桩位放样位置应报地铁公司确认，放样采取第三方复核。

（10）严格按设计要求进行施工，施工过程中详细记录护筒深度、取土深度，施工技术人员、监理现场旁站，对记录数据签字确认后每天报送各参建单位。

（11）桩基础对轨道交通结构安全保护等级的不同，保护要求亦不同：

1）保护等级为 A 级时，桩基应选择中、低压缩性土层作为桩端持力层；对非嵌岩桩，桩端应超过轨道交通结构底部不小于 $1D$（桩径）的距离；桩基最终变形量最大值不宜大于 15mm。

2）保护等级为 B 级时，桩基宜选择中、低压缩性土层作为桩端持力层；对非嵌岩桩，桩端应超过轨道交通结构底部不小于 $0.5D$（桩径）的距离；桩基最终变形量最大值不宜大于 25mm。

（12）成桩顺序应遵循先近后远的原则。桩基施工前加强点位坐标复核，减少放样误差，避免因放样对地铁设施造成破坏。桩基施工期间加强地铁设施监测，动态化施工。

4.3.3.1　退让距离

退让距离不仅应考虑水平方向桩基与轨道交通设施的相对关系，还应考虑桩端与轨道交通设施之间的相对关系。一般情况下，工程桩深度往往较轨道交通设施要深，围护桩（墙）和轨道交通设施之间的关系存在不确定性。隧道保护范围内灌注桩保护措施等级如表 4.3-6 所示。

隧道保护范围内灌注桩保护措施等级　　　　　　　表 4.3-6

桩径（m）	净距（m）		
	$5.0 < L \leqslant 12.0$	$12.0 < L \leqslant 20.0$	$20.0 < L \leqslant 50.0$
$D > 1.6$	高防护	高防护	中防护
$0.8 \leqslant D < 1.6$	高防护	中防护	低防护
$D < 0.8$	中防护	低防护	低防护

注：1. 防护级别及要求：（1）高防护：采用钢护筒、土体预加固或帷幕隔离措施，防护深度应进入隧道底以下 3 倍洞径。（2）中防护：采用钢护筒、土体预加固或帷幕隔离措施，且防护深度应进入隧道底以下 1 倍洞径。（3）低防护：采用增加泥浆密度、间隔跳开施工等常规措施。

2. 此表用于软土地区盾构隧道的防护，对于非盾构隧道，可降低一个防护级别。

4.3.3.2　钢护筒保护

全护筒灌注桩与采用泥浆护壁的钻孔、冲击成孔及其他灌注桩的施工法相比，因使用全护筒护壁，可以避免钻孔，冲击成孔灌注桩可能发生的缩径、断桩及混凝土离析等质量问题，以及泥浆护壁法难以解决的流砂问题，故在邻近既有建（构）筑物的工程中得到大量运用。由于护筒自身的厚度，护筒下钻过程中钻头位置土体一部分挤入护筒内，另一部挤入钢护筒外桩周围，导致护筒下钻过程中存在弱挤土效应。由于护筒下钻、取土、涌水和灌注桩混凝土都会造成超静孔压变化，进而影响桩周土强度，减弱侧向承载力。当护筒内土柱闭塞的深度超过地铁隧道轴线时，地铁隧道受到向上的挤压作用，因而产生上浮。

钢护筒保护桩基施工过程中，关键施工参数应记录完整，关键施工参数记录表如表4.3-7所示。

关键施工参数记录表　　　　　　　　　　　　　　　　　　表 4.3-7

项目名称			
桩基数量及施工顺序		与地铁相对关系	
钢护筒深度		钢护筒壁厚，刀口扩大尺寸	
钢护筒施工机械		取土机械	

备注：应逐桩绘制地层（含土层分布、潜水位、承压水含水层及静水位、沼气、溶洞、障碍物等）、桩深、钢护筒深度剖面图。

钢护筒保护桩基施工过程中，土塞高度应满足相关要求，并绘制土塞高度随时间的变化曲线，如图4.3-5所示。

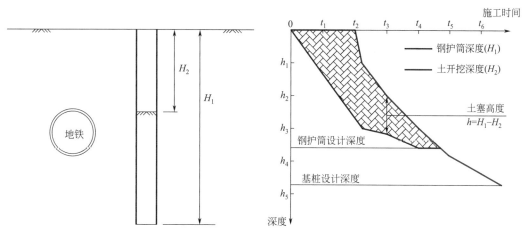

图 4.3-5　土塞高度随时间变化曲线

钢护筒防护施工要求如图4.3-6所示。

钢护筒防护注意事项：

（1）采用钢护筒防护措施时，为确保钢护筒顺利下压，保证钢护筒垂直度，减少扰动，宜采用全回转钻机，不宜采用搓管机。

（2）钢护筒壁厚应能使钢护筒保持圆筒状且不变形，常规厚度为15～30mm，应根据计算确定。

（3）钢护筒埋设时，钢护筒中心与桩中心的平面偏差应不大于 50mm，垂直方向的倾斜率不应大于 1‰。

（4）钢护筒打设范围内存在承压水时，应提高钢护筒泥浆密度，反压水头应高于承压水水头 2.0m 以上。

（5）钢护筒施工过程中进行取土时，为减少振动影响，宜采用旋挖工艺。

（6）钢护筒施工过程中，在淤泥、淤泥质土等较差地层中取土时，土塞高度应满足 $h \geqslant 8.0m$；除淤泥、淤泥质土以外的其他软土地层中，土塞高度应满足 $h \geqslant 3.0m$；在钢护筒达到设计标高前，挖土深度严禁超过钢护筒深度。

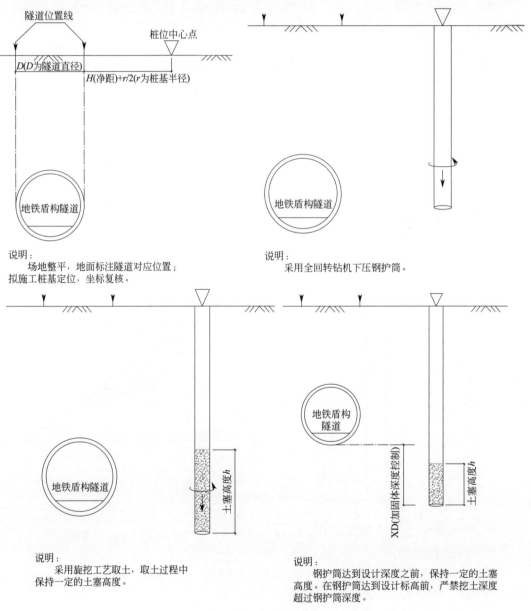

图 4.3-6　钢护筒防护施工要求

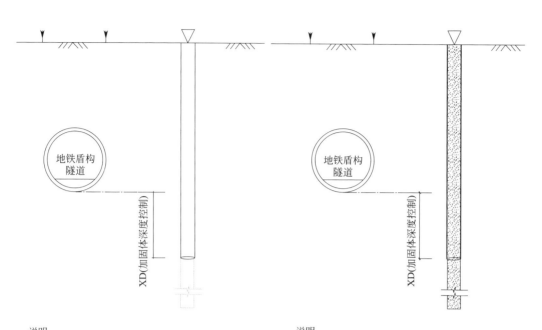

说明：
　采用旋挖工艺继续挖土至桩基设计标高，清孔。

说明：
　下放钢筋笼，浇筑混凝土，钢护筒不拔除。

图 4.3-6　钢护筒防护施工要求（续）

（7）地铁保护区内钢护筒施工应选取有经验的施工队伍，控制桩基施工参数，如护筒进入速度、挖土工艺、挖除速度、泥浆密度、清孔要求等。建议注浆材料采用密度大、稠度低、收缩性小的泥浆。

（8）钢护筒对桩基侧摩阻力的影响，由桩基设计单位复核。

（9）建议桩位土体挖出，下方钢筋笼及导管时，尽量避免撞击钢护筒及侧壁土体。

（10）土体预加固应采用扰动较小的工艺，加固体范围应大于桩基边线，且不小于 0.3m。

4.3.3.3　水泥土预加固

用水泥土预加固时，应采用对周边环境扰动较小的工艺，如 MJS 工法、TRD 工法等，施工过程中，关键施工参数应记录完整，关键施工参数记录表如表 4.3-7 所示。

采用 MJS 工法桩进行土体预加固的注意事项：

（1）MJS 工法桩采用的水泥种类、强度等级、掺量由设计确定，水灰比初定 1∶1。施工前应进行现场试桩，试桩数量 3～4 根，根据试桩情况确定水灰比、压力、转速、水泥掺量等施工参数，施工过程中加强对既有隧道及周边环境的监测。成桩应均匀、持续、无颈缩和断层，严禁在提升喷浆过程中断浆，特殊情况造成断浆应重新成桩施工。垂直偏差不大于 $L/200$（L 为桩长）。

（2）试桩确定参数之前，初定注浆压力为 40MPa；空气压力为 0.5～1.0MPa；浆液流量为 85～100L/min；地内压力系数为 1.3～1.6（视地质情况适当调节），提升速度为 2.5cm/min（全圆）或者 5cm/min（半圆）。

（3）浆液需掺加适量水玻璃（具体根据现场试验确定），要求 1d 无侧限抗压强度不小于 1.0MPa。成桩质量检验包括机械性能、材料质量、掺入比试验等资料的验证，以及检查孔位、深度、垂直度、水泥掺量、上提喷浆速度、外掺剂掺量、水灰比、搅拌、喷浆量的均匀度、搭接施工间歇时间。

采用 TRD 工法进行土体预加固的注意事项：

（1）TRD 工法采用的水泥种类、强度等级、掺量由设计确定，水灰比初定 1∶1.5。正式施工之前，施工单位应进行现场等厚度水泥土搅拌墙试成墙试验，以检验等厚度水泥土搅拌墙施工工艺的可行性以及成墙质量，确定实际采用的水泥浆液水灰比、施工工艺、挖掘成墙推进速度等施工参数和施工步骤等。

（2）水泥土搅拌墙试成墙试验确定之前，挖掘液采用钠基膨润土拌制，每立方被搅土体掺入约 15kg/m³ 的膨润土。墙体抗渗系数为 10.7～10.6cm/sec，等厚度水泥土搅拌墙 28d 无侧限抗压强度标准值不小于 1.2MPa，等厚度水泥土搅拌墙的垂直度偏差不大于 1/250，墙位偏差不大于 25mm，墙深偏差不得大于 30mm，成墙厚度偏差不得大于 30mm。

（3）未尽事宜参见《渠式切割水泥土连续墙技术规程》JGJ/T 303—2013。

水泥土预加固防护施工要求如图 4.3-7 所示。

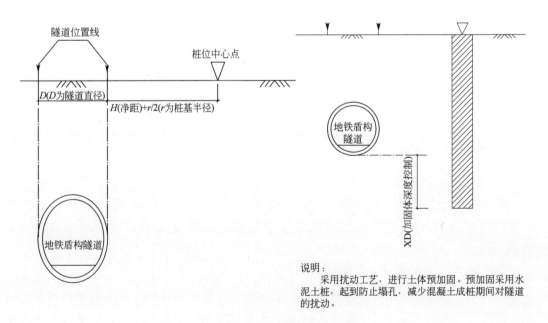

图 4.3-7 水泥土预加固防护施工要求

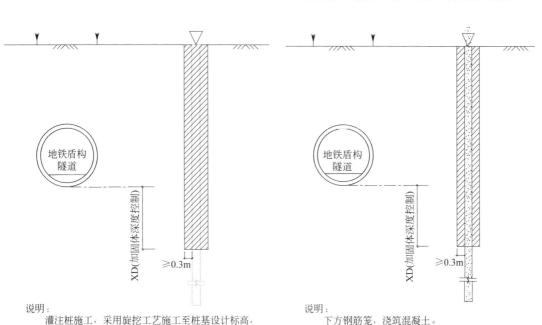

说明：
  灌注桩施工，采用旋挖工艺施工至桩基设计标高，清孔。

说明：
  下方钢筋笼，浇筑混凝土。

图 4.3-7 水泥土预加固防护施工要求（续）

4.4 基坑工程评估要点

4.4.1 一般要求

在轨道交通控制保护区内实施的基坑工程为外部基坑工程，可分为旁侧基坑和上方基坑。在轨道交通控制保护区内实施的外部基坑工程为旁侧基坑工程，在轨道交通特别保护区内实施的基坑工程为上方基坑工程。同时具有旁侧基坑和上方基坑的属性时，宜通过分坑措施将整体基坑分为旁侧基坑和上方基坑，分别进行设计与施工，并综合考虑二者的叠加效应。

外部基坑工程设计与施工应综合考虑施工荷载、围护墙、土体加固、降水、土方开挖、拆除支撑、回填等外部作业对轨道交通结构的不利影响。基坑支护设计应根据行业标准和地方标准进行基坑稳定性、强度和变形计算。充分考虑基坑的时空效应，严格分层分块作业，减少基坑暴露时间；靠近地铁侧的分坑，基坑宜采用大筏板形式，基坑内存在主楼核心筒或局部深大电梯井深坑时，应先封闭底板再施工坑中坑。

对于旁侧基坑，当外部建设项目位于软土层，轨道交通安全保护等级为 A 级，项目基坑边离地铁盾构隧距离不大于 25m，且基坑开挖深度超过 10m 时，主体基坑围护结构应采用地下连续墙，地下连续墙应采用质量可靠、扰动小的工艺进行槽壁加固；轨道交通结构安全保护等级为 B 级时，基坑开挖深度超过 15m，围护墙宜采用地下连续墙。

对于旁侧基坑，轨道交通结构安全保护等级为 A 级时，地铁侧围护结构应紧贴地下室外墙布置，不得设置肥槽，支撑拆除应采用静力切割措施。轨道交通结构安全保护等级为 B 级时，邻近轨道交通结构侧的主体结构基础混凝土宜延伸至围护墙边，支撑拆除宜采用静力措施，围护墙与地下室外墙之间的空隙宜采用素混凝土回填密实。

4.4.1.1 保护等级

1. 旁侧基坑

（1）地基条件以淤泥质土、软塑～可塑的黏性土、松散～中密的粉砂土和碎石土等为主时，旁侧基坑对盾构法或顶管法地下结构的安全保护等级如表 4.4-1～表 4.4-4 所示确定。

Ⅰ类盾构法或顶管法地下结构安全保护等级（m）　　　　　　表 4.4-1

基坑开挖深度	$L_{wd} \leq 10$	$10 < L_{wd} \leq 15$	$15 < L_{wd} \leq 25$	$25 < L_{wd} \leq 40$	$L_{wd} > 40$
$h < 2$	B	B	C	C	C
$5 > h \geq 2$	A	A	B	B	C
$10 > h \geq 5$	A	A	A	A	B
$15 > h \geq 10$	A	A	A	A	A
$20 > h \geq 15$	A	A	A	A	A
$h \geq 20$	A	A	A	A	A

Ⅱ类盾构法或顶管法地下结构安全保护等级（m）　　　　　　表 4.4-2

基坑开挖深度	$L_{wd} \leq 10$	$10 < L_{wd} \leq 15$	$15 < L_{wd} \leq 25$	$25 < L_{wd} \leq 40$	$L_{wd} > 40$
$h < 2$	B	B	C	C	C
$5 > h \geq 2$	A	A	B	C	C
$10 > h \geq 5$	A	A	A	B	C
$15 > h \geq 10$	A	A	A	A	B
$20 > h \geq 15$	A	A	A	A	A
$h \geq 20$	A	A	A	A	A

Ⅲ类盾构法或顶管法地下结构安全保护等级（m）　　　　　　表 4.4-3

基坑开挖深度	$L_{wd} \leq 10$	$10 < L_{wd} \leq 15$	$15 < L_{wd} \leq 25$	$25 < L_{wd} \leq 40$	$L_{wd} > 40$
$h < 2$	B	B	C	C	C
$5 > h \geq 2$	A	B	B	C	C
$10 > h \geq 5$	A	A	B	B	C
$15 > h \geq 10$	A	A	A	A	B
$20 > h \geq 15$	A	A	A	A	B
$h \geq 20$	A	A	A	A	A

Ⅳ类盾构法或顶管法地下结构安全保护等级（m）　　　　　　表 4.4-4

基坑开挖深度	$L_{wd} \leq 10$	$10 < L_{wd} \leq 15$	$15 < L_{wd} \leq 25$	$25 < L_{wd} \leq 40$	$L_{wd} > 40$
$h < 2$	B	C	C	C	C
$5 > h \geq 2$	A	B	C	C	C
$10 > h \geq 5$	A	A	B	C	C
$15 > h \geq 10$	A	A	A	B	C
$20 > h \geq 15$	A	A	A	A	B
$h \geq 20$	A	A	A	A	A

（2）符合下列条件之一时，以上表中的轨道交通结构安全保护等级应提高一级，保护等级为 A 级时不再提高：

1）地基条件以淤泥、松散的新填土为主。

2）基坑支护没有隔断承压水，而采取承压水降水措施。

（3）旁侧基坑开挖深度小于 15m 且基坑与轨道交通结构的最小水平净距 L_{wd} 大于 15m，符合下列条件之一时，轨道交通结构安全保护等级可降低一级采用，保护等级为 C

级时不再降低：

1）盾构法或顶管法地下结构以外的其他轨道交通结构。

2）地基条件以密实的粉砂土及碎石土、硬塑以上的黏性土以及岩石为主。

3）轨道交通结构的顶板埋深大于两倍旁侧基坑开挖深度。

（4）当地基条件以密实的粉砂土和碎石土，硬塑以上的黏性土以及岩石为主时，轨道交通结构安全保护等级可降低一级采用，保护等级为 C 级时不再降低。

2. 上方基坑

（1）上方基坑对轨道交通结构的安全保护等级可根据下列原则确定：

1）Ⅰ类盾构法或顶管法地下结构，卸荷比大于 0.1 或基坑开挖深度大于地下结构顶部埋深的 1/4 时。保护等级为 A 级；卸荷比小于 0.05 且基坑开挖深度小于地下结构顶部埋深的 1/8 时，保护等级为 C 级；除 A 级和 C 级以外的保护等级均为 B 级。

2）Ⅱ类盾构法或顶管法地下结构，卸荷比大于 0.11 或基坑开挖深度大于地下结构顶部埋深的 1/4 时。保护等级为 A 级；卸荷比小于 0.05 且基坑开挖深度小于地下结构顶部埋深的 1/8 时，保护等级为 C 级；除 A 级和 C 级以外的保护等级均为 B 级。

3）Ⅲ类盾构法或顶管法地下结构，卸荷比大于 0.12 或基坑开挖深度大于地下结构顶部埋深的 1/4 时。保护等级为 A 级；卸荷比小于 0.05 且基坑开挖深度小于地下结构顶部埋深的 1/8 时，保护等级为 C 级；除 A 级和 C 级以外的保护等级均为 B 级。

4）Ⅳ类盾构法或顶管法地下结构，卸荷比大于 0.15 或基坑开挖深度大于地下结构顶部埋深的 1/3 时。保护等级为 A 级；卸荷比小于 0.06 且基坑开挖深度小于地下结构顶部埋深的 1/5 时，保护等级为 C 级；除 A 级和 C 级以外的保护等级均为 B 级。

（2）其他结构在同样条件下的安全保护等级可降低一级采用，保护等级为 C 级时不再降低。

4.4.1.2　净距要求

邻近轨道交通设施的地下室基坑开挖深度越深、净距越小，则基坑施工引起的轨道交通设施变形越大。因此，目前较多邻近已建轨道交通设施基坑项目采取了邻地铁侧尽量不设置地下室或仅设置一层地下室的措施，以减少基坑施工期间引起的轨道交通设施变形，应用效果显著，产生了巨大的社会效益和经济效益。

对于旁侧基坑，安全评估过程中的常规原则是：基坑距离轨道交通设施盾构隧道的净距宜大于基坑开挖深度的 1.5 倍。

对于上方基坑，安全评估过程中的常规原则是：基坑坑底距离轨道交通设施盾构隧道的竖向净距宜大于 1.0 倍的盾构隧道直径，且根据卸荷比的大小确定保护措施。

4.4.1.3　其他要求

（1）基坑工程包括施工荷载、围护墙、土体加固、降水、土方开挖、拆除支撑、回填等诸多外部作业，因此外部基坑工程方案评价除了需对基坑与隧道的位置关系作出评判外，还需分析上述诸多外部作业对地铁设施的影响，主要包括以下内容：

1）基坑工程设计方案是否合理，基坑挖深，分坑面积，平剖面关系是否满足规范要求。

2）围护桩选型，插入深度，施工方法等能否尽量减少对地铁设施的影响。

3）截水帷幕选型，帷幕是否封闭，地铁侧帷幕插入深度，地铁侧坑外是否降水等。

4）土体加固应尽量远离地铁设施，且选择对地铁影响小的桩型。

5）支撑选型，支撑平剖面布置等是否合理，是否需要伺服系统。

6）土方分块开挖顺序，出土路线，沿地铁侧分段开挖长度，分块开挖高度是否满足要求。

7）开挖至支撑梁底/坑底，支撑/垫层/底板等部位浇筑时间是否满足要求。

8）支撑及分隔桩拆除方式，分段拆除距离，拆除顺序等。

9）施工场地应明确重车、临时设施、材料堆场等尽量远离地铁设施布置，控制上方荷载。

（2）当轨道交通安全保护等级为 A 级时，基坑支护设计应符合：

1）作用于围护墙的侧向土压力应采用静止土压力。

2）基坑开挖深度超过 10m，围护墙宜采用地下连续墙，并在平面上封闭设置，轨道交通结构侧宜采取槽壁加固措施；其中基坑位于软土地层，项目基坑边与地铁隧道距离不大于 25m，且基坑开挖深度超过 10m 时，主体基坑结构应采用地下连续墙，地下连续墙应采用质量可靠，扰动小的工艺进行槽壁加固。

3）地铁侧围护结构应紧贴地下室外墙布置，不得设置肥槽。

4）对盾构法或顶管法地下结构，不宜采取坑外降水措施。

5）截水帷幕应切断坑内外潜水的水力联系；当坑内进行承压水降水作业时，截水帷幕应切断坑内外承压水的水力联系。

6）软土地基中旁侧单体基坑采用钢支撑时，宜设置自动轴力补偿系统。

7）地铁侧基坑围护无支撑高度不应大于 7m。

（3）当轨道交通安全保护等级为 B 级时，基坑支护设计应符合下列要求：

1）作用于围护墙的侧向土压力宜采用静止土压力。

2）基坑开挖深度超过 12m，围护墙宜采用地下连续墙。

3）对盾构法或顶管法地下结构，不宜采取坑外降水措施。

（4）上方基坑坑底与盾构法或顶管法地下结构顶部的竖向净距不宜小于 0.5D（D 为地下结构外径或宽度），且不应小于 2m。当地质条件以软土为主时，对盾构法或顶管法地下结构上方平面尺寸较大的基坑，分坑措施应符合下列规定：

1）分坑后形成的单体基坑卸荷比，轨道交通结构安全保护等级为 A 级时不宜超过 0.2，B 级时不宜超过 0.3。

2）单体基坑沿轨道交通结构纵向的长度不宜超过地下结构顶部埋深。

（5）对盾构法或顶管法地下结构当采取地基土体加固措施时，应避免扰动地下结构周边原状土体，保持其结构性及强度，加固体与地下结构的水平及竖向净距均不宜小于 2m。

4.4.2 评估方法

外部基坑工程的评估首先要调研设计资料、地勘资料、建设时序和相对关系，区分影响对象和保护对象，再通过检测等方法查明需要保护的地铁设施现状，并根据地铁设施现状和定性定量分析结果提出控制标准和优化建议。

4.4.2.1 工程类比法

如表 4.4-5 所示的杭州邻近地铁基坑开挖统计，地铁设施距离基坑小于 1.0H（H 为基坑挖深）的工程，针对地铁的保护方案一般是采用地下连续墙＋支撑支护体系，基坑内被动区加固，同时靠近地铁侧的基坑采用分区、分层开挖。多个工程测得的地铁水平位移为 8.0～15.0mm。

地铁设施距离基坑 1.0～2.0H（H 为基坑挖深）的工程，针对地铁的保护方案一般是采用排桩/地下连续墙＋支撑支护体系，地铁水平位移为 4.0～10.0mm。

杭州邻近地铁基坑开挖统计　　　　　　　　　　　　　　表 4.4-5

序号	项目名称	基坑规模		支护形式	地铁设施与基坑距离	地铁侧监测结果			
		挖深(m)	长×宽(m)			围护结构(mm)	地铁设施		
							水平位移(mm)	竖向位移(mm)	收敛变形(mm)
1	杭政储出(2012)15号地块商业商务设施用房	10.2～12	10900m²	SMW工法桩＋2道混凝土支撑	地铁1号线盾构区间隧道/风井,30m/28m	14.22	3.81	−3.45	3.27
2	杭政储出(2013)39号地块商业商务用房(港龙城)	14.1～15.1	265×130	地下连续墙/钻孔灌注桩＋3道支撑	地铁1号线、地铁4号线彭埠站和区间隧道,16m	9.27	3.6	5.1	14.4
3	国大城市广场(杭州国际大厦改造项目)	28	120×65	地下连续墙＋5道混凝土支撑	地铁1号线区间隧道,24.6m	—	9.1	5.7	3.3
4	杭政储出(2013)103号地块商业金融兼容商务办公用房(横店集团大厦)	14.2	100×84	钻孔灌注桩＋3道混凝土支撑	地铁4号线区间隧道,15m(规划)	—			
5	湖滨15号龙翔里地块改造工程	9.8	143×86	地下连续墙＋2道混凝土支撑	地铁1号线龙翔桥站,0m	20	—	—	—
6	湖滨三期西湖电影院周边地块	15.4～17.8	82×57.6	地下连续墙(逆作法)	地铁1号线区间隧道,7.6m				
7	杭州嘉里中心	16.4～17.7	南区:230×240 北区:170×110	地下连续墙＋3道混凝土支撑	地铁1号线地铁车站,21m	24			
8	九堡中心单元文体中心	8.45～12.05	150×50	钻孔灌注桩＋2道混凝土支撑	地铁1号线区间隧道,20m				
9	杭政储出(2013)113号地块商业商务用房项目(金沙印象城)	19.3～20.7	145×146	地下连续墙/钻孔灌注桩＋3/4道混凝土支撑	地铁1号线高沙站及区间隧道,30～40m				
10	杭州理想银泰城	15～20	等边三角形,边长400	地下连续墙/钻孔灌注桩＋3/4道混凝土支撑	地铁1号线世纪大道站及区间隧道,9～12m	—	8.02	—	8.94

序号	项目名称	基坑规模		支护形式	地铁设施与基坑距离	地铁侧监测结果			
		挖深（m）	长×宽（m）			围护结构（mm）	地铁设施		
							水平位移（mm）	竖向位移（mm）	收敛变形（mm）
11	地铁1号线龙翔站上盖物业城市综合体	15.1	120×65	地下连续墙+3道支撑	地铁1号线龙翔站,11m	37.56	6~8	6~8	—
12	钱江世纪城H-14地块项目	12.6~13.7	151×75	钻孔灌注桩+1/2道混凝土支撑	地铁2号线盾构隧道,22m	21.95	3.2	−2.8	3.5
13	杭州地铁1号线工程七堡车辆段城市综合体核心区南区	7.9~19.8	170×95	地下连续墙+3道混凝土支撑	地铁1号线七堡站及区间隧道,3~4.4m	—	—	—	—
14	天城广场	17.6~18.5	198×95	地下连续墙+3道混凝土支撑	地铁1号线闸弄口站,7m	45			
15	萧山区科技创新中心	13.1~17.8	—	双排钻孔灌注桩+3道混凝土支撑	地铁2号线区间隧道,22~50m				
16	萧政储出(2013)37地块(华润万象汇)	14.6~15.6	350×122	地下连续墙/钻孔灌注桩+3道混凝土支撑	地铁2号线人民广场站及区间隧道,3.6~13m	—	—	—	—
17	萧政储出(2013)48号地块(阳光城二期)	6.0~12.5	300×185	钻孔灌注桩+1道混凝土支撑	地铁1号线区间隧道,15~50m	—	—	—	—
18	耀江·文鼎苑古墩路公建	8.9~9.7	250×40	钻孔灌注桩+2道混凝土支撑	地铁2号线三坝站及区间隧道,20m	—	—	—	—
19	余政储出（2013）78号地块	4.45~5.45	250×250	双排钻孔灌注桩	地铁2号线新月路站及区间隧道,8m（规划）	—	—	—	—
20	杭州市九沙河河道与地铁1号线节点工程	5.2~6.35	320×30	抗拔桩+水泥土搅拌桩加固	地铁1号线区间隧道,3m	—	—	—	—
21	杭州市下沙金沙湖城市开挖	2.2~10.5 5.30~17.6	—	科技通道及下沉式广场:放坡开挖+水泥土搅拌桩加固幸福路隧道:放坡开挖或SMW工法桩+1道支撑	地铁1号线区间隧道,5.8m、3.17~5.98m、6.89~7.49m	—	—	8	—

续表

序号	项目名称	基坑规模		支护形式	地铁设施与基坑距离	地铁侧监测结果			
		挖深（m）	长×宽（m）			围护结构（mm）	地铁设施		
							水平位移（mm）	竖向位移（mm）	收敛变形（mm）
22	彭埠单元 C2-30 地块	12.95～16.2	—	地下连续墙/钻孔灌注桩＋3道混凝土支撑	地铁1号、4号线区间隧道,9～35.8m	—	—	—	—
23	杭政储出(2011)3号地块	8.9～9.5	300×90	钻孔灌注桩＋1道混凝土支撑	地铁1号线区间隧道,9.1～9.9m	—	2.90	3.89	—
24	萧山区彩虹大道新建工程	12	500×28.8	地下连续墙/钻孔灌注桩＋2道混凝土支撑	地铁2号线区间隧道,2.4m	—	—	—	—
25	杭政储出(2011)43号地块商业金融业用房工程（地铁1号线武林广场站上盖物业综合体项目）	28.8	176×94	地下连续墙＋逆作法	地铁1号线区间隧道,6.2～6.48m	—	—	—	—
26	杭州市铁路东站西广场	9.6	343×86.2	钻孔灌注桩＋2道支撑	地铁1号、4号线区间隧道,6.73m	—	—	—	—
27	九沙大道跨运河二通道桥梁及接线工程	6.3	67×26	SMW工法桩＋2道混凝土支撑	地铁1号线区间隧道,7.2m	—	—	—	—
28	钱江世纪城东方国际 H-13 地块	14.4	132×85	钻孔灌注桩＋2道混凝土支撑	地铁2号线区间隧道,29.88m	—	—	—	—
29	武林广场地下商场	23～273	190×220	地下连续墙＋逆作法	地铁1号、3号线区间隧道,7.2m	—	4.4	5.9	3.5
30	萧储(2010)19号商服项目	8.15～9.45	147×83	钻孔灌注桩＋2道支撑	地铁2号线区间隧道,9.17～15.5m	—	—	—	—
31	萧政储出(2014)8号地块	7.3～11.8	232×104	钻孔灌注桩＋2道支撑	地铁2号线区间隧道,15.6m	—	4.8	2.65	5.0
32	余政储出(2013)105号地块	6.1～10.5	东侧:140×36 西侧:180×70	钻孔灌注桩/SMW工法桩＋1/2道支撑	地铁1号线区间隧道,9.13～10.63m	—	—	—	—

4.4.2.2　基坑工程数值计算分析法

常规软件模型种类统计见表 4.4-6。

常规软件模型种类统计 表 4.4-6

序号	软件名称		模型种类									
			1	2	3	4	5	6	7	8	9	10
1	有限元	PLAXIS 8.5	线弹性	M-C	××	修正剑桥	HS	HS small	××	××	节理岩体	其他模型
2		PLAXIS 2013-2D	线弹性	M-C	××	修正剑桥	土体硬化	小应变硬化	霍克-布朗	××	节理岩体	其他模型
3		PLAXIS 2013-3D	线弹性	M-C	××	修正剑桥	土体硬化	小应变硬化	霍克-布朗	××	节理岩体	其他模型
4		ABAQUS	线弹性	M-C	D-P	修正剑桥	××	××	××	××	××	其他模型
5		MIDAS GTS	线弹性	M-C	D-P	修正剑桥	修正 M-C		邓肯-张	霍尔-布朗	节理岩体	其他模型
6		ANSYS	线弹性	××	D-P	××	××	××	××	××	××	其他模型
7	差分	FLAC	线弹性	M-C	D-P	修正剑桥	××	××	××	霍克-布朗	××	其他模型

注：××指无对应模型，但提供平台可开发，D-P 为 Drucker-Prager，M-C 为非线性弹性，另外使用较多的还有 ZSOIL 软件。

基坑工程数值计算分析的步骤包括建立模型、计算参数、施工步序、计算结果和结果分析等，要点如下：

（1）建立模型：根据相对关系和工程实际确定模型尺寸和边界条件，模型尺寸可根据相对关系概化，但边界条件需满足圣维南定理，消除边界对计算结果的影响。

（2）计算参数：根据地勘、本构和经验设置土层参数，土体本构一般采用小应变硬土模型（HSS）。隧道衬砌，明挖法地下结构和围护，端头加固围护等采用弹性模型，根据构件形式分别采用板单元（壳单元）、梁单元、植入式梁单元（锚杆单元）和桩单元等。

（3）施工步序：地铁既有结构生成（位移清零）；围护桩施工；土方开挖，浇筑支撑，降水等交错进行；底板浇筑；拆换撑；覆土回填。

（4）有限元分析结果的输出：数值模拟主要计算各分阶段施工对轨道交通设施的影响，包括围护结构施工、土方开挖、降水、拆换撑阶段等。轨道交通设施分析结果主要有水平位移、竖向位移、收敛变形等。

数值计算分析过程如图 4.4-1～图 4.4-5 所示。

4.4.3 加强措施

4.4.3.1 时间空间效应

（1）基坑具有明显的三维空间效应，地铁侧的单坑面积尺寸应严格满足规范的要求。在单坑尺寸满足要求的前提下，仍出现地铁设施变形报警的情况，可采取增加地中壁，土方分块开挖/底板分块浇筑等方式减少地铁设施变形。

（2）基坑变形除空间尺寸影响较大，时间因素也有较大影响，不仅需要尽量加快土方

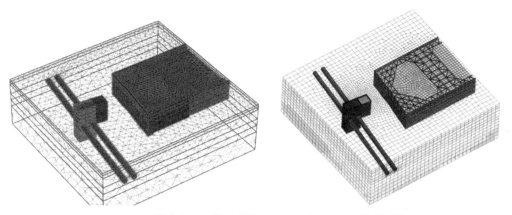

图 4.4-1　模型建立（分别采用 PLAXIS 和 MIDAS 软件建模）

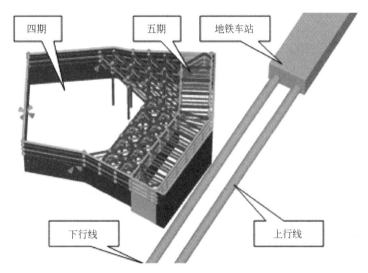

图 4.4-2　模型建立（采用 PLAXIS 软件建模）

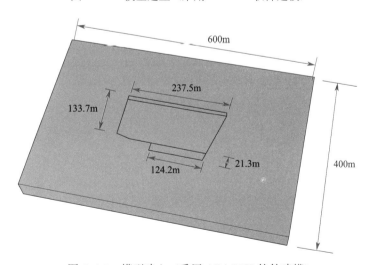

图 4.4-3　模型建立（采用 ABAQUS 软件建模）

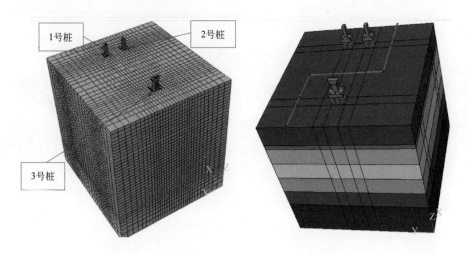

图 4.4-3　模型建立（采用 ABAQUS 软件建模）（续）

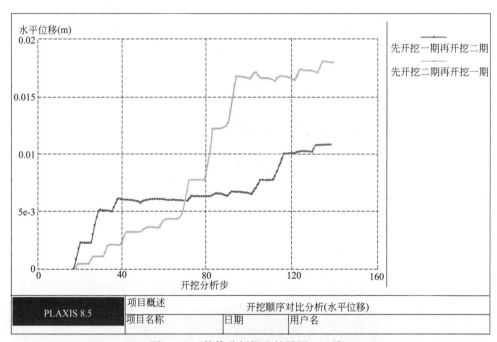

图 4.4-4　数值分析提取结果图（二维）

开挖速度，当开挖至支撑梁底及坑底，还需要及时施工支撑梁/垫层/底板。当围护桩/截水帷幕距离地铁较近时，应严格采用跳打法施工。

（3）基坑的三维空间效应的特点可以归纳如下：

1）基坑由于角隅效应，靠近基坑角部的变形始终较小。

2）一般情况下，基坑的平面尺寸越小，基坑中部的变形受到角隅效应的影响越明显，变形越小。

3）开挖深度越深，基坑的角隅效应越明显，基坑变形会越小，靠近基坑角部时位移衰减的幅度越大。

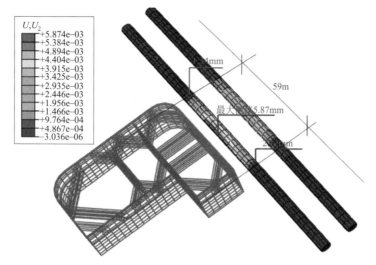

图 4.4-5　数值分析提取结果图（三维）

4）当下卧硬土层距坑底的距离较大时，二维计算结果会比三维计算结果过高地估计基坑变形。而当硬土层位于或接近于坑底时，二维和三维在基坑长边中部的计算结果会较为接近。

5）当基坑的边长与开挖深度比（L/H）越小时，对于基坑中部截面的变形二维计算的结果比三维计算结果大，而三维计算结果更能真实地反映基坑变形。

（4）基坑的时间效应

在软黏土地基中进行的深基坑开挖的工程具有时间效应，开挖期间基坑性状的改变是由开挖卸载所致，而开挖间歇期内的变化一般是由于土体的固结和蠕变所引起的。

在黏性土的深基坑施工中，周围土体均达到一定的应力水平，还有部分区域成为塑性区。由于黏性土的流变性，土体在相对稳定的状态下随暴露时间的延长而产生移动是不可避免的，特别是剪应力水平较高的部位，如在坑底下墙内被动区和墙底下的土体滑动面，都会因坑底暴露时间过长而产生相当的位移，以至引起地面沉降的增大。特别要注意的是每道支撑挖出槽以后，如延搁支撑安装时间，就必然增加墙体变形和相应的地面沉降。在开挖到设计坑底标高后，如不及时浇筑好底板，使基坑长时间暴露，则因黏性土的流变性亦将增大墙体被动土压力区的土体位移和墙外土体向坑内的位移，因而增加地表沉降，雨天尤甚。

4.4.3.2　土体改良

为了增强基坑支护体系的稳定性，控制基坑的变形。地铁侧基坑通常要进行基坑土体加固。基坑土体加固通常采用水泥土搅拌桩、高压旋喷桩、注浆、降水等方法。其中基坑被动区加固的范围一般从第一道支撑底至开挖面以下一定深度。

4.4.3.3　退让减层

基坑施工不仅会导致围护结构侧向变形，地表沉降、水位变化、坑底隆起而且会导致基坑所在区域的土体应力位移场发生变化，再平衡时间较长，尤其当工程地质条件以软土为主时，该现象更为明显，因此需尽量平衡挖深与净距的关系，地铁设施宜在距基坑坑边 1.0～1.5h 的范围外。

1. 案例一

某地块紧邻轨道交通设施区间隧道、风井和风亭，原方案基坑距风井附属结构最近 15.9m，约为基坑深度的 2.6 倍，距盾构隧道最近 22.7m，约为基坑深度的 3.7 倍。

考虑到轨道交通设施区间盾构状态欠佳，为减少对轨道交通设施的影响，安全评估单位建议业主对基坑进行退让处理，调整后的方案距离盾构隧道最近约51.8m，约为基坑开挖深度的3.6倍。基坑距离风井最近约50.0m，约为基坑开挖深度的3.5倍。基坑距离风井附属结构的风亭最近约33.4m，约为基坑开挖深度的2.3倍。案例一基坑初始方案如图4.4-6所示、案例一退让后的方案如图4.4-7所示。

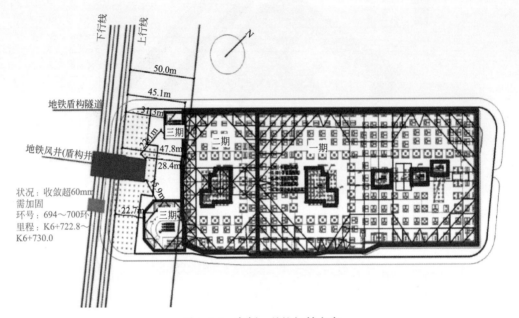

图 4.4-6 案例一基坑初始方案

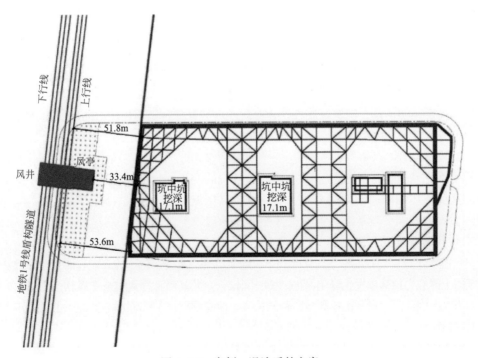

图 4.4-7 案例一退让后的方案

2. 案例二

萧山某项目，地下室为地下三层（局部邻地铁车站位置，为进一步保护地铁安全，施工过程中减为两层），开挖深度为 15.2～15.8m（局部浅层位置挖深约 11.0m），基坑方案中设置分隔墙将基坑化大为小。邻地铁隧道侧（办公塔楼 A 楼范围）为 A 区，剩余范围为 B 区，基坑围护结构信息如表 4.4-7 所示。

基坑围护结构信息　　　　　　　　　　　表 4.4-7

分区	基坑周长(m)	基坑面积(m²)	围护结构(mm)	支撑系统
A 区	294	5000(约 70m×70m)	800mm 厚地下连续墙＋隔离桩	3 道钢筋混凝土支撑
B 区	908	30000(约 341m×120m)	φ1000@1300 钻孔灌注桩	2 至 3 道钢筋混凝土支撑

（1）基坑与隧道：隧道中心线埋深约 14.3m，隧道结构外边线距离本项目基坑外边线最近约 13.0m。

（2）基坑与车站：人民广场站底板底埋深约 18.1m，车站主体结构距离本项目基坑围护外边线最近约 25.0m。

（3）基坑与附属结构：3 号风亭结构埋深 12.3m，基坑距离 3 号风亭结构约 5.7m，距离 2 号出入口（即 A 出入口）约 4.0m。

局部邻近地铁设施的原设计为地下 3 层，为减少对地铁设施的影响，施工过程中为保护地铁安全，减为地下二层，案例二基坑平面位置如图 4.4-8 所示。

图 4.4-8　案例二基坑平面位置

3. 案例三

某项目基坑形状大体呈三角形，边长 400m，基坑总周长约为 1230m，总面积约为 71500m²，地下室采用钻孔灌注桩的基础形式。

住宅部分为一期，基坑开挖深度约为 10.0m；商业部分二期、三期、四期基坑开挖深度为 15.6～17.4m，局部坑中坑深 23.0m；五期开挖深度为 7.4～16.1m。

理想银泰城基坑邻近地铁车站位置（二期）围护体系采用 φ800 钻孔灌注桩＋三道钢筋混凝土内支撑。

邻近地铁隧道位置（三期、五期）围护体系采用 800mm 厚地下连续墙＋三道钢筋混凝土内支撑＋直径 900mm 间距 1100mm 的隔离桩，案例三基坑平面位置如图 4.4-9 所示。

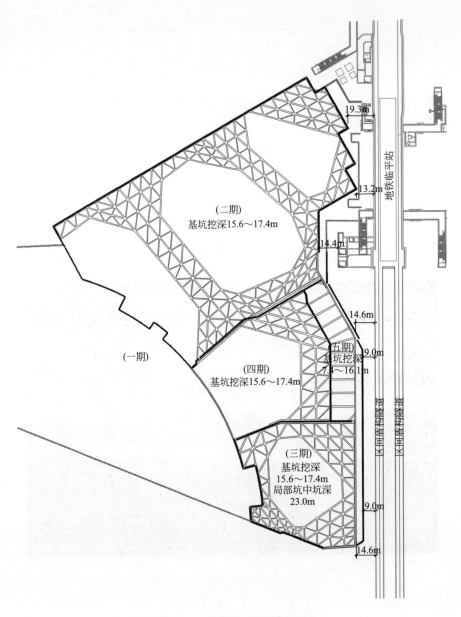

图 4.4-9　案例三基坑平面位置

4.5　外部隧道工程评估要点

4.5.1　一般要求

在轨道交通控制保护区内实施的隧道工程（含盾构法、顶管法和矿山法等）为外部隧道工程，可分为穿越隧道和并行隧道。其中，在轨道交通特别保护区内实施的外部隧道工程为穿越隧道工程，在轨道交通特别保护区外且在控制保护区内实施的外部隧道工程为并行隧道工程。

外部隧道工程的评估首先要根据设计资料、地勘资料和相对关系，区分影响对象和保护对象。一般情况下根据外部隧道工程的评估，影响对象主要包括端头加固和隧道施工，根据实际情况可能还有地下清障、预先加固、注浆补强和中途换刀等。

外部隧道工程的评估分析主要是根据设计资料、既有设施状况和地勘资料，明确设计施工的风险点，采用工程类比和数值分析手段，分析量化影响程度，从而提出减少风险的措施手段。外部隧道工程的影响量化和控制关键在于建立工程类比、数值分析、现场试验、现场监测和现场施工参数之间的关联关系，现场施工单位可以据此控制参数和减小风险，外部隧道工程评估量化和控制技术路线图如图 4.5-1 所示。

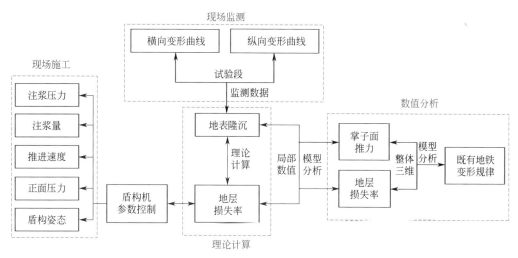

图 4.5-1　外部隧道工程评估量化和控制技术路线图

4.5.1.1　保护等级

穿越隧道对轨道交通的安全保护等级应为 A 级，并行隧道的轨道交通结构安全保护等级，应参考表 4.5-1～表 4.5-3 进行。

Ⅰ类盾构法或顶管法轨道交通结构安全保护等级　　　　表 4.5-1

Δh（m）	$L_d \leqslant (D+d)$	$(D+d) < L_d \leqslant 2(D+d)$	$2(D+d) < L_d \leqslant 3(D+d)$	$L_d > 3(D+d)$
$\Delta h > D^*$	A	B	B	C
$D^* \geqslant \Delta h > 0$	A	A	B	B
$0 \geqslant \Delta h > -(D+d)$	A	A	A	B
$-(D+d) \geqslant \Delta h$	A	A	B	B

Ⅱ及Ⅲ类盾构法或顶管法轨道交通结构安全保护等级　　　　　　表 4.5-2

Δh（m）	$L_d \leqslant (D+d)$	$(D+d) < L_d \leqslant 2(D+d)$	$2(D+d) < L_d \leqslant 3(D+d)$	$L_d > 3(D+d)$
$\Delta h > D^*$	A	B	C	C
$D^* \geqslant \Delta h > 0$	A	A	B	C
$0 \geqslant \Delta h > -(D+d)$	A	A	A	B
$-(D+d) \geqslant \Delta h$	A	A	B	B

Ⅳ类盾构法或顶管法轨道交通结构安全保护等级　　　　　　表 4.5-3

Δh（m）	$L_d \leqslant (D+d)$	$(D+d) < L_d \leqslant 2(D+d)$	$2(D+d) < L_d \leqslant 3(D+d)$	$L_d > 3(D+d)$
$\Delta h > D^*$	A	B	C	C
$D^* \geqslant \Delta h > 0$	A	A	B	C
$0 \geqslant \Delta h > -(D+d)$	A	A	B	C
$-(D+d) \geqslant \Delta h$	A	A	B	C

注：1. 表中 Δh 为并行隧道与既有盾构法或顶管法地下结构的竖向净距（m），数值为正时表示并行隧道位于既有盾构法或顶管法地下结构上方，数值为负时表示并行隧道位于既有盾构法或顶管法地下结构下方，数值为零时，表示并行隧道与既有盾构法或顶管法地下结构在竖向标高上部分重合；L_d 为并行隧道与既有盾构法或顶管法地下结构的水平净距（m）；d 为外部隧道外径（m），D 为既有盾构法或顶管法地下结构的外径或宽度（m），D^* 为 D 与 d 较大值。

2. 其他结构在同样条件下的安全保护等级可降低一级采用，保护等级为 C 级时不再降低。当地基条件以淤泥、松散的新填土等为主时，保护等级应提高一级，保护等级为 A 级时不再提高。

4.5.1.2　净距要求

根据安全状况和保护等级，外部隧道工程应满足一定的净距要求，具体如下：

（1）外部隧道工程采用矿山法施工时，对软弱地层，宜对开挖全断面及周边不小于 2m 范围内的土体进行加固处理；采用管幕法进行初期支护时，应严格控制钢管定向钻进的施工精度，并在管幕外侧跟进注浆回填，补偿地层松弛变形；开挖阶段应合理布设开挖导洞，安排施工步序，预先采取地下水处理措施，避免流砂和管涌。

（2）穿越区段隧道不宜采用小半径曲线线形；隧道穿越既有盾构法或顶管法地下结构时，应符合下列规定：

1）二者的竖向净距不宜小于 $0.5D^*$（D^* 为外部隧道外径与既有盾构法或顶管法地下结构外径或宽度的较大值）；

2）有条件时宜选择从既有盾构法或顶管法地下结构上部穿越。

（3）隧道穿越高架车站及区间、地面车站及区间时，隧道与轨道交通结构的桩基净距不宜小于 2.0m。

4.5.1.3　其他要求

（1）外部隧道工程采用盾构法或顶管法施工时，应遵循微扰动掘进的原则，并符合下列规定：工作井宜设置于轨道交通控制保护区之外，当位于控制保护区之内时，应采取可靠的进出洞加固措施；掘进时应保持稳定姿态，避免过大纠偏；稳定刀盘的正面压力，保持土仓压力与开挖地层压力的相对平衡；同步注浆应遵循多点同时压注、实时、适量注浆原则，注浆压力与地层压力应保持相对平衡；浆液配比应根据地层特点及工程经验选取，浆液的早期强度可根据需要合理提高；及时进行衬砌环壁后的二次注浆，减少后续变形；轨道交通结构的安全保护等级为 A 级时，隧道管片应预先增设注浆孔。

（2）并行隧道工程在软弱地层中且轨道交通结构的安全保护等级为 A 级时，宜采取设置隔离桩、地基加固等措施，减少并行隧道施工对轨道交通结构的不利影响，不宜采用矿山法施工。轨道交通结构的安全保护等级为 B 级，采用矿山法施工时，不宜采用冻结法加固地层；采用冻结法加固地层时，应采取措施减少地层冻胀、融沉对轨道交通结构产生的不利影响。

（3）外部隧道工程对轨道交通结构的安全保护等级为 A 级时，宜在轨道交通运营收车时段停运期间连续、匀速施工；当在轨道交通运营行车时段施工时，轨道交通应采取限速运营措施。

（4）轨道交通保护区内外部隧道工程施工前，应进行试验性施工，试验段长度不宜小于 50m，据此确定施工设备、施工工艺和施工参数。

（5）外部隧道工程采用矿山法施工时，应符合下列规定：对软弱地层，宜对开挖全断面及周边不小于 2m 范围内的土体进行加固处理；采用管幕法进行初期支护时，应严格控制钢管定向钻进的施工精度，并在管幕外侧跟进注浆回填，补偿地层松弛变形；开挖阶段应合理布设开挖导洞，安排施工步序，预先采取地下水处理措施，避免流砂和管涌。

（6）穿越区段隧道不宜采用小半径曲线线形，隧道穿越既有盾构法或顶管法地下结构时，应符合下列规定：二者的竖向净距不宜小于 $0.5D^*$（D^* 为外部隧道外径与既有盾构法或顶管法地下结构外径或宽度的较大值）；有条件时宜选择从既有盾构法或顶管法地下结构上部穿越。

（7）隧道穿越高架车站及区间、地面车站及区间时，应符合下列规定：优化隧道的平面线形布置，隧道与轨道交通结构的桩基净距不宜小于 2.0m；对软弱地层，可采取地基预加固措施减少穿越施工时对轨道交通结构地基基础承载力的不利影响。

（8）采用矿山法穿越施工时，不应采用冻结法加固地层；初期支护宜采用拼装式钢架结合喷射混凝土。不宜采用顶管法下穿既有盾构法或顶管法地下结构。

4.5.2　评估方法

外部隧道工程评估分析首先要明确外部作业和影响对象，分析要点、明确技术路线和开展影响分析，影响评估的手段主要有工程类比和数值计算，评估阶段主要以工程类比和数值计算为主，数值计算可按实际工程采用局部模型、整体模型和两者兼顾。

外部隧道工程的评估首先要根据设计资料、地勘资料和相对关系，区分影响对象和保护对象。一般情况下根据外部隧道工程的评估，影响对象主要包括端头加固和隧道施工，根据实际情况可能还有地下清障、预先加固、注浆补强和中途换刀等。

外部隧道工程的评估分析主要是根据设计资料、既有设施状况和地勘资料，明确设计施工的风险点，采用工程类比和数值分析手段，分析量化影响程度，从而提出减少风险的措施手段。

因外部隧道工程在通过既有地铁设施的控制保护区时停机造成的风险大，因此外部隧道工程的影响量化和控制关键在于建立工程类比、数值分析、现场试验、现场监测和现场施工参数之间的关联关系，施工单位可以据此控制参数和减小风险。

4.5.2.1 工程类比法

工程类比分析是外部隧道工程评估分析的重要手段，根据类似的案例和经验，可以为设计参数、设备选型、施工参数和控制措施等提供依据。

根据杭州地区已有外部隧道工程，工程地质主要为淤泥质土为主的软土地层，砂质粉土为主的粉砂地层，粉质黏土为主的黏土层；作业类型主要包括了盾构法、顶管法、矿山法和非开挖技术；作业净距主要包括了上穿、下穿和并行施工；保护对象主要包括明挖法地下结构、隧道法地下结构（盾构及顶管），矿山法地下结构和地面高架等结构。

工程地质、作业类型、作业净距和保护对象的不同决定了外部穿越隧道施工影响会不同，如砂质粉土为主的粉砂地层的外部隧道工程要特别注意水的问题，风险分析、影响量化和设备选项中均要关注对水的适应性。

杭州软土地区盾构下穿既有隧道变形概况见表 4.5-4，经过总结分析发现控制外部隧道工程引起的工后沉降是工程的关键，也是评估分析的关键。

杭州软土地区盾构下穿既有隧道变形概况 表 4.5-4

序号	项目名称	项目概况	下穿净距	穿越期沉降	工后沉降
1	地铁 2 号线下穿地铁 1 号线	外径 6.2m，顶埋深 18.2m；淤泥质黏土和粉质黏土	2.5m	管棚施工 2.8mm 隆起 17.5mm 后沉降 −5.5mm	工后总沉降量约 −30mm
2	地铁 4 号线下穿地铁 1 号线	外径 6.2m，顶埋深 18~25m；淤泥质粉质黏土和黏土	2.1m	隆起 5.1mm 后沉降 −2.2mm	工后总沉降量约 −20mm
3	文一路隧道下穿地铁 2 号线	外径 11.4m，顶埋深 22m；淤泥质黏土和黏土	5.3m	隆起 3.5mm 后沉降 −2.9mm	工后总沉降量约 −20mm
4	地铁 5 号线下穿地铁 1 号线	外径 6.2m，顶埋深 26.5m；淤泥质土和黏土	3.1m	隆起约 5mm	MJS 工法桩预加固工后沉降量约 3.9mm
5	环城北路下穿地铁 2 号线	环城北路隧道外径 13.46m，地铁 2 号线外径 6.2m，地铁 2 号线顶部埋深约 10m；粉土、淤泥质土	3.5m	4~6mm	工后总沉降量约 11.3mm

4.5.2.2 数值分析法

外部隧道工程的数值计算分析可采用有限元法（FEM）和有限差分法（FDM），对于岩土体颗粒间性质的模拟可采用离散元法（DEM）分析，采用的数值计算软件有 PLAXIS 3D、MIDAS GTS、FLAC 3D、ABAQUES 和 COMSOL 等。

数值计算分析应结合工程的特点和影响因素开展局部模型和整体模型，局部模型可侧重于穿越节点、端头加固或预先加固节点影响的分析，整体模型则主要分析外部隧道施工整体影响。对于新型外部隧道工程（如类矩形盾构、双圆盾构或管幕顶管法等），也可根据现场施工关键参数开展参数影响性分析，以此建立关联关系指导现场施工。

外部隧道工程数值计算分析的步骤包括建立模型、计算参数、施工步序、计算结果和结果分析等，要点如下：

（1）建立模型：根据相对关系和工程实际确定模型尺寸和边界条件，模型尺寸可根据相对关系概化，但边界条件需满足圣维南定理，消除边界对计算结果的影响。

（2）计算参数：根据地勘、本构和经验设置土层参数，土体本构可采用小应变硬土模型（HSS）、修正剑桥模型（MCC）和修正莫尔库伦模型，对于岩层也可考虑采用摩尔库伦模型。隧道衬砌，明挖法地下结构和围护，端头加固围护等采用弹性模型，根据构件形式分别采用板单元（壳单元）、梁单元、植入式梁单元（锚杆单元）和桩单元等。

外部隧道施工，若采用PLAXIS 3D计算的可根据盾构隧道尺寸关系、设计要求和施工要求设置地层损失率，一般情况为0.2%～1.0%；其他计算软件得根据施工进程设应力释放率。顶推力的设置应根据外部隧道埋深设置，可按其静止土压力的1.1～1.5倍沿掌子面设梯形荷载。对于衬砌、设备和注浆产生的效果也可通过荷载等效，土体收缩和膨胀来模拟。

（3）施工步序：根据建设内容先后顺序设置计算步骤。

（4）计算结果：结合施工步序获取各个施工阶段的变形模拟结果。

（5）结果分析：根据局部模型量化关键节点的影响，根据整体模型计算结果量化项目施工的影响，根据参数分析计算，建立与施工的关系。

下面以杭州地铁某号线二期外部隧道工程的数值分析为例，分别采用FLAC 3D和MIDAS GTS计算，根据相对关系进行平行和进洞段节点、穿越节点和整体模型计算，对掌子面和应力释放率的影响进行了参数分析，建立的模型见图4.5-2、图4.5-3。

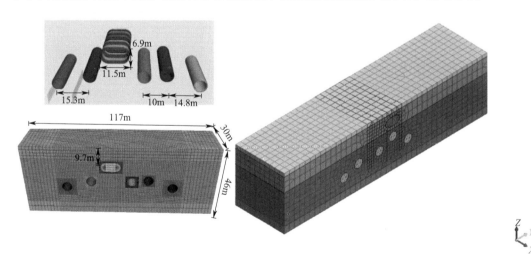

图4.5-2　局部计算模型图（1）

4.5.3　加强措施

1. 主动防护

针对外部隧道工程影响较大的项目应结合工程实际、工期计划和设计条件，对既有地铁设施采取主动防护措施，目前常见的主动防护措施有：

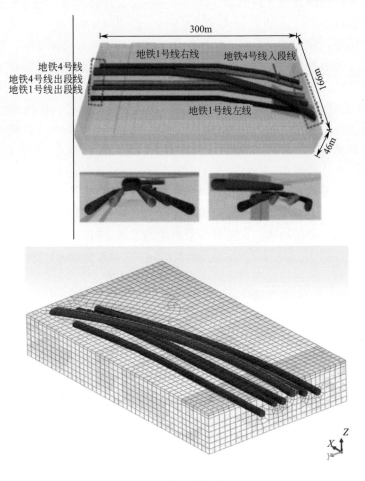

图 4.5-3　局部计算模型图（2）

（1）预先加固

下穿已运营既有设施时，受运营限制，洞内注浆加固等措施实施难度较大，可以对既有设施采用 MJS 工法桩预先加固。MJS 工法桩预先加固具有地层扰动小、定向摆喷和压力可控等特点，作为对既有地铁设施的主动加固措施，一方面直接将软弱土进行硬化，极大降低其变形能力；另一方面隔离和约束既有设施底部未加固土体，减小其变形空间。

（2）刚度增强

针对既有设施状态条件较差的外部隧道施工可根据实际情况对其进行刚度增强，常见的措施包括钢环加固，设临时支撑或临时压重等措施。

（3）动态注浆

在既有盾构隧道状态较差的条件下，可以采用对运营隧道开展洞内注浆加固的措施来提升既有隧道的状态。也可以对拟建设施进行同步注浆、二次注浆或微扰动注浆来改善夹心土的性质，从而减小施工的影响。

杭州某号线穿越运营区间隧道前对既有隧道采用 MJS 工法桩加固结合动态注浆，MJS 工法桩直径为 2800mm，间距为 2000mm；其中靠近既有隧道的 4 排 MJS 工法桩采用下部全圆喷浆，上部采用半圆喷浆；加固深度为既有隧道顶至隧道底以下 2.7m（桩底距新建隧道 0.5m），加固土体的 28d 强度不小于 1.0MPa，平面相对关系图如图 4.5-4 所示、剖面相对关系图如图 4.5-5 所示。

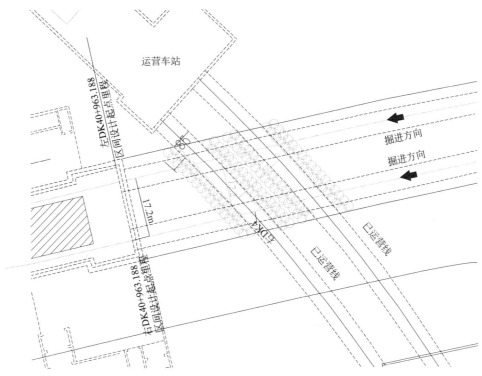

图 4.5-4　平面相对关系图

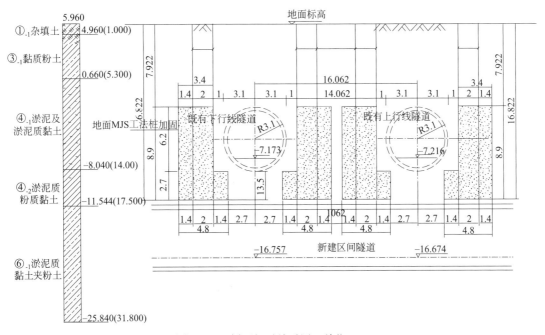

图 4.5-5　剖面相对关系图（单位：m）

　　根据现场监测结果，MJS 工法桩施工引起既有隧道的沉降均控制在 2mm 以内，隧道结构收敛控制在 1mm 左右，隧道穿越施工后的变形在 ±5.0mm 内。

　　2. 工法比选

　　经过设计评估，风险较大的外部隧道工程，可根据施工单位的技术水平、工程案例和专家咨询意见进行工法比选，选择影响较小的盾构法和顶管法等。对于新型的工法或者风险较大的工法可以结合试验段的成果进行选择。

　　杭州新建地铁某号线穿越既有车站，既有车站为地下两层岛式车站，主体结构为双层三跨矩形框架结构；新建设施为地下三层岛式车站，两者平面、剖面相对关系图如图 4.5-6、图 4.5-7 所示。场地地层从上而下为填土、粉质黏土、砂质粉土、粉质黏土夹粉土、淤泥质粉质黏土、粉质黏土、砾砂和圆砾，穿越所处地层为粉质黏土。

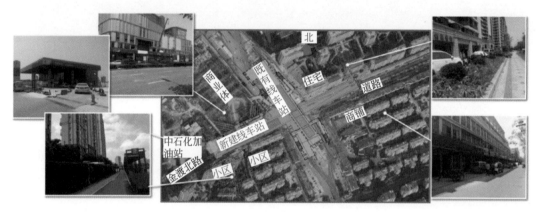

图 4.5-6　平面相对关系图

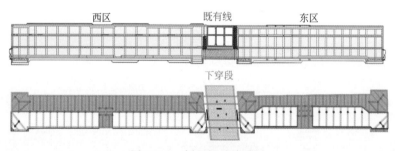

图 4.5-7　剖面相对关系图

　　原设计方案采用加固矿山法开挖，施工单位结合自身设备和施工经验，与建设单位、设计单位和专家组讨论后决定采用盾构法施工。根据现场监测结果，盾构法隧道穿越施工后的变形在 ±10.0mm 内。

　　3. 设备选型

　　外部隧道施工中设备对项目施工的影响有重要的作用，设备选型主要依据工程勘察报告、隧道设计、施工规范及相关标准，对盾构类型、驱动方式、功能要求、主要技术参数、辅助设备的配置等进行研究，从安全性、可靠性、适用性、先进性、经济性等方面综合考虑，所选择的机型应能尽量减少辅助施工并能保持开挖面稳定和适应围岩条件，同时应参考国内外已有工程实例，选择最佳的施工方法和最适宜的设备。

福州市某新建区间隧道，隧道两端均为软土地质，中段地质为硬岩地质，硬岩段长达 1300 多米，途中需穿越全断面微风化熔结凝灰岩，该段岩层强度极高。施工单位根据以往施工经验，单一模式盾构机无法满足软硬交替变化地层的施工需求，与建设单位、设计单位和专家组讨论后决定采用双模盾构机（EPB/TBM）施工。该盾构机体的"土压平衡"模式能在软土地层及上软下硬地层掘进，"硬岩掘进"模式又能在长距离超硬岩地层内实现高效破岩掘进，该工法大幅节省了人力、物力，缩短了工期。

第 5 章

城市轨道交通保护区内建设项目的施工要求及案例

5.1 地铁保护专项施工组织设计

5.1.1 前序附文

除一般性施工组织设计所需要的内容外，地铁保护专项施工组织设计编写前，需列明地铁保护专项施工组织设计方案编制依据，并对前序环节的各项成果文件深入了解。具体包含：

（1）轨道交通建设和运营单位对项目具体要求。

（2）设计方案中对地铁保护的具体要求。

（3）设计方案专家论证意见和意见回复。

（4）地铁保护安评报告对地铁保护施工部分的具体要求。

（5）地铁保护安全评估专家论证意见和意见回复。

5.1.2 工程概况

1. 地铁设施现状

应对地铁设施现状进行详细描述，包括：

（1）通过拟建项目与地铁设施的俯视图（图 5.1-1）、平面位置关系图（图 5.1-2）、剖面位置关系图（图 5.1-3），描述地铁设施（隧道、主体车站、附属结构等）与拟建项目的相对关系、建造工艺、埋置深度及水文地质条件。

（2）对在建地铁设施，应充分了解地铁设施施工进度与拟建项目施工进度的关系，当拟建项目的建设周期跨越了地铁设施的建设期和运营期，拟建项目在实施过程中应及时关注地铁设施所处的状态，主动上报项目进展情况。

（3）对已建地铁设施，应详细描述其目前状态，隧道现状资料，如图 5.1-4、图 5.1-5 所示，包括变形、沉降、收敛、裂缝、渗漏水、漏砂、漏泥、有无注浆加固、有无钢环加固、是否采用冻结法、后续地铁维保计划等。

（4）地铁安全保护区的管理规定与要求，拟建项目所涉及的地铁保护等级与具体要求。

图 5.1-1　俯视图

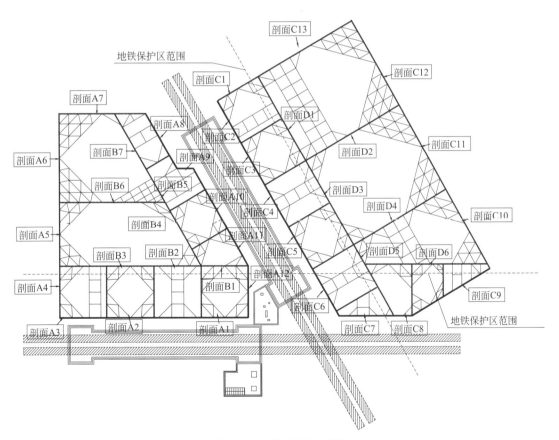

图 5.1-2　平面位置关系图

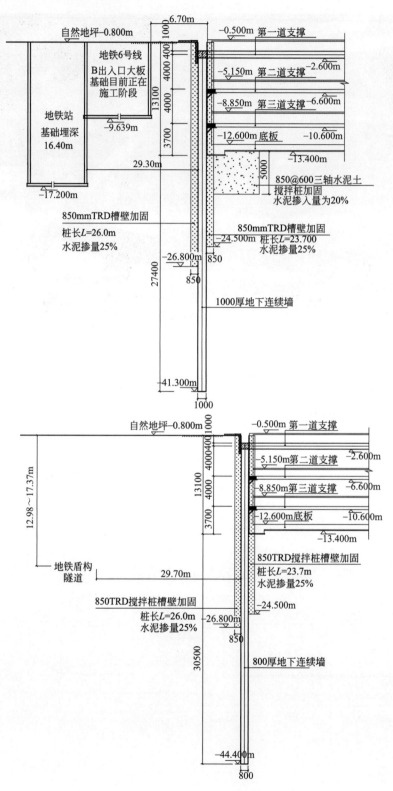

图 5.1-3　剖面位置关系图

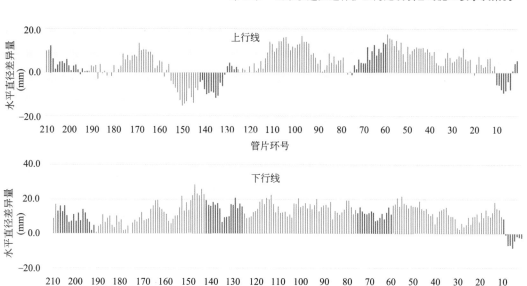

图 5.1-4　隧道现状资料（1）

位　　置	项　　目	本次最大变化量（mm）		累计最大变化量（mm）		日变化量报警值	围护体施工阶段		基坑施工完成阶段			报警情况
		监测点号	变化量	监测点号	变化量		预警值	报警值	预警值	报警值	控制值	
杭氧车站上行线	道床竖向位移	SCJC19	0.5	SCJC22	1.0	同方向连续2d变形超过±0.6mm/d，或单日超过±1mm	±1.2mm	±1.5mm	±3.0mm	±4.0mm	±5.0mm	
	轨道高程变化	SCYC13	0.6	SCYC02	-1.0		±1.2mm	±1.5mm	±3.0mm	±4.0mm	±5.0mm	
	道床水平位移	SSPC09	0.6	SSPC09	1.0		±1.2mm	±1.5mm	±3.0mm	±4.0mm	±5.0mm	
杭氧站～打铁关站上行线	道床竖向位移	DTG-SCJ90	-0.4	DTG-SCJ55	1.0		±1.2mm	±1.5mm	±6.0mm	±8.0mm	±10.0mm	
	轨道高程变化	DTG-SCY0	-0.5	DTG-SCY0	-0.8		±1.2mm	±1.5mm	±3.0mm	±4.0mm	±5.0mm	
	道床水平位移	DTG-SSP15	0.5	DTG-SSP0	-0.9		±1.2mm	±1.5mm	±5.0mm	±6.5mm	±8.0mm	
	管片净空收敛	DTG-SSL90	0.5	DTG-SSL100	-0.4		±1.2mm	±1.5mm	±5.0mm	±6.5mm	±8.0mm	

图 5.1-5　隧道现状资料（2）

2. 场地内及周边环境情况

地铁保护工程，应对场地内及周边环境做详细调查，采用拍照或录像等方法保存有关资料，调查结果应反映在项目与地铁设施的平立面关系图中，并针对查明的各类不利情况，制定相应的处理方案。

场地内及周边环境描述应包括以下内容：

（1）场地内现状，包括既有建筑、管线、堆土、暗浜、河塘等；

（2）周边既有建筑物的结构类型、层数、位置、基础形式和尺寸、埋深、使用年限、用途等。

（3）各种既有管线（地上和地下各类通信、电力、燃气、上下水等）的材质、位置、尺寸、埋深、使用年限、用途等，对既有供水、污水、雨水等地下输水管线，尚应包括其使用状况及渗漏状况。

（4）周边同期其他地铁保护区内的在建和拟建项目（相应的工程概况和施工进度计划）。

（5）周边道路的类型、位置、宽度、道路通行情况、车辆限制等交通条件、下方是否有空洞等情况。

（6）项目周边其他重要建构筑物，包括涵洞、公路隧道、高架桥梁、高压输电塔、信号塔、河道、高速公路等。

（7）周边建构筑物的历史变形监测数据。

（8）特殊地质条件，包含沼气、沼泽、溶洞、矿坑、局部地质突变、流砂、暗浜、古河道、河道、不明构筑物、贮水体、窖井、碎石、混凝土块、人防、碎石桩、木桩、方桩或管桩、钻孔灌注桩、废弃井洞、废弃桩孔、废弃管线、老旧基础等各类障碍物、地勘孔回填情况等。

场地内及周边环境与地铁设施的位置关系如图 5.1-6 所示。

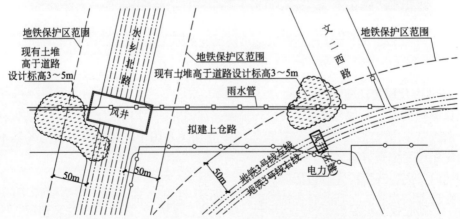

图 5.1-6　场地内及周边环境与地铁设施的位置关系

3. 水文地质条件

（1）潜水水位、承压水水头及埋深、水源补给条件，查明雨期周期和平均降水量，查明雨期时的场地周围地表水汇流和排泄条件，地表水的渗入对地层土性的影响的。

（2）项目及地铁设施范围内的地层结构、岩土特征、埋藏条件及物理力学性质。

（3）在典型地质断面图中描述地铁设施与拟建项目的关系，典型地质断面图如图 5.1-7 所示。

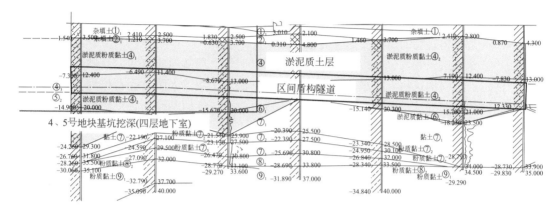

图 5.1-7　典型地质断面图（单位：m）

（4）结合地勘资料，通过现场抽水试验确定拟建项目水文地质参数。

4. 基坑基本概况

施工组织设计编制中，应将基坑支护设计方案中针对地铁保护的专项要点列出。具体包含：

（1）围护桩（墙）选型，有无槽壁加固。

（2）支撑选型，是否需要伺服调节。

（3）降水排水要求。

（4）土体加固要求。

（5）荷载控制要求。

（6）分坑施工工况要求。

（7）分区分块施工作业要求。

（8）结构外墙是否留有肥槽及肥槽处理措施。

（9）拆换撑工况要求。

（10）时空效应要求（支撑封闭时间要求、分块垫层浇筑及底板封底要求等）。

（11）根据现场情况，需要动态调整的，由设计、安评及主管部门审核确认。

5. 主体结构基本概况

（1）建筑总体情况，项目总体情况与地铁设施的关系如图 5.1-8 所示。

（2）建筑单体概况。

（3）桩基概况，包括桩基类型、施工工艺要求、桩基与地铁及基坑的关系。

（4）基础底板及垫层概况，包括承台、集水井、电梯井、核心筒等深坑情况。

（5）地下结构概况，包括汽车坡道、楼板标高、错层等情况。

（6）是否有与地铁设施的联络通道。

（7）结构分区与开挖的分区是否一致。

（8）塔吊位置与地铁设施的平立面关系。

（9）地铁保护区内其他拟建情况，包括化粪池、消防水池、大型管线、景观等。

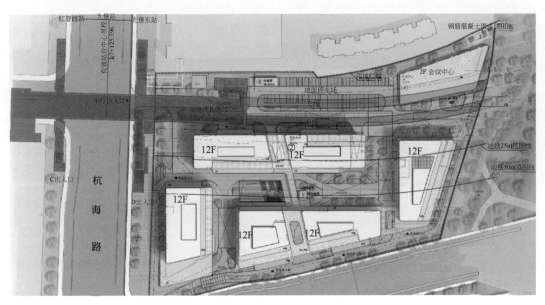

图 5.1-8　项目总体情况与地铁设施的关系

5.1.3　施工作业安排

地铁保护项目，应结合施工工艺、分坑、分区等内容，编制各施工阶段的施工场地布置图，如图 5.1-9 所示，每一阶段的场地布置应充分考虑以下因素：

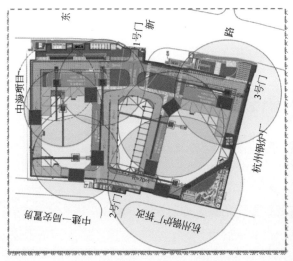

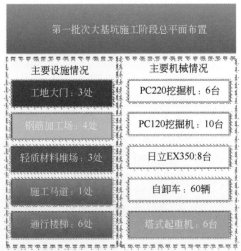

图 5.1-9　施工场地布置图

（1）在项目进场之日起，应设置保护区边界护栏，采用物理隔离措施，不得私自逾越隔离墙进行施工作业或车辆通行，隔离警示牌如图 5.1-10 所示。

图 5.1-10　隔离警示牌

（2）临时道路、堆场及临时设施应远离地铁侧设置，地铁保护区范围内的施工道路及堆场，应采用钢筋混凝土地面硬化（厚度不宜小于 20cm）、路基箱或栈桥等措施，确保地面荷载不得大于 20kPa，地表超载控制警示牌如图 5.1-11 所示。

图 5.1-11　地表超载控制警示牌

（3）地铁特别保护区内不允许设置堆场及临时设施（包含临建房屋、泥浆池、泥浆分离器、变电站等）。

（4）基坑四周排水沟、集水井、洗车槽采取有效防渗漏措施，废水应向远离地铁侧市政管网排放，洗车槽应远离地铁侧设置。

（5）大型施工机械设备不应邻近地铁侧长期停放。

（6）沿地铁侧应有安全施工距离和防倾覆保护措施，尽量选用抗倾覆性能好的设备，大型机械设备作业范围不应覆盖高架线路，当塔式起重机等大型机械设备覆盖地铁地面设施时，应设置防护棚，地铁保护防护棚如图 5.1-12 所示。

图 5.1-12　地铁保护防护棚

5.1.4　施工管理计划及机械人员配置

1. 明确各工艺与施工节点的进度计划

（1）工序须全面细致，包含：围挡设立、文明施工措施、机械设备进场、监测点布设、槽壁加固或截水帷幕施工、围护桩（墙）施工、分隔桩（墙）施工、地基土加固施工、工程桩施工、降水排水施工、支撑施工、土方分区分块开挖、清除桩头、砖胎膜施工、垫层施工、防水施工、底板分区分块浇筑、主体结构施工、传力带施工、支撑拆除、回填施工、分隔桩（墙）拆除、结构补缺等。

（2）施工进度计划应体现分坑施工工况要求，2021 年施工进度计划如表 5.1-1 所示。

表 5.1-1

2021 年施工进度计划

序号	工作名称	计划开始	计划完成
1	2021 年地下室工程	2021 年 3 月 1 日	2022 年 2 月 14 日
2	北区 TRD 施工	2021 年 3 月 1 日	2021 年 4 月 5 日
3	1 号机由北向南 H 段施工	2021 年 3 月 1 日	2021 年 3 月 4 日
4	1 号机由北向南 I 段施工	2021 年 3 月 5 日	2021 年 3 月 8 日
5	1 号机由西向东 L 段施工	2021 年 3 月 9 日	2021 年 3 月 26 日
6	1 号机由北向南 M 段施工	2021 年 3 月 27 日	2021 年 4 月 1 日
7	2 号机由北向南 E 段施工	2021 年 3 月 1 日	2021 年 3 月 8 日
8	2 号机由北向南 K 段施工	2021 年 3 月 9 日	2021 年 3 月 13 日
9	2 号机由北向南 J 段施工	2021 年 3 月 14 日	2021 年 3 月 18 日
10	2 号机由东向西 L 段施工	2021 年 3 月 19 日	2021 年 3 月 30 日
11	2 号机由东向西 N 段施工	2021 年 3 月 31 日	2021 年 4 月 5 日

序号	工作名称	计划开始	计划完成
12	北区围护桩施工(4 台 18 型机,根据桩编号及施工工艺分为 6 个区,即 6 个施工区段)	2021 年 3 月 10 日	2021 年 4 月 15 日
13	1 号机 1~60 号桩(1 区)	2021 年 3 月 10 日	2021 年 4 月 8 日
14	2 号机 61~90 号桩(2 区)	2021 年 3 月 10 日	2021 年 3 月 24 日
15	3 号机 91~120 号桩(3 区)	2021 年 3 月 10 日	2021 年 3 月 24 日
16	4 号机 121~180 号桩(4 区)	2021 年 3 月 10 日	2021 年 4 月 8 日
17	2 号机 181~210 号桩(5 区)	2021 年 4 月 1 日	2021 年 4 月 15 日
18	3 号机 211~239 号桩(6 区)	2021 年 4 月 1 日	2021 年 4 月 15 日
19	坑外钻孔桩施工	2021 年 4 月 1 日	2021 年 5 月 3 日
20	护筒埋设(基坑北 14 根)	2021 年 4 月 1 日	2021 年 4 月 21 日
21	护筒埋设(7 号楼南 6 根)	2021 年 4 月 22 日	2021 年 4 月 29 日
22	成桩	2021 年 4 月 13 日	2021 年 4 月 26 日
23	成桩	2021 年 4 月 29 日	2021 年 5 月 3 日
24	北 1~5 区工程桩施工(紧跟围护桩完成后的工作面)	2021 年 3 月 25 日	2021 年 5 月 8 日
25	1 号、2 号 10 型机(2 区)	2021 年 3 月 25 日	2021 年 4 月 21 日
26	3 号、4 号 10 型机(3 区)	2021 年 3 月 25 日	2021 年 4 月 27 日
27	5 号、6 号、7 号、8 号 10 型机(4 区)	2021 年 3 月 30 日	2021 年 4 月 24 日
28	9 号、10 号 10 型机(1 区)	2021 年 3 月 30 日	2021 年 5 月 4 日
29	11 号、12 号、13 号 10 型机(5-6 区)	2021 年 4 月 11 日	2021 年 5 月 8 日
30	高压旋喷桩(1 台,1d7 根)	2021 年 3 月 25 日	2021 年 5 月 2 日
31	71~130 号桩(2~3 区)	2021 年 3 月 25 日	2021 年 4 月 2 日
32	30~70 号桩(1 区)	2021 年 4 月 3 日	2021 年 4 月 8 日
33	131~259 号桩(4~6 区)	2021 年 4 月 9 日	2021 年 4 月 27 日
34	1~29 号桩(1 区剩余)	2021 年 4 月 28 日	2021 年 5 月 2 日
35	北区冠梁施工(标高−1.600m)	2021 年 4 月 8 日	2021 年 4 月 18 日
36	北 2 区冠梁	2021 年 4 月 8 日	2021 年 4 月 18 日
37	北 4 区冠梁施工	2021 年 4 月 30 日	2021 年 4 月 10 日
38	北 1 区冠梁施工	2021 年 4 月 11 日	2021 年 4 月 18 日
39	北 3 区冠梁施工	2021 年 4 月 19 日	2021 年 4 月 29 日
40	北 5 区冠梁施工	2021 年 4 月 11 日	2021 年 4 月 18 日
41	北 2 区施工	2021 年 4 月 19 日	2021 年 6 月 24 日
42	土方开挖	2021 年 4 月 19 日	2021 年 5 月 12 日
43	挖土至标高−2.100m(分两层开挖,每层1m,按开挖宽度分为 2 个区)	2021 年 4 月 19 日	2021 年 4 月 20 日
44	第一道钢支撑施工(牛腿局部掏土)	2021 年 4 月 21 日	2021 年 4 月 24 日

序号	工作名称	计划开始	计划完成
45	挖土至标高−6.600m(分3层开挖,每层1.5m)	2021年5月3日	2021年5月5日
46	施工钢围檩及第二道支撑	2021年5月6日	2021年5月9日
47	挖土至底板标高−10.000m,承台局部掏土(2层开挖,每层1.7m)	2021年4月10日	2021年5月12日
48	底板及传力带施工	2021年4月11日	2021年4月18日
49	区块1垫层抢浇	2021年4月11日	2021年5月12日
50	区块2垫层抢浇	2021年5月12日	2021年5月12日
51	后浇带背包施工	2021年5月12日	2021年5月16日
52	破桩	2021年4月11日	2021年5月13日
53	砌砖胎模	2021年4月11日	2021年5月13日
54	桩头及垫层涂刷防水涂料	2021年5月13日	2021年5月14日
55	底板钢筋及垫层传力带钢筋绑扎、后浇带传力件设置	2021年5月14日	2021年5月18日
56	吊模安装	2021年5月18日	2021年5月20日
57	焊截水钢板	2021年5月18日	2021年5月19日
58	浇筑底板及传力带混凝土	2021年5月20日	2021年5月23日
59	拆第二道钢支撑(底板传力带达到强度要求后)	2021年5月30日	2021年6月1日
60	外墙防水施工	2021年5月22日	2021年5月24日
61	负二层楼板及传力带	2021年5月29日	2021年6月9日
62	拆第一道钢支撑(负二层传力带达到强度要求后)	2021年6月16日	2021年6月18日
63	外墙防水施工	2021年6月10日	2021年6月12日
64	顶板结构施工	2021年6月13日	2021年6月24日
65	北四区施工	2021年4月11日	2021年7月8日
66	土方开挖	2021年4月11日	2021年5月26日
67	挖土至标高−2.100m(分两层开挖,每层1m,按开挖宽度分为2个区)	2021年4月11日	2021年5月12日
68	第一道钢支撑施工(牛腿局部掏土)	2021年5月13日	2021年5月16日
69	挖土至标高−6.600m(分3层开挖,每层1.5m)	2021年5月17日	2021年5月19日
70	施工钢围檩及第二道支撑	2021年5月20日	2021年5月23日
71	挖土至底板标高−10.000m,承台局部掏土(2层开挖,每层1.7m)	2021年5月24日	2021年5月26日
72	底板及传力带施工	2021年5月25日	2021年6月4日
73	区块1垫层抢浇	2021年5月25日	2021年5月26日
74	区块2垫层抢浇	2021年5月26日	2021年5月26日

序号	工作名称	计划开始	计划完成
75	后浇带背包施工	2021 年 5 月 26 日	2021 年 5 月 30 日
76	破桩	2021 年 5 月 25 日	2021 年 5 月 27 日
77	砌砖胎模	2021 年 5 月 25 日	2021 年 5 月 27 日
78	桩头及垫层涂刷防水涂料	2021 年 5 月 27 日	2021 年 5 月 28 日
79	底板钢筋及垫层传力带钢筋绑扎、后浇带传力件设置	2021 年 5 月 28 日	2021 年 6 月 1 日
80	吊模安装	2021 年 6 月 1 日	2021 年 6 月 3 日
81	焊截水钢板	2021 年 6 月 1 日	2021 年 6 月 2 日
82	浇筑底板及传力带混凝土	2021 年 6 月 3 日	2021 年 6 月 4 日
83	拆第二道钢支撑(底板传力带达到强度要求后)	2021 年 6 月 13 日	2021 年 6 月 15 日
84	外墙防水施工	2021 年 6 月 5 日	2021 年 6 月 7 日
85	负二层楼板及传力带	2021 年 6 月 12 日	2021 年 6 月 23 日
86	拆第一道钢支撑(负二层传力带达到强度要求后)	2021 年 6 月 30 日	2021 年 7 月 2 日
87	外墙防水施工	2021 年 6 月 24 日	2021 年 6 月 26 日
88	顶板结构施工	2021 年 6 月 27 日	2021 年 7 月 8 日
89	北一区施工	2021 年 6 月 24 日	2021 年 8 月 21 日
90	土方开挖	2021 年 6 月 24 日	2021 年 7 月 10 日
91	挖土至标高－2.100m(分两层开挖,每层1m,按开挖宽度分为 2 个区)	2021 年 6 月 24 日	2021 年 6 月 26 日
92	第一道钢支撑施工(牛腿局部掏土)	2021 年 6 月 26 日	2021 年 6 月 30 日
93	挖土至标高－6.600m(分 3 层开挖,每层1.5m)	2021 年 6 月 30 日	2021 年 7 月 3 日
94	施工钢围檩及第二道支撑	2021 年 7 月 3 日	2021 年 7 月 7 日
95	挖土至底板标高－10.00m,承台局部掏土(2 层开挖,每层 1.7m)	2021 年 7 月 7 日	2021 年 7 月 10 日
96	可回收型钢割除	2021 年 7 月 9 日	2021 年 7 月 11 日
97	底板及传力带施工	2021 年 7 月 9 日	2021 年 7 月 18 日
98	拆第二道钢支撑(底板传力带达到强度要求后)	2021 年 7 月 28 日	2021 年 7 月 29 日
99	外墙防水施工	2021 年 7 月 20 日	2021 年 7 月 21 日
100	负二层楼板及传力带	2021 年 7 月 27 日	2021 年 8 月 6 日
101	拆第一道钢支撑(负二层传力带达到强度要求后)	2021 年 8 月 14 日	2021 年 8 月 15 日
102	外墙防水施工	2021 年 8 月 8 日	2021 年 8 月 9 日
103	顶板结构施工	2021 年 8 月 11 日	2021 年 8 月 21 日
104	北三区施工	2021 年 7 月 8 日	2021 年 9 月 4 日

续表

序号	工作名称	计划开始	计划完成
105	土方开挖	2021 年 7 月 8 日	2021 年 7 月 24 日
106	挖土至标高－2.100m（分两层开挖，每层 1m，按开挖宽度分为 2 个区）	2021 年 7 月 8 日	2021 年 7 月 10 日
107	第一道钢支撑施工（牛腿局部掏土）	2021 年 7 月 10 日	2021 年 7 月 14 日
108	挖土至标高－6.600m（分 3 层开挖，每层 1.5m）	2021 年 7 月 14 日	2021 年 7 月 17 日
109	施工钢围檩及第二道支撑	2021 年 7 月 17 日	2021 年 7 月 21 日
110	挖土至底板标高－10.000m，承台局部掏土（2 层开挖，每层 1.7m）	2021 年 7 月 21 日	2021 年 7 月 24 日
111	可回收型钢割除	2021 年 7 月 23 日	2021 年 7 月 24 日
112	底板及传力带施工	2021 年 7 月 23 日	2021 年 8 月 1 日
113	区块 1 垫层抢浇	2021 年 7 月 23 日	2021 年 7 月 23 日
114	区块 2 垫层抢浇	2021 年 7 月 23 日	2021 年 7 月 24 日
115	后浇带背包施工	2021 年 7 月 24 日	2021 年 7 月 27 日
116	破桩	2021 年 7 月 23 日	2021 年 7 月 24 日
117	砌砖胎模	2021 年 7 月 23 日	2021 年 7 月 24 日
118	桩头及垫层涂刷防水涂料	2021 年 7 月 25 日	2021 年 7 月 25 日
119	底板钢筋及垫层传力带钢筋绑扎、后浇带传力件设置	2021 年 7 月 26 日	2021 年 7 月 29 日
120	吊模安装	2021 年 7 月 30 日	2021 年 7 月 31 日
121	焊截水钢板	2021 年 7 月 30 日	2021 年 7 月 30 日
122	浇筑底板及传力带混凝土	2021 年 8 月 1 日	2021 年 8 月 1 日
123	拆第二道钢支撑（底板传力带达到强度要求后）	2021 年 8 月 11 日	2021 年 8 月 12 日
124	外墙防水施工	2021 年 8 月 3 日	2021 年 8 月 4 日
125	负二层楼板及传力带	2021 年 8 月 10 日	2021 年 8 月 20 日
126	拆第一道钢支撑（负二层传力带达到强度要求后）	2021 年 8 月 28 日	2021 年 8 月 29 日
127	外墙防水施工	2021 年 8 月 22 日	2021 年 8 月 23 日
128	顶板结构施工	2021 年 8 月 25 日	2021 年 9 月 4 日
129	北五区施工	2021 年 7 月 11 日	2021 年 9 月 7 日
130	土方开挖	2021 年 7 月 11 日	2021 年 7 月 27 日
131	挖土至标高－2.100m（分两层开挖，每层 1m，按开挖宽度分为 2 个区）	2021 年 7 月 11 日	2021 年 7 月 13 日
132	第一道钢支撑施工（牛腿局部掏土）	2021 年 7 月 13 日	2021 年 7 月 17 日
133	挖土至标高－6.600m（分 3 层开挖，每层 1.5m）	2021 年 7 月 17 日	2021 年 7 月 20 日
134	施工钢围檩及第二道支撑	2021 年 7 月 20 日	2021 年 7 月 24 日

序号	工作名称	计划开始	计划完成
135	挖土至底板标高−10.000m,承台局部掏土(2层开挖,每层1.7m)	2021 年 7 月 24 日	2021 年 7 月 27 日
136	可回收型钢割除	2021 年 7 月 26 日	2021 年 7 月 28 日
137	底板及传力带施工	2021 年 7 月 26 日	2021 年 8 月 4 日
138	拆第二道钢支撑(底板传力带达到强度要求后)	2021 年 8 月 14 日	2021 年 8 月 15 日
139	外墙防水施工	2021 年 8 月 6 日	2021 年 8 月 7 日
140	负二层楼板及传力带	2021 年 8 月 13 日	2021 年 8 月 23 日
141	拆第一道钢支撑(负二层传力带达到强度要求后)	2021 年 8 月 31 日	2021 年 9 月 1 日
142	外墙防水施工	2021 年 8 月 25 日	2021 年 8 月 26 日
143	顶板结构施工	2021 年 8 月 28 日	2021 年 9 月 7 日
144	南二区施工	2021 年 9 月 8 日	2022 年 2 月 14 日
145	土方开挖	2021 年 9 月 8 日	2021 年 11 月 7 日
146	挖土至标高−4.800(分3层开挖,每层1.5m)	2021 年 9 月 8 日	2021 年 9 月 21 日
147	割除可回收型钢	2021 年 9 月 16 日	2021 年 9 月 18 日
148	第一道钢支撑施工	2021 年 10 月 2 日	2021 年 10 月 5 日
149	挖土至标高−9.700m(分3层开挖,每层1.6m)	2021 年 9 月 21 日	2021 年 10 月 4 日
150	施工第二道支撑	2021 年 10 月 2 日	2021 年 10 月 5 日
151	南 2a 挖土至底板标高−13.600m,承台局部掏土(分3层开挖,每层1.3m)	2021 年 10 月 6 日	2021 年 10 月 15 日
152	南 2b 挖土至底板标高−13.600m,承台局部掏土(分3层开挖,每层1.3m)	2021 年 10 月 31 日	2021 年 11 月 7 日
153	南 2a 底板及传力带施工	2021 年 10 月 11 日	2021 年 10 月 31 日
154	南 2b 底板及传力带施工	2021 年 11 月 4 日	2021 年 11 月 19 日
155	拆第二道钢支撑(底板传力带达到强度要求后)	2021 年 11 月 29 日	2021 年 12 月 1 日
156	外墙防水施工	2021 年 11 月 22 日	2021 年 11 月 24 日
157	负二层楼板及传力带	2021 年 12 月 1 日	2021 年 12 月 25 日
158	1 号后浇带负二层楼板施工	2021 年 12 月 1 日	2021 年 12 月 07 日
159	2 号后浇带负二层楼板施工	2021 年 12 月 2 日	2021 年 12 月 11 日
160	3 号后浇带负二层楼板施工	2021 年 12 月 4 日	2021 年 12 月 10 日
161	4 号后浇带负二层楼板施工	2021 年 12 月 6 日	2021 年 12 月 15 日
162	5 号后浇带负二层楼板施工	2021 年 12 月 8 日	2021 年 12 月 17 日
163	6 号后浇带负二层楼板施工	2021 年 12 月 10 日	2021 年 12 月 19 日
164	7 号后浇带负二层楼板施工	2021 年 12 月 12 日	2021 年 12 月 22 日

序号	工作名称	计划开始	计划完成
165	8号后浇带负二层楼板施工	2021年12月15日	2021年12月25日
166	拆第一道钢支撑（负二层传力带达到强度要求后）	2022年1月1日	2022年1月3日
167	外墙防水施工	2021年12月26日	2021年12月28日
168	顶板结构施工	2022年1月3日	2022年2月14日
169	1号后浇带顶板施工	2022年1月3日	2022年1月10日
170	2号后浇带顶板施工	2022年1月4日	2022年1月11日
171	3号后浇带顶板施工	2022年1月6日	2022年1月14日
172	4号后浇带顶板施工	2022年1月8日	2022年1月16日
173	5号后浇带顶板施工	2022年1月10日	2022年1月18日
174	6号后浇带顶板施工	2022年1月12日	2022年1月20日
175	7号后浇带顶板施工	2022年1月14日	2022年2月11日
176	8号后浇带顶板施工	2022年1月17日	2022年2月14日

2. 施工机械设备的选择

（1）应严格按照设计图纸所要求的工艺类型，选择相应的施工机械设备。

（2）施工机械设备的性能，应满足地铁保护施工的技术要求。

（3）结合现场场地条件、分坑施工等要求，合理配置机械设备，以此确定拟投入的机械设备数量，既保证施工的连续性，又要避免设备投入太多造成的施工降效。

3. 进度计划的保证措施

（1）正式施工前宜对各工艺进行试打或试成桩，以确定准确的施工速度。

（2）明确各施工工序所需人员、材料、机械，对人员组织、材料供应、设备保障等资源性投入，应有相应的保证措施，例如泥浆和置换土的外运、混凝土材料的供应等（尤其城市限行区域）。

（3）应充分考虑不良气候、节假日对施工进度的影响。

（4）结合施工顺序、施工分区、工艺之间的技术间歇等，合理编排施工进度计划，确保关键工艺施工周期的合理性。

（5）定期对既定施工计划进行监控，根据施工过程的监测数据进行实时调整，进一步优化既定施工计划，在保障基坑与地铁设施安全的前提下提高施工效率。

5.1.5 应急抢险预案

为加强工程风险控制力度，加快工程抢险反应速度，增强事故处理能力，应配备专业抢险队伍、物资和设备，更好地降低工程风险，减少事故的危害和影响。

1. 应急组织机构及职责

应急抢险组织机构包括应急抢险领导小组、现场应急抢险指挥中心、应急抢险专业队。专业工程抢险队伍主要包括：抢险核心技术、施工和操作人员，抢险物资、设备的保管和维护人员。

2. 物资和设备存放要求

抢险物资和设备应定点堆放，抢险设备和材料堆放地点必须做到标识清晰、隔离、启运方便，必须落实专人对抢险设备和物资进行管理。

3. 应急演练及培训

对抢险队伍进行抢险教育培训，对相关专业知识及案例进行学习，提高专业素质。组织1～2次抢险演习（包括现场就位演习、待命演习等），通过演习将抢险反应时间、抢险程序等要素进一步提升。

4. 应急响应

事故一旦发生，事故责任单位和现场人员必须立即向建设方现场项目经理和地铁相关部门报告；并启动现场应急预案，组织力量进行先期处置，迅速切断危险源，采取措施控制事态发展；组织自救互救，确保人员安全和减少伤亡；并加强对事故现场的监控。技术专家组根据施工单位专项应急预案、现场处置措施及事故特点研究制定抢险方案。根据现场需要，可采取以下一项或多项措施进行处置：设置警戒区域、进行现场秩序维护、交通疏导和管制、消除抢险救援阻碍、资料调取、专家会商、工程抢险、风险源监控。

5. 应急抢险物资储备

根据项目的风险分析，储备相应的应急抢险物资，明确抢险设备的类型、型号和数量，明确抢险物资的材料种类和数量，现场备用发电机和照明设备，且专项设备和物资应专项使用。

5.1.6　桩基施工方案

（1）桩基工程概况及相应地铁保护要求。

（2）合理安排施工工序，依次施工槽壁加固或截水帷幕、围护桩（墙）、分隔桩（墙）、地基土加固、工程桩。

（3）明确施工动线与桩机走向，应遵循由邻近地铁侧向远离地铁侧施工原则，根据工艺特点和地铁保护要求，制定间隔施工工序安排。

（4）根据地铁保护要求，有针对性地进行设备选型和工艺关键参数控制，包括施工工效、设备重量、扰动控制等。

（5）制定合理的桩基工程专项进度计划，明确人、材、机等资源供应的保证措施。

（6）对地铁保护关键工艺，宜拟定试桩计划，并结合地铁保护监测方案，编制桩基信息化施工方案及应急处置措施。

5.1.7　降水排水施工方案

（1）降水排水工程概况及相应地铁保护要求。

（2）明确降水井施工工艺，包括成井设备、成井工艺、成井材料、成井流程等。

（3）拟定降水井抽水试验方案，包括出水效果检验、截水帷幕截水效果检验、应急井的应急处置效果检验。

（4）降水井日常维护措施、排水沟防渗保证措施。

（5）地表水及地下排水的排泄动线。

（6）靠地铁设施侧的水位观测井、应急井和回灌井的布设方案。

（7）结合地铁保护监测方案，编制降水排水信息化施工方案及应急处置措施。

5.1.8 支撑与拆换撑施工方案

（1）支撑工程概况及相应地铁保护要求。

（2）明确分区分块支撑施工顺序，并附工况图。

（3）钢筋混凝土支撑、钢管支撑、型钢组合支撑等各工艺的关键技术要点。

（4）施工精度及质量保证措施、施工进度保证措施、预应力施加措施。

（5）明确分区分块拆换撑施工顺序，并附工况图，拆换撑工况应遵循设计要求，如与设计要求不符，须报设计、安全评价和地铁安全主管单位审核。

（6）明确拆撑工艺、换撑质量保证措施（确保换撑结构与围护结构紧密贴合）及拆换撑施工安全保障措施。

（7）结合地铁保护监测方案，编制拆换撑信息化施工方案及应急处置措施。

5.1.9 土方开挖和地下结构施工方案

（1）土方工程与地下结构工程概况及相应地铁保护要求。

（2）严格按照"时空效应"理论，遵循"分层、分块、对称、平衡、限时、先撑后挖"等原则，制定详细的开挖流程。

（3）根据支撑布局形式（角撑、对撑、板撑）与工艺类别（现浇式、装配式），制定详细的土方开挖与支撑交叉施工工序，采取"分段开挖、间隔跳挖、开槽支撑、岛式开挖"等技术措施，减少无支撑暴露时间、降低无支撑条件下的基底卸荷水平。

（4）根据分坑施工要求，制定各分坑的土方开挖及出土方案，做好分坑间的交通组织，分坑施工组织如图 5.1-13 所示。

（5）根据分区分块施工要求，拟定分区分块土方开挖及地下室施工安排，明确分区分块间土坡稳定措施及做法。

（6）对局部深坑，应编制专项土方开挖方案，包括开挖工况、出土方式、封底时间等。

（7）出土口应远离地铁侧设置，若受周边交通限制，出土口确需在保护区范围内设置的，应采用栈桥等措施。

（8）明确基底人工修土做法及保障措施，减少基底土扰动。

（9）明确工程桩桩头破除方式、承台胎膜施工工艺，制定地下结构工程专项进度计划，明确桩头破除、胎膜施工、垫层施工、防水施工、钢筋绑扎、底板浇筑等各工艺所需人、材、机等资源供应的保证措施，确保基底无垫层，暴露时间少于 6h、底板分块浇筑完成时间不得超过 72h。

（10）明确分割桩（墙）破除施工工艺及安全保障措施。

（11）附图及附表：分坑图、分区图、剖面图、施工流程图、基坑开挖方量与人、材、机计算表、地下结构工程量与人、材、机计算表，分区开挖工况图见图 5.1-14。

5.1.10 地铁保护应急预案

除一般基坑工程作业必需的应急预案外，涉及地铁的保护项目，还需在应急抢险过程

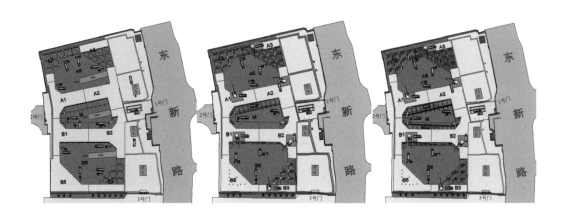

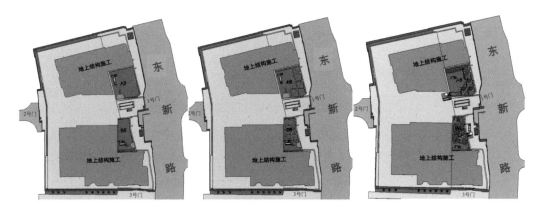

图 5.1-13　分坑施工组织

中，注意对地铁设施的保护。包括：

（1）明确应急组织架构。

（2）建立应急预案工作流程，须第一时间报告地铁安全管理部门。

（3）应急抢险措施、机械、工艺等，也应满足地铁保护要求，防止对设施造成二次

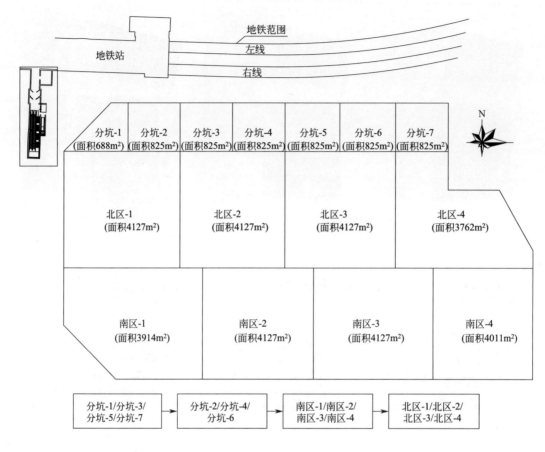

图 5.1-14　分区开挖工况图

影响。

（4）预分析潜在的风险源对地铁设施的影响及应对措施：

1）截水帷幕渗漏、管涌、承压水突涌，突涌与渗漏如图 5.1-15 所示。

图 5.1-15　突涌与渗漏

2）支撑结构轴力报警或支撑结构失稳破坏（图 5.1-16）。

图 5.1-16　支撑结构失稳破坏

3）围护桩（墙）露筋（图 5.1-17）或折断。

图 5.1-17　围护桩（墙）露筋

4）基坑或地铁设施变形超过预警值。
5）软弱土地基中发生坑底隆起。
6）基坑纵向滑坡。
7）大型施工机械倾覆（图 5.1-18）。

图 5.1-18　大型施工机械倾覆

5.1.11　信息化管理和多方联动机制

（1）建立监测信息网络平台，确保监测数据在第一时间送达相关各方，便于相关各方根据监测信息，结合施工现场实际变化状态，调整设计和施工措施，真正实现动态监测、动态设计、动态施工等。

（2）由建设方牵头，建立项目参建各方的相互沟通机制及应急响应机制，建立参建各方主要人员应急响应通信录（还应包括周边管线产权单位应急联络人）。

（3）基坑受时空效应影响大，开挖后不得长期暴露。基坑一旦开挖，如受到其他因素影响，需要临时停工或基坑出现一定时间暴露时，应视为重大风险源呈报地铁建设方。

（4）针对险情的实施方案：基坑如遇险情，项目部及时启动应急预案，组建应急小组，小组成员按照既定的职责快速应对；同时应急救援专业队伍快速入场，由应急救援队接管项目部。发生上述情况，项目部第一时间通知地铁单位，地铁单位启动应急预案，针对地铁及其附属设施采取相应的应急救援和保护措施。

5.1.12　施工组织设计所需附件

（1）施工总平图。

（2）拟建项目与需要保护地铁设施的平面位置关系图（图5.1-19）。

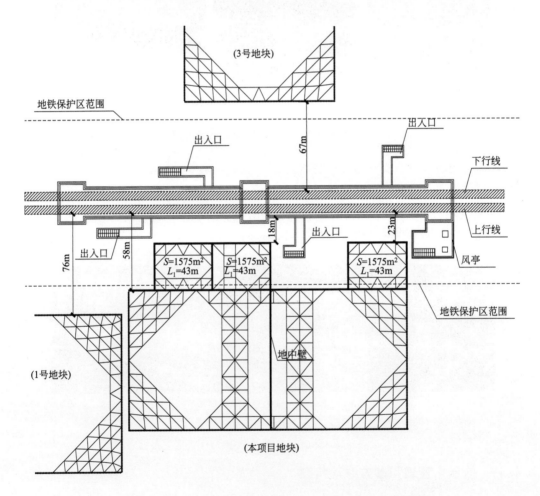

图 5.1-19　拟建项目与需要保护地铁设施的平面位置关系图

（3）拟建项目与需要保护地铁设施的剖面位置关系图（图5.1-20）。

（4）包含地铁设施与拟建项目关系的典型地质断面图。

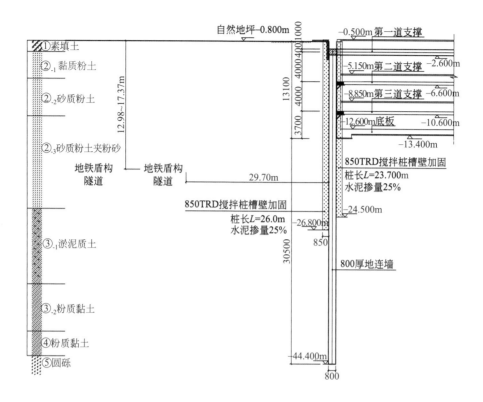

图 5.1-20　拟建项目与需要保护地铁设施的剖面位置关系图

（5）拟建项目场地内及周边现状环境图（可辅助于航拍图）。

（6）基坑周边现状实测标高图。

（7）基坑支护结构平面布置图。

（8）工程桩桩位平面布置图。

（9）支撑平面布置图。

（10）降水与排水管网平面布置图。

（11）基坑支护结构剖面图。

（12）基坑施工场地总体布置图（包含主通道、临时设施、堆场、塔式起重机等）。

（13）分坑交叉施工流程图。

（14）槽壁加固或截水帷幕施工阶段平面布置图。

（15）围护桩（墙）施工阶段平面布置图。

（16）工程桩施工阶段平面布置图。

（17）各阶段分区分块土方开挖及出土路线图。

（18）分区分块基础施工平面布置图。

（19）分区分块拆换撑及吊运平面布置图。

（20）基坑监测与地铁设施监测平面布置图。

（21）体现各阶段、各工艺、分坑施工的进度计划表。

（22）地铁及附属设施防护棚附设计图及计算书。

5.2 地铁保护桩基施工技术要点

5.2.1 定位放样

（1）测量工作实施前，进行基准控制网书面和现场交接，对基准控制网进行复测，并由第三方校对，将复测成果报监理单位、建设单位、地铁保护管理部门审核。

（2）定位放样对象应包含地铁车站、附属设施及盾构的轮廓线，采取醒目、清晰、内容描述准确的标志对地铁设施位置进行标识，严禁未经许可进入地铁特别保护区内施工作业。

（3）围护结构及桩基施工前，应重新从场外基准点引入场地内基准点、进行复核，并由第三方校对。复核围护结构及桩基的定位与地铁车站和隧道的间距，复核准确后，才可进行围护结构的施工。

（4）对于深基坑工程，场地外的基准点每3个月由第三方单位进行复测，场地内基准点每3~4周重新从场外引入进行复核，每周对控制网点进行一次校准。

（5）基准控制网点应做醒目标志，并设置围护栏进行保护，防止施工机具车辆碰压。

（6）场内基准控制点应至少布置3个，控制线建议30m以内布置一道，形成井字形轴网，控制点应布设在土质稳固安全的地方，避开室外管线施工作业面和基坑开挖影响范围。

（7）为便于设站定向，选点位置应保证相邻控制点间通视良好，不受旁光折射影响，场区内平面控制网宜布设成环形，使控制点能环顾场区，平面控制点布置图如图 5.2-1 所示。

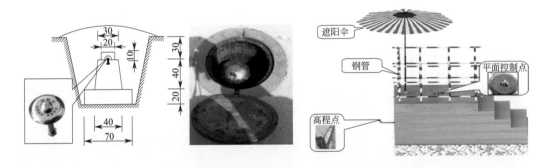

图 5.2-1　平面控制点布置图

5.2.2 挤土桩施工

预制桩主要有预制钢筋混凝土桩和预制钢桩（钢板桩、圆管桩、H 型钢等）两大类。在软土地基中，由于大量桩体沉入地下，桩周一定范围内的地基土体受到挤压并形成超静孔隙水压力，促使沉桩区域及其邻近土体产生水平和竖向位移，进而造成周围建筑物、管线、地铁盾构区间发生变形，甚至是破坏。另外预制桩的沉桩过程会对地基土体产生强烈振动，并将以振动波的形式在土体中扩散传递。因此在地铁保护区内使用预制桩须特别注意。

1. 预制钢桩

（1）必须采用静压或免共振工艺打入及拔除预制钢桩。

（2）预制钢桩应选用全新材质，避免多次使用后桩身或接口处变形，增加施工难度或造成渗漏水现象。

（3）为确保截水帷幕封闭效果，转角位置需采用定制的转角钢板桩。

（4）地铁特别保护区内的钢桩不得拔除，地铁保护区内其余区域可先进行试拔桩，根据试拔桩结果进一步确定后续措施；若进行拔桩，须分段、分区拔出，并及时注浆补偿。

（5）预制钢桩打入前须均匀涂刷润滑油，确保压桩过程顺利进行。

2. 预制钢筋混凝土桩

（1）地铁保护区内禁止使用任何方式直接打入的预制钢筋混凝土桩。

（2）地铁保护区内可采用静钻根植桩，地铁保护区以外的预制钢筋混凝土桩施工，须采用原位引孔、设置应力释放孔等措施。

（3）预制钢筋混凝土桩施工过程中须全程采取信息化监测施工，正式施工前应进行试桩，根据试桩监测数据，确定沉桩速度和防挤土措施。

（4）地铁保护区范围内，不得堆放预制钢筋混凝土桩。

（5）预制钢筋混凝土桩施工顺序应从邻近地铁设施侧向远离地铁方向施工，施工时宜按"之"字形路线施工。

5.2.3　非挤土桩施工

1. 成孔桩施工要求

（1）提高泥浆密度有利于防止成孔过程中的地应力损失，可有效防止坍孔现象，建议进口泥浆密度为 $1.15 \sim 1.20 \mathrm{g/cm^3}$、出口泥浆密度为 $1.25 \sim 1.30 \mathrm{g/cm^3}$。

（2）当桩径较大、土质较差、距离较近时，成桩对地铁设施的影响会非常显著，可采用搅拌桩对软弱地基土进行预加固，再进行成孔桩施工，也可采用全钢护筒施工，且钢护筒不得拔出。

（3）采用泥浆护壁时，单根桩应连续施工，从钻孔开始 24h 内完成浇筑。

（4）在地铁保护区内灌注桩做围护结构时，钢筋连接应采用钢护筒连接如图 5.2-2 所示，并跳打施工。

图 5.2-2　钢筋连接应用钢护筒连接

2. 钢护筒要求

（1）宜采用全回转全护筒钻机施工。

（2）护筒连接不允许采用钢护筒连接，钢护筒连接如图 5.2-3 所示，应采用坡口对焊连接，如图 5.2-4 所示；切割刀头不允许采用扩大刀头，扩大刀头如图 5.2-5 所示，应采用内嵌式或锯齿形刀头如图 5.2-6、图 5.2-7 所示。

图 5.2-3　钢护筒连接

图 5.2-4　坡口对焊连接

图 5.2-5　扩大刀头

图 5.2-6　内嵌式刀头

（3）当筒底位于淤泥土地层中，下放钢护筒的过程中筒内不得取土，穿透淤泥土地层后方能取土，淤泥土可采用冲抓取土，如图 5.2-8 所示；当筒底位于砂性土地层中，取土方式宜采用水冲法取土，如图 5.2-9 所示，筒底原状土土塞长度不得少于 5 倍桩径，且筒内水头要高于地下水水头，同时采用黏性土或膨润土进行制浆，避免停钻时砂土沉淀；当筒底位于硬质黏性土地层或风化岩层中，应采用旋挖钻取土。

（4）地铁保护区内施工时，钢护筒不得拔除。

3. 荷载控制要求

当采用旋挖机、全回转全护筒钻机等自重较大的设备成孔施工时，地铁特别保护区范围内，应对软弱地基土进行预加固处理，并采用钢筋混凝土地面硬化（厚度不宜小于

图 5.2-7　锯齿形刀头

图 5.2-8　冲抓取土

图 5.2-9　水冲法取土

20cm）；在其他地铁保护区内施工时，应采用钢筋混凝土地面硬化或铺设路基箱等措施，降低施工机械对地基土的压力。

5.2.4 地下连续墙

（1）在软弱土地层中，可采用多轴搅拌桩、TRD工法或MJS工法进行槽壁加固。

（2）地下连续墙施工前，应进行试成槽，根据试成槽结果确定最优的浆液配合比，推荐调浆配合比如表5.2-1所示。

推荐调浆配合比　　　　　　　　　　表5.2-1

泥浆性能	新配置泥浆		循环泥浆		废弃泥浆		检测方法
	黏性土	砂性土	黏性土	砂性土	黏性土	砂性土	
密度(g/cm^3)	1.04~1.11	1.06~1.15	<1.15	<1.2	>1.3	>1.35	泥浆密度计
黏度(s)	22~25	25~35	<25	<35	>50	>60	500mL/700mL漏斗法
含砂率(%)	<2	<2	<4	<7	>8	>11	洗砂瓶
pH值	8~9	8~9	>8	>8	>14	>14	pH试纸

如果黏度、泥浆密度小于规范要求，则加入CMC，如果大于规范要求，则加入纯碱，原则上要求每两幅墙换一批新浆。

（3）根据试成槽情况，确定分幅宽度和跳打要求，分幅槽段不宜大于5m。

（4）地下连续墙接头应采用工字钢接头或铣接头，确保接头连接。刷壁器刷壁不小于20次，且刷壁器上不带泥，刷壁器上无泥后继续刷壁2~3次。为了防止绕流，锁扣管底部5m范围内采用装袋的石子回填。

（5）单幅墙须连续施工，成槽后必须24h内完成浇筑。

（6）地下连续墙需要入岩施工时，不得采用冲击钻或旋挖机引孔，宜采用双轮铣工艺施工。

（7）地下连续墙施工所产生的渣土应远离地铁侧临时堆放，且当天完成外运或转驳至保护区范围外，地下连续墙的泥浆制备场地、钢筋笼加工场地，均应远离地铁侧设置。

（8）成槽机设备自重均较大，在地铁特别保护区范围内施工时，应对软弱地基土进行预加固处理，并采用钢筋混凝土地面硬化（厚度不宜小于20cm）；在其他地铁保护区内施工时，应采用钢筋混凝土地面硬化或铺设路基箱等措施，降低施工机械对地基土的压力。

5.2.5 水泥土搅拌桩施工

水泥土搅拌桩施工工艺在地铁保护工作中应用普遍，可用于截水帷幕、槽壁加固、被动区加固等。水泥土强度及强度增长速率是控制变形的关键技术参数，跟很多因素有关。土性的影响：当土层的含泥量越大，水泥土强度越低、强度增长速率越慢；用水量的影响：用水量越大，水泥土强度越低、强度增长速率越慢；水泥掺量的影响：水泥掺量越小，水泥土强度越低、强度增长速率越慢；水泥质量的影响：不合格的水泥会严重降低水泥土强度和强度增长速率；外加剂的影响：掺入合理的外加剂，能显著提高水泥土强度和强度增长速率，实践证明在含淤泥土的地层中，SN201系列外加剂能起到良好的效果。因此，为确保水泥土质量，须遵守以下原则：根据地层情况，通过现场试桩试验，确定合理的水泥掺量；减小水灰比、少用或不用清水施工步序，减少用水量；严禁采用不合格的水泥，应对每批次的水泥材料做水泥土浆试块进行检测；掺入合理的外加剂，尤其是含有淤泥土的地层；确保充足的水泥土养护时间，养护龄期 50d 的取样结果（手捏有印记）如图 5.2-10 所示。

1. 机械选型与荷载控制

（1）施工机械的安装和拆除均应在远离地铁设施的场地进行。

（2）在软弱土地层中施工时，为避免机械设备发生倾覆，应采取有效的地面硬化措施，并优先选用设备高度小的 TRD 桩机。

（3）采用自重较大的设备，在地铁特别保护区范围内施工时，应对软弱地基土进行预加固处理，并采用钢筋混凝土地面硬化（厚度不宜小于 20cm）；在其他地铁保护区内施工时，应采用钢筋混凝土地面硬化或铺设路基箱等措施，降低施工机械对地基土的压力，大型机械设备铺设路基箱如图 5.2-11 所示。

图 5.2-10　养护龄期 50d 的取样结果（手捏有印记）　　图 5.2-11　大型机械设备铺设路基箱

2. 浆液控制

（1）以砂性土为主的地层中，为防止砂土沉淀、浆液离析，应采用膨润土改善浆液的黏稠度，膨润土宜采用 800 目以上的钠基膨润土，且在使用前，浸泡时间不少于 12h，根据土层的综合特性，膨润土掺量为 50～150kg/m³（砂性土占比越高，掺量越大）。

（2）早强剂

为减少浆液的无强度时间，加快浆液早期强度的形成，应掺入适量的早强剂。当桩身深度范围内存在淤泥质土，尤其是存在腐殖质含量高的有机质土、泥炭质土、塘泥、河泥等，可采用 SN201 系列复合添加剂，SN201 系列复合添加剂的掺量为水泥的 0.1%～0.2%，并与生石膏粉同时掺用，生石膏粉的掺量为水泥的 2%～4%。

（3）固化剂及用水量

为减少土颗粒的流失，提高浆液密度，应尽量减少水的用量，严禁清水搅拌或清水切割。固化剂通常采用普通硅酸盐水泥，以黏性土为主的地层中，水泥掺量占 25%～28%（450～500 kg/m³，黏性土含量越大，水泥掺量越高），水灰比为 0.8～1.2（土层含水量越高，水灰比越小）；以砂性土为主的地层中，水泥掺量占 20%～25%（360～450 kg/m³，砂性土含量越小，水泥掺量越高），水灰比 1.0～1.5（土层含水量越高，水灰比越小）；以卵砾石为主的地层中，水泥掺量占 15％～20％（300～360 kg/m³，卵砾石含量越小，水泥掺量越高），水灰比为 1.0～1.5（土层含水量越高，水灰比越小）。普通硅酸盐水泥水化过程会有少量的体积收缩，可以适当采用微膨胀水泥，以抵消地应力损失造成的侧向变形。

在正式施工前，应进行试桩，根据试桩获得的浆液稠度、密度、早期强度等参数，确定合理的固化剂类型、固化剂掺量、水灰比和外加剂。浆液黏度要超过 100s（马氏漏斗黏度），浆液密度不应小于原状土加权平均密度的 90％（地基土越弱、与地铁设施距离越小，浆液密度应越大），水泥土 12h 的早期强度应达到或超过原状土强度。浆液密度测试如图 5.2-12 所示。

图 5.2-12　浆液密度测试

3. 气压控制

（1）在黏性土地层中，因其具有较强的黏性，颗粒间的黏聚力较大，土颗粒较难被打散均匀，容易形成土块，因此可以采用一定压力的高压气体，在泥浆中形成涡旋，辅助搅拌，气体压力通常为 1～2MPa。

（2）在砂性土地层中，地基土稳定性受气旋扰动影响大，应严格控制气压和用气量，甚至不加气施工，通过减缓施工速度，提高搅拌的均匀性。

4. 施工速度

（1）在地铁保护区内施工时，多轴水泥土搅拌桩下沉速度应为 0.6～1.0m/min，提升速度应为 0.3～0.5m/min，以避免形成真空负压，孔壁坍陷，同时应进行跳打施工，已施工的水泥土搅拌桩强度达到或超过原状土强度后方能施工相邻幅。多轴水泥土搅拌桩下沉及提升过程中均应带浆施工，严禁清水搅拌。

（2）CSM 搅拌工艺，幅宽不宜超过 2.8m（地基土越弱、与地铁设施距离越小，幅宽应越小），下沉速度应为 0.5～0.8m/min，提升速度应为 0.2～0.3m/min，以避免形成真空负压，孔壁坍陷，同时应进行跳打施工，已施工的水泥土搅拌桩强度达到或超过原状土强度后方能施工相邻幅。CSM 搅拌桩下沉及提升过程中均应带浆施工，严禁清水搅拌。

（3）TRD 搅拌桩工艺应采用分段施工，分段长度为 5～10m（地基土越弱、与地铁设施距离越小，分段长度应越小）。TRD 搅拌桩工艺可采用"一步法"施工也可采用"三步法"施工，在软弱地基土中，水泥土搅拌桩与地铁设施距离较近时，宜采用"一步法"施工，通过减缓掘进速度来确保成墙质量。当采用"一步法"施工时，固化剂、外加剂在切割过程一次性注入，为保证搅拌均匀性，应放缓掘进速度，切割速度不宜大于 1.5h/m

（深度越深、速度越慢）；当采用"三步法"施工时，第一步切割、第二步回切、第三步搅拌过程中均应带浆施工，严禁清水切割，第一步切割速度为 20～60min/m（土层越硬、速度越慢）、第二步回切速度为 10～30min/m、第三步搅拌速度为 15～40min/m（深度越深、速度越慢）。

（4）在正式施工前应先进行试桩，根据地层的软硬程度和施工深度，确定施工速率；根据变形监测数据，确定多轴水泥土搅拌桩跳打间距、CSM 搅拌桩的幅宽以及跳打间距、TRD 搅拌桩分段长度。土层越软弱（淤泥土、松散砂性土）距离地铁设施距离越近（10m 以内应最为严格、20m 以内次严格），跳打间距越大、幅宽越小、分段长度越短。

5. 接缝处理

（1）单幅多轴水泥土搅拌桩施工应保持连续，不得中断。若因不可抗力原因停工的，应复打，对搭接不良等情况，应作为冷缝记录在案，并采取 MJS 工法补强。

（2）CSM 搅拌桩分幅间搭接不宜小于 30cm，桩身越深，搭接部分越长。

（3）TRD 工法桩应尽量保持直线施工，减少交叉接头情况。TRD 工法桩分段间应进行回切施工，回切长度 0.5～1.5m（桩身越深、回切越长）。靠地铁侧施工时，TRD 工法桩应尽量减少转角、停工等因素引起的起、下刀排，若必须在靠地铁侧起、下刀排时，应尽量选择靠地铁侧下刀排、避免起刀排，起刀排时应严格按照单次取一块切割箱的原则，并回切复搅，若无法回切复搅，起刀排区域应采用 MJS 工法进行整体补强。

（4）在透水性地层中，地铁保护区范围内的搅拌桩转角搭接处，应采用 MJS 工法进行补强加固。

6. 置换土处理措施

隧道一倍埋深范围内严禁堆放搅拌桩施工所产生的置换土，且当天完成外运或转驳至保护区范围外。

5.2.6　高压喷射桩

1. 工艺选择

地铁保护区内高压喷射桩宜选用 MJS 工法，不宜使用高压旋喷桩。高压喷射桩施工参数的控制对地铁设施的影响很大，在施工过程中必须安装自动监控系统，自动监控系统应能集中控制，并可存储现场施工记录以便后续分析。现场施工时，应安排专人监视、操作，发现异常及时处理。

2. 地内应力控制

高压喷射桩施工前应进行工艺性试桩，并对受保护的地铁设施进行监测，根据监测情况确定地内压力系数。在施工过程中，根据监测情况的变化实时调整。不同土层地内压力控制系数取值如下：

（1）黏性土层中以卸压控制为主：地内压力系数应控制在 1.2～1.4（峰值不得超过1.6），倒吸水压力宜为 15～20MPa，主空气压力为 0.7～1.0MPa。

（2）砂性土层中以保压控制为主：地内压力系数应控制在 1.3～1.4（谷值不得低于1.2），倒吸水压力宜为 10MPa 以下，且排泥阀门根据实际情况常闭或开小；通过减小水灰比，或添加一定量的水玻璃，加快桩体的初凝；如采用钻机预引孔，成孔直径不应大于

160mm，且加装孔口密封器，避免孔口返浆导致地内压力消散，孔口返浆导致地内压力消散如图 5.2-13 所示，如地层条件允许，可采用 MJS 主机自引孔，成孔直径为 142mm。

图 5.2-13　孔口返浆导致地内压力消散

3. 气压控制

（1）主空气压力和流量大小

主空气压力为 0.7～1.2MPa，流量为 0.8～1.2 Nm^3/min，在邻近地铁施工、水平施工、砂性土及松散土体中，空气流量要适当减少。

（2）主空气回收

气体容易在土层中形成"气泡"，危害性极大，气泡在形成及释放过程中，对周围土体容易产生扰动。施工过程中，应指派专人观察地内压力及排泥情况，动态调节排泥阀，排泥顺畅视为空气回收正常。

4. 浆液控制

邻近地铁设施施工时，为防止液化对地铁的扰动影响，应减少水泥土凝固时间，宜采用 42.5 级或 52.5 级普通硅酸盐水泥或早强水泥，或者在水泥浆液中添加早强剂、减水剂、水玻璃等，所用外加剂应根据水泥土的特点通过室内配合比试验或现场试验确定。水玻璃配合比为：水∶水泥∶水玻璃＝ 1∶1∶0.025。

5. 水泥土硬化时空效应

在地铁保护施工中，应进行跳打施工以减小扰动，距离地铁设施越近，跳桩间距越长，在靠近地铁 3m 范围内建议跳桩间距不小于 10m，并应根据监测情况进行调整。水平方向群桩施工时宜由近及远依次进行，先施工最近一排桩，形成隔离，后施工其余排桩。且 MJS 工法桩宜设计为半圆桩，背向地铁设施喷浆成桩，桩心连线与隧道的距离应≥1m 以上，桩与地铁隧道的关系图如图 5.2-14 所示。

6. 地下障碍物清理

桩基施工前，应对场地内地质条件进行复核。探明地下是否存在影响施工的地下障碍物（河沟暗浜、碎石、混凝土块、老旧基础、人防、碎石桩、木桩、方桩或管桩、钻孔灌注桩、雨污水管道、窨井、钢混凝土承台、梁、板或底板等各类障碍物）。地铁保护区内地下障碍物处理方式可根据其埋置深度和尺寸选择合理的处置方式：

（1）地铁特别保护区范围内，埋深 3m 以内的障碍物，可采用挖掘机分段清理，随挖随填，单次开挖卸荷量不大于 20m³；特别保护区外、隧道一倍埋深范围内，埋深不超过

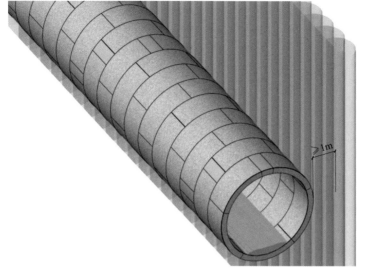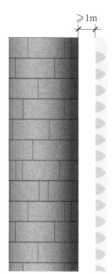

图 5.2-14　桩与地铁隧道的关系图

3m 的障碍物，可采用挖掘机分段清理，随挖随填，单次开挖不大于 100m³。

（2）埋深超过 5m，且障碍物圆周直径不大于 1.5m 的，可采用全护筒全回转钻机清障。

（3）除以上情况外，埋置深度深、尺寸大的特殊障碍物，须进行清理障碍物的专项围护设计，并纳入施工方案专项评审。

（4）对于地铁保护区范围内的老旧桩基，桩基工程一般采用避让旧桩的原则，严禁采用振动锤等方式拔桩，围护结构则建议采用全护筒全回旋钻机拔除，并采用水泥土回填密实。管桩清除速度一般 2 根/d，灌注桩一般 2d/根。

（5）障碍物处理应避免采用振动性的大型机械如镐头机等，更不得采取爆破的方式，可先人工凿除或静力切割，转运至保护区范围外再破碎。

（6）在特别保护区范围内，对于明、暗浜等不利地质情况，应特别重视反复加、卸载对地铁设施的不利影响，对埋深 5m 以内的浅层已回填但回填质量较差的暗浜，不宜开挖换填，可采用地基改良加固处理；对深层已回填但回填质量较差的暗浜或尚未回填的河浜，应进行专项设计、专项评审，以确定处理方式。

5.3　支撑施工

5.3.1　钢筋混凝土支撑施工技术要点

按顺序先后可分为：放线测量、支撑垫层、钢筋工程、模板工程、混凝土浇筑及养护、模板拆除。地铁保护项目支撑施工应严格控制时空效应。

1. 钢筋连接处理

纵向钢筋连接需采用直螺纹护筒连接。钢筋连接头应设置在受力较小的位置，一般在跨度的 1/3 处，位于同一连接区段内的纵向受力钢筋连接头数量不大于总连接头的 50%。

2. 混凝土浇筑及时空效应控制

（1）垫层宜采用模板垫层，在现场快速拼装，减少素混凝土垫层及隔离层的施工时间。

（2）模板宜采用预加工的标准化模板，在施工前预先设计好模板的排布及准备好材料，在现场快速拼装完成。

（3）支撑所用到的各类钢筋应预先加工制作，在现场就近分类摆放，以便快速施工。

（4）为加快混凝土的固化速度，可适当添加早强剂。

3. 混凝土浇捣及养护

混凝土浇捣采用分层滚浆法浇捣，防止漏振和过振，确保混凝土密实。混凝土应连续供应，避免出现施工冷缝。混凝土浇捣完毕，及时铺上草包或者塑料薄膜覆盖，防止水位蒸发而导致混凝土开裂。

4. 土方开挖对支撑强度要求

土方开挖应分区分块开挖和采用岛式开挖，支撑施工应分区分块封闭，48h 内形成局部封闭受力体系。混凝土强度达到 80% 的设计强度后方能开挖下层土方，避免混凝土水化不充分，过早受力产生附加压缩变形。

5. 分段施工

当支撑跨度超过 50m 时，应分段浇筑施工，减少大跨度混凝土结构收缩变形的影响，同时也可以适当添加微膨胀水泥，减少混凝土材料的收缩变形。施工缝表面应剔毛，剔除浮动石子，用水冲洗干净并充分润湿，缝边采用人工插捣，使新旧混凝土结合密实。

支撑结构与围护体的连接部位也应进行清理，剔凿连接部位表面的混凝土或水泥土，露出新鲜的混凝土或 H 型钢，在浇筑混凝土前先冲洗结合面，使其保持清洁、润湿，方可进行混凝土浇筑。

6. 钢筋混凝土支撑拆除

（1）应严格按设计工况进行支撑拆除，遵循先换撑、后拆除的原则。

（2）支撑拆除前，地下结构及换撑结构应在平面内形成封闭的传力体系，禁止局部地下结构施工完毕即拆除支撑。

（3）地铁保护区内混凝土支撑拆除采用静力切割（图 5.3-1）。

图 5.3-1　静力切割

（4）支撑拆除应有可靠的防坠落措施，不得损伤主体结构、支撑立柱及支护结构。

（5）拆除顺序依次为次梁、小跨度主梁、大跨度主梁，并根据变形监测情况，在有必要时增设换撑结构。

7. 换撑不到位引起拆撑工况变形

（1）邻近受保护对象侧，应不留施工肥槽。

（2）围护桩表面的泥皮或渣土未清理干净，导致换撑结构未与围护桩有效连接，如图 5.3-2 所示。要求围护桩桩侧渣土和泥皮必须清理至新鲜混凝土或 H 型钢。

（3）换撑结构浇捣不到位，换撑结构未与围护结构紧密接触。可采用型钢传力件与围护结构的钢筋或钢板进行焊接，形成刚性传力连接。

（4）换撑结构尺寸不满足要求或换撑混凝土强度没有达到设计要求，导致换撑结构破坏。

图 5.3-2 换撑结构未与围护桩间有效连接

5.3.2 钢管支撑施工技术要点

1. 安装流程

测量放线→围护结构表面修整→支撑点测设→围檩及支撑托座安设→钢支撑吊装→施加预应力→钢楔块就位、锁定→拆除千斤顶。

2. 支撑

支撑构件应选择质量合格、规格尺寸标准化的预制构件，支撑构件必须完好无损。支撑与围檩或围护桩（墙）之间应按设计要求可靠连接，连接节点应平贴、紧固，能有效传递支撑轴力和剪力，每个节点焊缝均应现场验收，并拍照存档。

3. 围檩

（1）钢围檩材料应平直、平整、无缺陷，钢围檩的端板、筋板、焊缝等应按设计图纸要求加工制作。

（2）钢围檩与围护桩（墙）之间预留不少于 60mm 的水平通长空隙，通过刚性传力件焊接，能有效传递土压力，其间采用强度等级不低于 C30 的快硬细石混凝土填嵌，混凝土强度达到设计强度时才能施加预应力。

（3）钢围檩的拼接部位应按等强度加工，确保钢围檩整体性，围檩焊接接头宜设置在距支座（钢管支撑中心）1/3 处。

（4）所有焊缝均应现场验收并拍照存档，如图 5.3-3 所示。

图 5.3-3　所有焊缝均应现场验收并拍照存档

4. 安装要求

（1）钢管对撑时，每根接头数不得超过 4 个，角撑接头数不大于 3 个，钢楔子的承载力不得小于 2 倍的支撑设计轴力。

（2）地铁保护项目，因活络端易松动（图 5.3-4），因此不宜采用，应采用可固定锁死的端头或轴力补偿装置如图 5.3-5 所示。

(a)　　　　　　　　　　　　　　　　(b)

图 5.3-4　活络端易松动（不宜采用）

（a）错误的钢楔子排布；（b）正确的钢楔子排布

图 5.3-5　可固定锁死的端头或轴力补偿装置

（3）不得使用变形的法兰，法兰连接时应保持平行，偏差不大于法兰外径的 1.5%，且不大于 2mm；不得用强紧螺栓的方法消除偏斜；定期（不大于一周/次）检查法兰接头螺栓并及时拧紧，确保接头传力可靠。

（4）钢管支撑端头应与钢板平贴顶紧如图 5.3-6 所示，不得出现单边或者单点受力状态，缝隙应采用钢板楔密贴，并焊实。

图 5.3-6　钢管支撑端头应与钢板平贴顶紧

（5）支撑与横梁之间应按设计要求紧固连接。

（6）采用有效的防脱落措施。

5. 预应力施加

（1）钢管支撑必须按设计要求及相关规定施加预应力，同时根据基坑变形情况，经设计确认后调整预加压力，确保围护结构的变形可控，钢管支撑预应力施加如图 5.3-7 所示。

（2）预应力施加应分级加载且持续时间不小于 10min，严禁一次性加载到位。加载过程中应检查确认钢管支撑和围檩无异常后，方可继续施加。预应力施加至设计要求后，将端头紧固锁死，预应力施加过程中应做好记录并存档。

（3）钢管支撑加载之前，应读取基准数不少于 3 次，加载过程中与千斤顶同步监测各阶段的预加压力，并将监测预加压力与千斤顶加载油表读数相互校核。

6. 钢管支撑拆除要点

（1）换撑到位，且地下结构混凝土强度达到设计要求后方可拆除钢管支撑。

（2）拆除前对支撑采取固定措施，保证卸力时稳定。

（3）拆除时应保证拆卸、吊装施工安全，加强现场管理，设专人指挥。

（4）分级释放轴力，避免瞬间轴力释放过大而导致结构局部变形、开裂。

图 5.3-7　钢管支撑预应力施加

（5）实行信息化施工，加强施工监测，发现异常情况及时报驻地监理和业主研究处理。

7. 严禁超挖

软土地层中，土压力荷载大，钢管支撑密度大（水平间距 2～4m，竖向间距 3～3.5m），土方开挖难度较大，先挖后撑的现象屡见不鲜。超挖施工对基坑安全以及变形的影响最为严重，必须禁止。

8. 轴力补偿装置

自动补偿端包含钢套箱、液压千斤顶（含机械锁）、三角搁架等：

（1）液压千斤顶放置于钢套箱内，不得偏心和移位。液压千斤顶和钢套箱不应制作成一个整体，应采用可分离结构。

（2）钢套箱与钢支撑通过法兰连接，法兰使用的高强度螺栓长度不小于 90mm，螺栓等级不低于 10.9 级。

（3）液压千斤顶应自带机械锁，机械锁和千斤顶不得分离，应成为一个整体。当预加设计轴力后，立即将机械锁锁上。当系统有故障时，钢支撑轴力仍不会失稳。

（4）三角搁架置于钢套箱下方，与围护体焊接，其宽度应大于钢套箱。如采用钢围檩，则在钢套箱上方应采取措施与钢围檩固定。

5.3.3　型钢组合支撑施工技术要点

型钢组合支撑具有刚度大、强度高、整体性好、稳定性高的特点，结合轴力伺服系统，可以有效地起到控制基坑变形的作用。在地铁保护项目中采用型钢组合支撑技术，支撑体系设计应遵循以下几点原则：（1）平面布局宜以对撑（直对撑和八字对撑）为主，少用角撑；（2）严格控制支撑水平间距，减少单次开挖宽度，淤泥土地层中支撑水平间距不宜大于 18m，粉砂土或黏性土中不宜大于 30m，硬塑黏性土地层中不宜大于 50m；（3）围檩净距不宜大于 8m，淤泥土地层中围檩净距不宜大于 6m，采用角撑或八字对撑时，两道支撑间宜共用三角件；（4）围檩均应采用加强型构件，淤泥土地层中宜采用三拼围檩（或大截面的围檩构件）；（5）支撑竖向间距不宜过大，淤泥土地层中支撑竖向间距不宜大于 3m，粉砂土或黏性土中不宜大于 4m，硬塑黏性土地层中不宜大于 5m；（6）支撑杆件和节点的承载力应有更高的安全储备，超深基坑宜采用双层叠合支撑，以便通过加大支撑轴力进行变形控制。

型钢组合支撑作为装配式、可拆卸的组合结构体系，对施工技术提出了更高的要求，需要从构件制作的标准化、装配式结构的深化设计、安装精度的控制、检验验收等多方面进行严格管理。

1. 标准化构件

构件加工流程如图 5.3-8 所示。

材料选用 → 钢材下料 → 构件组拼 → 构件焊接 → 构件预拼装 → 除锈与涂装 → 构件标识、包装和运输

图 5.3-8　构件加工流程

加工好的构件，在发往现场安装使用之前，应进行预拼装，预拼装合格的构件方能使用，并按图纸编号，在现场相应位置进行拼装。标准钢构件预拼装采用实体预拼装，将构件实体按照图纸要求，依据大样逐一定位，然后检验各构件实体尺寸、装配间隙、孔距等数据，确保构件能满足现场安装精度要求。

2. 深化设计

型钢组合支撑结构是一种采用预制构件在现场进行组装拼接而成的装配式结构，拼接接头通常采用螺栓连接，因此拼接的合理性和精确度等施工质量对其安全性有着至关重要的影响。为确保装配式结构的施工质量满足设计要求，型钢组合支撑在施工前，应由相应专业施工单位根据设计方案对支撑结构进行深化设计，并经过围护设计单位审核确认。深化设计的原则是：在不改变设计方案的基础上，采用符合设计要求的预制构件进行拼接设计，构件尺寸和规格必须满足设计要求，同时对错缝拼接、非标件的设置、节点处理进行深化，使得装配式结构能达到设计方案整体结构受力要求。

（1）深化设计的基本原则：

1）不得调整设计方案中的支撑平面布局，构件不得缺失，构件规格及做法应满足设计及相关规范要求。

2）不得随意改变拼接组合方式，应尽量采用整体件拼装，不应采用过多零散构件，以免影响装配式结构的整体性和拼装精度。

3）主要受力构件之间拼接缝处各个方向的强度均应与整体构件相一致，如不一致，应有相应的加强措施或单独进行验算。

4）对应力集中部位，采用加强型构件。

5）主要受力构件的拼接面，应与支撑轴力方向垂直相交，不应直接受剪、受拉或受弯。

6）螺栓规格与螺栓孔规格应满足设计和规范要求，除加压部位的通长盖板以外，均不得采用 U 形螺栓孔。

（2）围檩深化设计（图 5.3-9）注意要点：

1）首先根据支护设计图纸，确定型钢围檩内边线。型钢围檩与钢筋混凝土冠梁一起浇筑时，围檩为钢筋混凝土冠梁的找平线并兼作钢模板；型钢围檩与围护桩内边线的间距暂定为 250mm，实际距离根据现场情况定，通过传力件的尺寸调整。

2）围檩与围檩之间接头处必须错开 1m 以上，阳角围檩转角非标构件须为整体构件，阴角围檩非标构件错开 0.5m 布置。基坑内侧围檩转角非标件预留缝隙 10mm，用来调节基坑开挖过程中围护桩产生的变形，并用塞铁塞紧。围檩与围护桩连接深化设计如图 5.3-10 所示。

3）支撑与围檩连接位置，围檩应采用加强型围檩（加劲板间距 500mm）。

4）围檩接缝尽量落在加压件或三角件内部，如实在无法避免的情况下，需增设侧盖板，严禁在外道围檩中部设置接缝。错缝拼接深化设计如图 5.3-11 所示。

5）围檩长度方向超过 80m，增设一组调节件，防止围檩错孔现象，减小围檩的剪应力。

6）围檩与围檩、围檩与三角件、围檩与加压件之间螺栓孔必须全部螺栓紧固；围檩与压顶梁连接时，螺栓孔必须全部采用预埋螺栓。

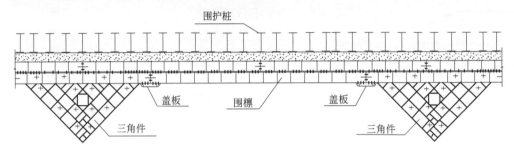

图 5.3-9　围檩深化设计

图 5.3-10　围檩与围护桩连接深化设计

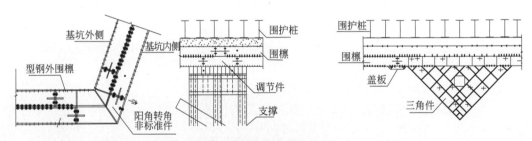

图 5.3-11　错缝拼接深化设计

（3）支撑深化设计（图 5.3-12）注意要点：

1）支撑梁所有接头处都应设置盖板，相邻支撑接头位置应错开 4m；接头处应增设上盖板，盖板与盖板之间设置槽钢连系梁；相邻支撑梁下翼缘上表面增设角钢斜拉梁；支撑梁对接处下翼缘应设下盖板。

2）支撑梁长度超过 50m 需增设一组调节件，防止支撑与盖板有错孔现象。

3）支撑梁细化时，支撑梁加压部位适当留 20～30mm 安装缝隙，加压完后塞铁塞紧后增设上盖板。

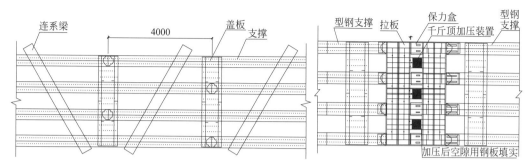

图 5.3-12　支撑深化设计

（4）横梁、立柱等附属结构深化设计（图 5.3-13）注意要点：

1）立柱应避开主体结构的梁、柱，承重墙宜避开承台。

2）横梁间距不宜大于 10m。

3）八字撑处（对撑三角连接件）构件下面井字架应居中设置。

4）当立柱两侧均设置托座件时，应在牛腿标高处设置加劲板。

5）若横梁与支撑型钢之间的连接螺栓少于 2 套，应设置抱箍。

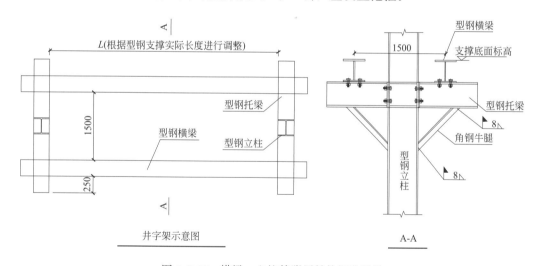

图 5.3-13　横梁、立柱等附属结构深化设计

3. 现场安装

型钢组合支撑的安装流程：放样定位→焊接牛腿→安装型钢围檩→施工立柱→安装托座和横梁→安装型钢支撑梁→施加预应力→安装保力盒锁定预应力。

（1）牛腿安装

根据设计工况要求，将坑内场地平整至支撑底面以下 500mm；根据深化图纸所标注的标高确定牛腿位置；通过水准仪测定牛腿顶面标高（应多人次、多台设备校核），并做好标记；采用沟槽开挖的方式，将围檩范围附近开挖至围檩下口 1000mm 位置；进行牛腿与围护桩之间的焊接，固定牛腿。

（2）安装围檩

型钢围檩与围护桩连接有两种连接方式：钢围檩与混凝土冠梁连接采用预埋螺杆连接，预埋螺杆必须与冠梁中的钢筋进行焊接，预埋螺杆数量必须符合设计要求；钢围檩与围护桩（墙）采用 T（或 H）形传力件进行连接，传力件中间采用细石混凝土进行填充，传力件与围护桩钢筋或钢板焊接，是型钢组合支撑体系中少有的几个焊接工作之一，其焊接质量决定了围檩与围护桩之间连接的强弱，应严格控制焊接质量。在挖土前围檩应当形成封闭或者形成相对封闭，围檩拼接缝隙必须紧贴、密实。

（3）安插立柱

直接采用 H 型钢作为立柱与立柱桩时，立柱与立柱桩施工通过机械振动插入土体；若土层坚硬，振动插入困难，可在振动时灌入清水；如还是难以插入，则需要采用长螺旋引孔等辅助措施。

（4）安装托座与横梁

横梁材料必须采用整根型材，严禁使用连接材料；托座件应用全站仪或经纬仪确定标高，托座与横梁标高的精度，直接决定了支撑水平安装精度，因此也需要多人次、多台设备的校核，横梁与支撑梁不得有空隙，如有缝隙需加板填实；所有连接部位的螺栓数量必须满足设计要求。

（5）型钢支撑梁安装

横梁与型钢围檩安装完毕后，方可安装型钢支撑梁；支撑梁应控制水平度，防止支撑梁偏心受压；支撑梁构件采用塔式起重机或挖土机械进行材料的吊装与拼接，严禁挖掘机碰撞支撑梁；支撑梁拼装完后，根据图纸对盖板及槽钢进行定位安装；所有构件采用高强度螺栓 M24（10.9s）连接，螺栓的紧固分两次进行，初拧扭矩为终拧扭矩的 50%～70%，螺栓终拧扭矩为 726N·m。

（6）预应力施加

预应力施加是型钢支撑安装过程中最重要的一环，预应力施加可以起三个作用：

1）作为采用螺栓连接的装配式结构，构件与构件之间不可避免地存在一定的缝隙，否则无法安装，因此必须施加预应力将各个构件贴紧。

2）施加预应力可以预先消除一部分支撑变形，提高支撑体系抵抗变形的能力。

3）施加预应力，也是对支撑结构受力特性的检验，对于地铁保护项目，需要主动变形控制，因此初始施加的轴力值可取设计轴力的 100%～120%。

预应力施加要点：

1）加压位置属于应力集中位置，应采用加强型的多道加压件作为受力转换层。

2）预应力施加应均匀、对称、平稳，千斤顶压力点应与型钢支撑梁轴力线重合，千斤顶应在型钢支撑梁轴线两侧对称、等距放置，且应同步施加压力。

3）加压前所有螺栓紧固必须达到设计要求；加压油泵、千斤顶必须通过标定检验。

4）预应力应根据逐级加压，一般依次为总量的 20%、50%、30%，每级加压后宜保持压力稳定 10min 后再施加下一级压力。

5）预应力锁定完毕后，应对支撑连接螺栓、围檩连接螺栓等受力构件的所有连接螺栓重新紧固。

6）在施加预应力前，应根据监测要求，在相应位置安装应变计，并测量初始读数，加压完毕后，读出型钢支撑轴力的初始值。

（7）采用伺服系统

型钢组合支撑的伺服系统与钢管支撑的伺服系统相同，均是通过调节千斤顶的轴力，实现支撑轴力可控，同时也可以控制围护结构的变形。轴力伺服系统如图 5.3-14 所示。无论是施加预应力或采用伺服系统，都应做到对称、均匀施加，同时还要确保预应力施加部位或轴力补偿点位置的稳定性。采用伺服系统，需要支撑能够沿着轴线方向伸缩，同时又要确保支撑的水平与竖向不能发生失稳，对于型钢组合支撑，不再是简单的一个加载箱就能实现的，需加上跨越加压件的通长上盖板、下盖板和侧盖板，起到稳定的约束作用。伺服加压位置约束如图 5.3-15 所示。

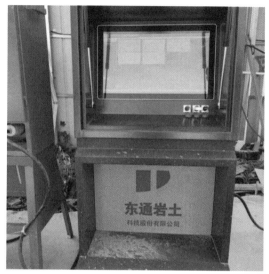

图 5.3-14　轴力伺服系统

图 5.3-15　伺服加压位置约束

1）伺服系统的功能应符合下列规定：

①应能实时采集钢支撑轴力数据，数据采集应准确，误差不宜大于 1%。

②自动补偿端应配置机械安全锁。

③应具备应急供电功能，确保断电时系统能正常工作。

④应具有故障自动报警功能。

⑤应采用稳定可靠的数据传输方式。

⑥具备远程控制和现场控制两种模式。

2）中央控制中心主要指计算机 PC 系统，设置于现场的集装箱内，全面监控整个系统的实时运行情况，其功能应符合下列规定：

①能设定钢支撑预加轴力的设计值、自动补偿上限值、自动补偿下限值、预加轴力上限值等关键技术参数。

②能实时采集、查看、存储轴力数据。

③能对监控轴力数据进行自动比对，根据比对结果对油压泵站进行实时自动调节。

④能实时显示监控数据及设备状态，能实现设备故障的自动报警。

⑤钢支撑轴力数据采集的响应时间不大于 1min/次，控制的响应时间不大于 1min/次。

3）电控以及油压泵系统的功能应符合下列规定：

①能执行中央控制中心的指令，控制电动油泵按照指令调控油压。

②能实现轴力等数据的采集并实时传输给中央控制中心。

③能实时监测并自动调节自动补偿端油压，油压控制精度及油压测量精度不低于 0.1MPa。

④具有维持液压稳定、保证系统安全的功能。

⑤具有液压油液位观测功能。

⑥控泵站各密封件、电动油泵的性能符合《预应力用电动油泵》JG/T 319—2011 的规定。

⑦电动油泵宜使用 ISO 黏度等级为 VG32 级以上的液压油。

⑧液压油管与设备连接可采用承插接口或螺纹接口，应采取液压油防漏措施。

4）伺服系统的安装应符合下列规定：

①根据设计要求，在中央控制中心电脑上设置每根钢支撑的预加设计轴力、自动补偿上限值、下限值等，并将预加轴力上限值设置为液压泵站的上限值。系统轴力维持精度为 100kN。

②伺服系统的首次加压宜采用分级加载的方式，具体加载方法可根据现场实际情况确定。

③施加轴力过程中，当出现钢支撑弯曲、焊缝开裂、异常响声等异常情况时，应暂停加压或及时卸除压力，查明原因并采取适当措施后方可继续施加压力。轴力施加完成后需对所有的螺栓进行复紧。

④轴力施加到设计值后锁住机械锁，机械锁与千斤顶间宜预留 5mm 缝隙。完成后对机械锁螺杆段裹上保鲜膜或添加护套，避免机械锁被现场泥土、混凝土等污染。

5）轴力补偿的卸载和拆除应符合下列规定：

①当基坑面积较大或长度较长时，应采用分区卸载与拆除。

②为防止液压油泄漏，以及泥土等杂物进入千斤顶，油管拆除后，应立即用干净的堵头将千斤顶上接头封堵旋紧。

③支撑拆除施工过程中应加强基坑围护及周边环境的监测，一旦发现变形较大或未拆支撑轴力过大，应立即与设计单位商讨采取应对措施。

④专业技术管理人员应在规定时间内提供不低于 1h 精度的轴力数据，并将支撑轴力

超过监测警戒值的情况及时通报各相关单位。

5.4　降水施工

为保证基坑能在干燥条件下施工，减少基坑发生渗漏水风险，提高基坑稳定性，需进行降水施工。针对不同的地质条件和开挖深度，主要的降水施工工艺有：明排降水、轻型井点降水、自流深井、真空深井降水。对于地铁保护项目，为控制降水对地铁设施的影响，通常采用封闭式截水帷幕进入相对不透水的黏性土或基岩中，只进行坑内降水，坑外不降水。

坑外降水施工造成环境影响的原因：

（1）地下水位下降，有效应力增大，地基沉降变形。

（2）降水引起的土颗粒流失，产生地基变形甚至空洞。为避免或减少上述两种情况对地铁设施的影响，特别保护区范围原则上禁止降水施工，当基坑规模很小（单次降水面积不超过100m²）、降水深度很浅（降深不超过2m）时，可采用轻型井点短时间降水；隧道一倍埋深范围内应避免大面积降水施工，当基坑规模较小（单次降水面积不超过200m²）、降水深度较浅（降深不超过4m）时，可采用轻型井点短时间降水。

坑内降水施工也应遵循"分坑、分区、分段、分层"的原则，根据土方开挖的需要合理降水，做到"分坑降水、先撑后降、随降随挖"，坑内水位降深不得超过开挖面以下1m，避免大面积降水导致坑内外产生过大的水头差，引起基坑和地层变形。

5.4.1　降水井施工

降水井的施工质量对于控制出砂率有至关重要的影响，为减少降水引起的土颗粒流失，降水井施工必须采用施工扰动小、成井质量可靠的工艺。在地铁保护区内的坑外深井，通常作为应急降水井，正常施工情况下不作为降水井使用，仅用于截水帷幕发生渗漏时的应急降水井。当截水帷幕未隔断承压水时，减压深井用于降低坑内承压水的水头，需要长期降水。对于以上两种深井，既要减少深井施工过程中的地层扰动，也需要减少降水过程中的土颗粒流失，不应采用冲成井（冲成井过程带走大量土颗粒）如图5.4-1所示。降水井施工应采用泥浆护壁钻机成孔，并严格做好反滤层及滤网，严格控制出砂率，如图5.4-2、图5.4-3所示。

图5.4-1　不应采用冲成井
（冲成井过程带走大量土颗粒）　　　　图5.4-2　应采用泥浆护壁钻机成孔并做好反滤层

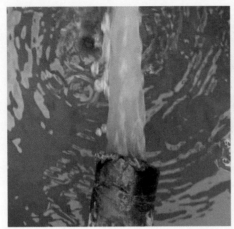

图 5.4-3　严格控制出砂率

5.4.2　回灌施工

当截水帷幕未隔断承压水时，应综合采取"隔、抽、补"为一体的各分区联合降水控制技术，通过回灌措施最大限度减小承压降水对周边环境的不利影响。因回灌时有压力，要求井管周围止水效果比较好，能够承受一定压力，回灌井止水材料一般为黏土球，黏土球在回填过程中下降速度比较快，同时黏土球遇水后会发生膨胀，止水层能够密实，从而达到良好的止水效果。井口外围回填材料应采用素混凝土回填。

回灌加压方法有两种：一种是通过大水泵抽取地下水或水箱内水体，向回灌井内回灌，回灌压力一般较高，压力的大小由水泵的流量和扬程决定。另一种方法是安装加压泵，对水体自然压力进行补偿，从而增加回灌压力。

为保障回灌效果，回灌井的技术措施如下：

（1）回灌井内会产生一定量气泡，大量气泡聚集在滤管周围会阻止回灌水进入含水层中，因此必须定期对回灌井进行回扬冲洗，要求回灌井在正式工作前必须在井内安装回扬水泵，定期抽水回扬。

（2）回灌时，要求排除井内空气，防止产生气泡阻挡回灌水，并在井口盖板上安装排气阀，当水从排气阀大量出水后，才可以关闭排气阀。

（3）回灌井上安装压力表及流量计，灌水量与压力要由小到大，逐步调节到适宜压力；回灌井口要求密封，确保回灌时不漏水，同时回灌压力不宜过大，当回灌流量不明显增加时，回灌压力最好不要增加，否则回灌井周围易产生突涌，从而破坏回灌井结构。

（4）回灌井成井后应立即抽水，井外回填最好在抽水数天后再进行回填，这样回填密实性比较好。

5.4.3　抽水试验

在基坑开挖前，应进行单井和群井抽水试验，检验单井的出水量效果及出砂率情况，同时通过群井抽水试验，确定降水井是否能满足降深要求和截水帷幕效果。若单井出水量或出砂率不满足设计和规范要求，应重新补井。若群井不能满足降深要求，应先上报设计及地勘单位,复核降水井的布置。若群井降水时,坑外水位异常变化,应组织专项论证,分析原因,并制定下一步处理措施。

5.5　开挖施工

为减少基坑开挖引起的变形,按照"时空效应"理论,采用合理的技术措施,减少无支撑暴露时间、降低无支撑条件下的基底卸荷水平。

1. 分坑施工

(1) 根据分坑施工进度安排,做好分坑间的结构传力措施。

(2) 根据每个分坑的交通条件,选择适合的开挖工艺、运输方式及设备。

2. 分区分块施工

(1) 根据基坑形状、分块形式及支撑布局,选择合理的"分段开挖、间隔跳挖、开槽支撑、岛式开挖"等方式。

(2) 根据土质条件,明确分区降水措施及分块间土坡的稳定措施,在透水土层中,应先进行掏挖、探挖,确认接缝位置无渗漏情况后方能大面积开挖。

(3) 根据坑内交通条件,明确分区施工的开挖工艺、运输路径及设备。

(4) 核心筒等局部深坑是制约快速封底的关键节点,应制定单独的分区施工计划和措施,可采用大底板垫层加厚加筋、设置暗撑梁等方式,在底板完成前通过垫层提供侧向刚度和抵抗基底土隆起。

3. 其他技术措施

(1) 隧道一倍埋深范围内的地下室底板,宜采用大筏板基础,加快封底施工速度。

(2) 明确基底人工修土做法及保障措施,减少基底土扰动,对于基底是淤泥土等易受扰动的地层,做好基底疏干排水、选择小型施工机械设备、采用生石灰材料固化等措施,应避免基底土受扰动或承台间回填土不密实如图 5.5-1 所示。

图 5.5-1　应避免基底土受扰动或承台间回填土不密实

(3) 工程桩桩头宜采用切割破除方式,承台胎膜宜采用预制模板,承台回填土应确保回填质量和压实度，机械切割桩头与预制胎膜如图 5.5-2 所示。

（4）明确分割桩（墙）破除施工工艺及安全保障措施。

（5）为保证出土的连续可靠，应具备场外临时卸土场地。

图 5.5-2 机械切割桩头与预制胎膜

5.6 连通口破洞门施工

连通口施工极易发生已建地铁设施基底涌水或地表水倒灌，已建地铁设施基底涌水会导致严重的水土流失进而产生地基沉降，同时涌水和地表水倒灌会严重威胁地铁运营安全。因此，连通口施工的主要技术措施是防水措施。

1. 精确探查已建地铁设施位置

连通口处的围护结构施工前，应采用静探的方式，复核确认已建地铁设施的准确位置和埋深，并在地面做好显著标志。

2. 防止基底涌水措施

连通口与地铁设施的接通施工，需要破除已建地铁设施的围护结构和截水帷幕，既有围护结构和截水帷幕破除后，基底的地下水会沿着基底和围护结构之间的缝隙向外涌出，因此需要对基底和围护结构之间进行加固。加固措施与连通口的连接方式以及已建地铁设施的做法有关。

（1）与车站主体连接

与车站主体结构连接时，通常已建地铁结构较连通口深，车站围护结构一般采用地下连续墙作为截水帷幕，不易发生地铁车站基底涌水情况，因此只需做好连通口自身的降水排水措施。

（2）与车站附属结构连接

与车站附属结构连接时，通常已建地铁结构深度与连通口深度一致甚至更浅，车站围护结构一般采用搅拌桩作为截水帷幕，当破除已有截水帷幕时，附属结构基底暴露，特别是采用工法桩围护时，H 型钢拔除后搅拌桩被破坏，极易发生基底涌水情况，因此需要做好帷幕补强或基底加固措施。

既有截水帷幕的补强可采用 MJS 工艺，基底加固可采用斜向压密注浆工艺，施工过程中应严格控制注浆压力，并根据监测数据调整注浆施工速度。

既有车站和附属结构的围护结构与截水帷幕均应采用静力切割的方式破除，破除时应严格控制破除的深度，破除深度严禁超过既有地铁结构的埋置深度。若既有地铁结构底板未做下翻梁措施，可适当减小连通口底板埋深，减少围护结构和截水帷幕的破除深度，避免既有地铁结构基底暴露。

3. 已建地铁设施的临时封堵措施

连通口与地铁设施连通时，为防止基底涌水或地表水倒灌影响地铁运营安全，在既有围护结构和截水帷幕破除之前，应先通过临时封堵措施将地铁设施进行隔离，在连通口结构封闭之后方能拆除临时封堵。

4. 上覆土处理

在连通口的开挖过程中，应尽量减少既有地铁设施的上覆土开挖，避免上覆土开挖卸荷引起的地铁结构上浮，也避免开挖施工造成地铁结构和防水的损坏。若既有地铁设施的围护结构为刚性的钻孔桩、地下连续墙或未拔除型钢的工法桩围护，应尽量不破除此类刚性围护，通过在连通口基坑中设置上下两道支撑，将既有围护结构固定。若既有地铁设施的围护结构为拔除型钢的工法桩围护或无支挡结构的放坡支护，应采用注浆等轻型设备和工艺对上覆土进行加固。

5. 土方开挖

连通口基坑土方开挖应遵循小范围探挖的原则，既有围护结构和截水帷幕的破除也应先小范围试探性破除，并在坑内预留一部分土方，作为应急回填土方。若试探性破除后未发生基底涌水情况，及时浇筑相应区域的垫层，再进行下一阶段开挖和破除。若破除过程中发生基底涌水情况，应立即回填，制定加固方案后方能恢复开挖与破除。

6. 结构补强

洞门破除过程中，若既有地铁结构受到损伤，应采取有效措施，将地铁结构恢复至原状，同时做好连接处的防水措施。

7. 洞门联通

洞门联通施工前应充分进行现场调查，如图 5.6-1 所示，根据风险辨识情况，如表 5.6-1 所示，合理设置通风、照明、防火、防尘措施，如图 5.6-2 所示，墙体切割过程中做好防坠落和防倾覆安全措施，切割防护如图 5.6-3 所示。

图 5.6-1　现场调查

风险辨识情况表

表 5.6-1

序号	工程风险分类	风险基本状况描述	应对措施
1	自身风险	墙体切割时操作空间有限,工作面紧凑,人员操作和管理缺陷,稍有不慎容易造成安全事故	1. 合理规划有限空间内场地布置,预留施工通道及设备运输通道 2. 物机部、安质部、施工班组长及监理共同对机械进场进行验收,发现安全防护装置不齐全或有其他故障的应退场处理 3. 使用前对操作人员进行安全、技术交底 4. 加强使用过程中的保养,专人专机使用
2	施工风险	切割顶部及侧墙混凝土时,混凝土块存在掉落风险	1. 严格按照方案要求进行混凝土分块、分段施工 2. 临时悬吊设备安装牢靠
3	环保风险	站内施工可能会对站内造成污染	采用全封闭围挡对施工场地进行防护封闭

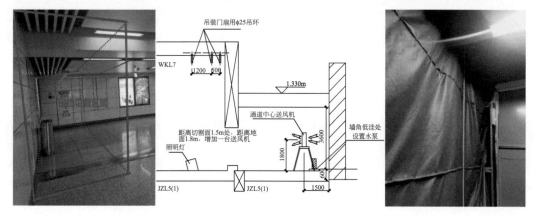

图 5.6-2　通风、照明、防火、防尘措施

图 5.6-3　切割防护

5.7　应急抢险措施

（1）一旦发生险情,应立即疏散险情现场人员,同时对可能造成影响的周边建筑内的人员进行疏散。

（2）通知相关管线单位,根据影响程度进行管线监护和处理。

（3）会同交警部门对影响到的周边道路进行调整和交通疏解。

（4）若发生险情的区域位于地铁保护范围内,先通过临时加固和反压等措施,稳定基坑变形、封堵渗漏点，组织召开专项应急抢险处置会议，制定相应的后续加固和抢险措施方能复工。

1）基坑纵向滑坡抢险措施

①在具备条件和不危及人员安全的前提下补强支撑，并对坡脚处进行土方回填。

②如果不能补强支撑，则立即对坡脚处回填土方或砂。

③如果纵向滑坡后基坑发生坍塌，立即对基坑塌方处回填土方或砂。

④进行坡顶卸荷。

⑤尽量减少动荷载。

⑥杜绝任何外部水源流入基坑边坡内。

2）支撑失稳抢险

①如果发生钢支撑失稳，基坑未坍塌，则在失稳的钢支撑旁增设钢支撑，并施加预应力，同时锁定预应力。

②基坑已塌方的，立即对基坑坍塌处回填土方。

③对钢支撑复查，检查支撑是否松弛，如果支撑松弛，应立即采取附加预应力的方式加固。

④立即核查周边是否超载、围护结构背土是否流失、支撑材质是否有质量问题，防止失稳现象扩散。

3）坑底隆起抢险措施

①一旦发现坑底隆起迹象，应立即停止开挖，并立即加设基坑外沉降监测点。

②对小型基坑可及时采用回灌水的方法，对大型基坑则应立即回填土，直至基坑外沉降趋势收敛，方可停止回灌和回填。

③如果采用回灌水的方法，应马上与消防部门联系，从附近消火栓中取水回灌，若消火栓水量不够，则需要与自来水公司联系，从附近供水管道中取水。

4）承压水突涌抢险措施

①开启所有承压水抽水泵，降低承压水水位。

②对小型基坑可及时采用回灌水的方法，对大型基坑则应立即回填土方（以黏性土为佳）。

③加强对基坑、周边建筑物及地铁设施的变形观察。

④在采取降水措施的同时，寻找涌水源，对其采取必要的技术措施。

5）截水帷幕渗漏抢险措施

①查清漏水点，先用棉被封堵，基坑土方回填覆压，漏水点附近增设支撑和附加轴力。

②围护结构漏水点外侧打孔，压注聚氨酯溶液进行封堵。当漏水点被彻底封堵、不再涌砂后，再双液注浆，对地基进行加固。

③当漏砂严重，封堵无效有可能导致周围环境破坏时，用土方、砂或水泥等材料回填基坑。

④对周围建筑物、管线、道路和地铁设施进行实时监控，当变形较大时，采取双液跟踪注浆，调整变形速率，对流失的土体填充。

⑤对采用水泥土搅拌桩作截水帷幕的基坑，一定要对注浆压力有严格控制，防止压力

过大破坏原有截水帷幕。

6）抢险工程案例

①承压水突涌案例

某隧道泵房基坑工程位于含有微承压水的粉砂层中，突涌原因主要有以下几个方面：a. 现场未按原设计施工，且未重新编制施工方案和论证。b. 减压井在施工过程中损坏，施工方未对降水方案进行调整，在基坑开挖过程中未对损毁的减压井做补救措施，底板施工过程中采用割除且未做封底处理的井管随意设置，浇筑底板时集水井未进行封闭处理。c. 降水井成井过程存在质量问题，导致基坑承压水位不能降至设计要求水位。d. 施工过程中，未按照方案要求配备应急电源，造成停电后降水井停止运行。e. 新设的集水井被微承压水压力击穿，产生涌水涌砂。

抢险处理措施：a. 打孔至底板以下注聚氨酯，至透水量减少，水位平衡至中板。b. 坑外补充降水井。c. 根据泵房内部沉砂方量、补井过程的泥浆流失情况，推断地层空洞位置。d. 隧道顶板做挡水墙，并对顶板打孔回水反压。e. 泵房周边浅层水泥注浆加固。f. 观测验证回水效果，同时隧道内采用自动水泵抽水。g. 减压井暂停抽水，结合地质雷达勘探情况进行二次水泥注浆填充空洞。h. 清理沉砂，集水井封井。

②截水帷幕失效基坑渗漏事故案例

某项目基坑开挖范围内主要为粉土夹粉砂，水平渗透系数为 132.04×10^{-6} cm/s，垂直渗透系数为 102.04×10^{-6} cm/s。土方开挖过程中共出现 8 处渗漏。

事故原因主要有下几个方面：a. 前期现场高压线位置对施工影响考虑不足，导致施工净空间狭小，多轴水泥土搅拌桩、TRD 工法等大型机械无法满足高压线下施工净空需求，进而造成截水帷幕不连续。b. 土体渗透系数大，孔隙率较大，周边水系容易贯通，且该基坑位于河道旁，河水水位较高，地下水压力大，普通高压旋喷桩难以有效成桩。c. 局部旋喷桩施工质量存在缺陷。

应急处理方法：a. 在基坑外侧引孔，对孔内进行双液注浆堵漏。使用聚氨酯注浆封堵。b. 如无法及时达到堵漏效果，则采用回灌水处理。c. 采用 MJS 工法对截水帷幕加固处理。

5.8　穿越施工

5.8.1　盾构下穿既有地铁隧道施工

1. 设计

盾构下穿设计时，应尽量采取直线段下穿，避免下穿段设置竖曲线坡。空间距离关系上宜尽量控制在 $0.5D$ 以上。

2. 施工

（1）盾构机选型

盾构下穿施工，盾构机选型是关键，盾构应能适应下穿位置的地层。

（2）试验段设置

盾构正式下穿前，应设置试验段，总结盾构掘进参数。试验段设置宜在埋深、地层类似地段。

（3）下穿前停机，全面进行设备检查及维修

为确保整个下穿过程的顺利，正式下穿前，应停机对设备进行全面检查及维修。停机位置应距离下穿点足够远，且地面条件较好。

停机检查的主要内容包含：盾构机同步注浆系统、泡沫系统、土压平衡系统、盾尾油脂注入系统、螺旋输送机仓门及控制系统、渣土改良及壁后注浆系统等。

（4）盾构下穿阶段

1）开挖面土压力控制

合理设定土压力是目标土压力管理的重要内容。目标土压力设定的基本原则是：保证开挖面的土体稳定，尽量减少掘进对周围土体的干扰。土舱内土压力的确定方法，一般按"静止土压力＋水压力＋预留压力"来计算。届时以保持盾构前方微降 $1\sim3$mm 为准。

2）开挖面土压力平衡的保持

为控制开挖面的稳定，必须做好目标土压力的动态管理，使地层水土压力 P 和密封舱内泥土压力 P_0 保持动态平衡。这种平衡，通过调节与控制螺旋输送机的排土量来实现，$|P\text{-}P_0|$ 与螺旋输送机出土量关系图如图 5.8-1 所示。

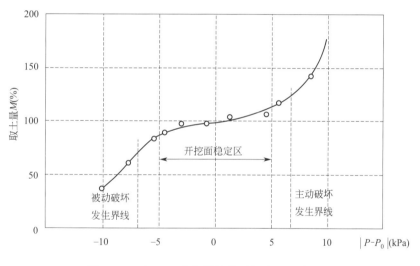

图 5.8-1　$|P\text{-}P_0|$ 与螺旋输送机出土量关系图

为实现螺旋输送机正常排土，保证开挖面的土体平衡，目标土压力值的管理还涉及加泥量、千斤顶推进速度、切削刀盘转速控制等。经过上述土压力调整，实现土压力的稳定。

3）开挖土量的管理

开挖土量与排土量是否平衡对开挖面土压力有比较大的影响，在施工中，通过对开挖土量和排土量的实际测量，得出开挖土量、排土量与土压力的关系；若开挖土量大于排土量，则土压力有升高的趋势；若开挖土量小于排土量，则土压力有降低的趋势。

根据以往掘进经验，排土控制措施如下：

①疏通泡沫添加系统管路，根据刀盘扭矩和掘进速度与总推力的关系，同时调整泡沫

原液、水、空气的比例，使泡沫产生最佳效果，防止改良效果不好，形成泥饼后，刀盘空转导致超排使隧道上方出现空洞塌方，经过试验段施工，总结经验，得出泡沫最佳配比，有效地改良土体，排土顺畅。

②充分合理地利用螺旋输送机来实时地调节土压力，使土压力控制在目标范围之内，将每环出土量细化，设置排渣预警值，严禁渣土超排。

③合理使用螺旋输送机，达到控制土压稳定，出土顺畅，根据掘进速度和土舱上部土压力，使其控制在一个稳定合理的转速，确保螺旋匀速排土。

4）盾构掘进姿态控制

盾构掘进施工过程中的轴线控制是整个盾构施工过程中的一个关键环节。在确保盾构正面沉降控制良好的情况下，使盾构均衡匀速施工，盾构姿态变化不可过大、过频。每隔2～3环检查管片的超前量，掘进时不急纠、不猛纠，多注意测量盾尾间隙，相对区域油压的变化量随出渣量和千斤顶行程逐渐变化，以减少盾构施工对地面的影响。

在掘进过程中关键是要严格控制千斤顶的行程、油压，根据测量结果调整盾构机及管片的位置和姿态，按"勤纠偏、小纠偏"的原则，通过严格的计算，合理选择和控制各千斤顶的行程量，从而使盾构和隧道轴线沿设计轴线在容许偏差范围内平缓掘进。切不可纠偏幅度过大，以控制隧道平面与高程偏差而引起的隧道轴线折角变化不超过0.4%。

5）中盾"克泥效"压注管理

盾构机刀盘通过后，及时在中盾处压注"克泥效"等膨润土泥浆，回填盾构机刀盘开挖引起的建筑间隙，同时起到减小摩擦作用，能有效控制盾构机壳体通过阶段的沉降。考虑盾构掘进过程中纠偏、跑浆和浆体的收缩等因素，应及时进行二次补压浆。

6）同步注浆管理

同步注浆是控制沉降的关键，同步注浆应足量，并与掘进速度匹配，施工中加强注浆管理，严格按照"确保注浆压力，兼顾注浆量"的双重保障原则。同步浆液应采取厚浆，浆液质量应进行前期试验，确保浆液收缩率、泌水率小。同步注浆操作必须由专人完成，在每环掘进完成后必须对注浆量进行记录，当发现注浆量变化较大时，应认真分析其原因，通过加大注浆压力等方法补注，当同步注浆无法满足沉降要求时，必须及时进行二次（多次）补浆。

7）二次注浆

为防止掘进后的后期沉降，下穿运营线时，在管片脱出盾尾5环时，立即对管片后的建筑孔隙进行二次注浆。在盾构通过后，根据监测情况通过注浆孔及时进行二次注浆，以限制地层沉降、确保既有运营隧道安全。

根据监测数据，及时在管片脱出盾尾后5环时，对管片后的建筑孔隙进行二次注浆，防止掘进后的后期沉降。

5.8.2 拖拉管施工要点

1. 施工前准备

（1）探明地下管线走势，工作井及接收井的布置应远离地铁设施。

（2）明确施工区域周边环境条件，如图5.8-2所示。

（3）明确管道技术参数，包含管道长度、直径、材质、埋深标高、管道与地铁设施位

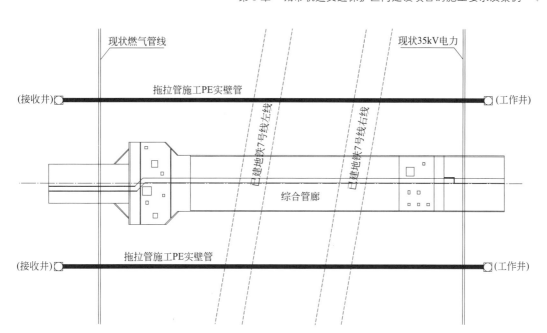

图 5.8-2　施工区域周边环境条件

置关系，拟建工程与地铁设施关系图如图 5.8-3 所示。

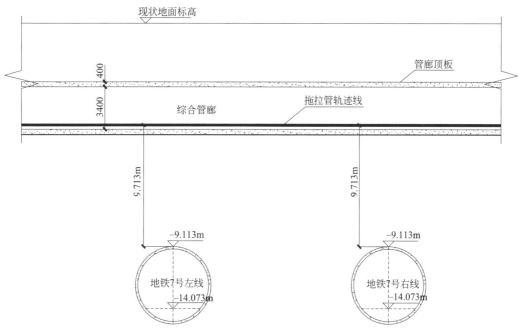

图 5.8-3　拟建工程与地铁设施关系图

（4）细化进度计划，明确与地铁隧道施工工期的工序情况。

（5）充分调查后选择有丰富施工经验的班组及作业人员。

（6）施工前先进行穿越轨迹设计：

1) 钻孔类型和轨迹形式。

2) 确定入土点和出土点位置。

3) 确定各项轨迹参数，包括入土角、出土角、圆弧过渡段曲率半径、管道埋深、管道水平长度、实际用管长度等。

4) 水平定向钻先导孔轨迹入土角、出土角及曲率半径见表 5.8-1。

水平定向钻先导孔轨迹入土角、出土角及曲率半径　　　表 5.8-1

管材类型	入土角	出土角	曲率半径		
			$D_1 < 400mm$	$400mm \leqslant D_1 \leqslant 800mm$	$D_1 \geqslant 800mm$
塑料管	8～30	4～20	不应小于1200倍钻杆外径	不应小于 $250D_1$	不应小于 $300D_1$
钢管	8～18	4～12	宜大于 $1500D_1$，且不应小于 $1200D_1$		

注：D_1 为管道外径。

(7) 施工工序（图 5.8-4）：

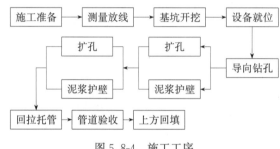

图 5.8-4　施工工序

(8) 水平定向钻机安装应符合下列规定：

1) 钻机应安装在设计轨迹延伸线的起始位置。

2) 钻机动力头的中心轴应与设计轨迹延伸线重合。

3) 钻机锚固应满足在钻机最大推拉力作用下不发生失效。

(9) 导向施工前，应按下列内容对导向仪进行校核：

1) 检查导向系统（接收器、发射器、远程同步监视器）电源。

2) 检查接收器、远程同步监视器信道是否匹配。

3) 每次使用导向系统前，应按操作说明书对导向系统进行校准。

4) 更换发射器、接收器、钻头时应重新进行校准。

5) 钻进前，应测试施工区域干扰信号，以确定合适的发射频率和接收频率。

(10) 钻孔泥浆配制，钻液由水、膨润土和聚合物组成。水是钻液的主要成分，膨润土和聚合物通常称为钻液添加剂。钻液的品质越好与钻屑混合越适当，所制造的泥浆的流动性和悬浮性越好，回扩成孔的效果越理想，泥浆性能指标见表 5.8-2。

泥浆性能指标　　　表 5.8-2

泥浆性能	马氏漏斗黏度（s）	塑性黏度 PV（MPa·s）	动切力 YP（Pa）	表观黏度 AV（MPa·s）	静切力 G10s/G10min（Pa）	滤失量（mL）	pH
数值	60～90	12～15	＞10	15～25	5～10/15～20	8～12	9.5～11.5

（11）第一根钻杆入土钻进时应轻压慢转、稳定入土位置，符合设计入土角后方可继续钻进。

（12）先导孔钻进时，直线段测量计算频率宜每根钻杆一次。

（13）控向员应及时将测量数据与设计值进行对比，引导司钻员调整钻进轨迹。

（14）曲线段钻进时，应符合下列规定。

1）一次顶进长度宜小于 0.5m。

2）应观察延伸长度顶角变量且该变量应符合钻杆极限弯曲强度要求。

3）应采取分段施钻，使延伸长度顶角变化均匀。

（15）导向孔钻进时，钻具头部只安装略大于钻杆外径 4cm 的矛式钻头，对正既定孔位，检测对中误差达到规范要求，即可开动钻机钻进导向孔。钻进时人力推进要持力均匀，匀速前进。并应根据给进阻力的大小，判定地层内是否有硬物或土层的变化，以确定注水机给水压力和给水量。钻进时，当地层为含水较大的砂层或粉质黏土层时，应不注水钻进，当地层较硬或无地下水时，应提高注水压力。

（16）当遇有硬质障碍物时应缓慢持力钻进，当不能钻穿通过时，应记录钻具长度，确定障碍物的具体位置。如地面条件允许可从地面下挖探洞，人工下去处理。地面条件不允许时，则只有整体偏移钻孔轴线。一般单个的硬物通过持续的压力注水钻进即可通过，此时给进力应均匀不可强行推进，防止钻孔偏移。障碍物的位置在钻进过程中应详细记录。

（17）导向钻进是非开挖定向钻进铺管的关键环节。导向钻按设计的深度、标高，随时监控，适时调整。先导孔钻进示意图如图 5.8-5 所示。

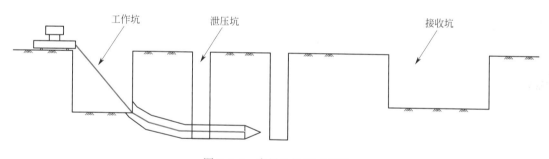

图 5.8-5　先导孔钻进示意图

2. 成孔、清孔

（1）扩孔钻进应根据地层特点、工程规模、钻机能力、钻杆规格及扩孔器类型进行合理设计，穿越管道所需的钻孔最终扩孔直径应根据敷设管道直径确定，最终扩孔直径如表 5.8-3 所示。

最终扩孔直径　　　　　　　　　　　　　　　　　表 5.8-3

管道外径 D_1 (mm)	最终扩孔直径 (mm)
＜200	$D_1 + 100$
200～600	$(1.2 \sim 1.5)D_1$
＞600	$D_1 + (300 \sim 400)$

（2）穿越管道直径大于 250mm 或地层土质为中砂、粗砂及砂砾土时，宜进行多级扩孔；应根据地层条件和钻机能力合理选择扩孔程序，管径越大，扩孔次数越多。

（3）管道穿越沉降严格控制地区时，管道与孔壁环间隙内的泥浆应采用水泥砂浆置换。

（4）扩孔钻进前应确认扩孔器喷嘴畅通。

（5）扩孔钻进应符合下列规定：

1）应按设计的扩孔极差给定钻进参数及泥浆排量。

2）扩孔过程中，如发现扭矩、拉力异常，应降低进尺速度，判断孔内状况并调整相关技术参数。

3）一级扩孔完成后，应结合扩孔过程中扭矩、拉力及返浆情况对孔内清洁状况进行判断，若孔内钻屑量偏多，宜进行洗孔后再进行下一级扩孔。

4）应按规范要求填写扩孔钻进记录。

（6）扩孔完成后，应根据孔内清洁程度确定是否进行清孔。

（7）导向孔钻进至接收坑，经测量检验，偏差在允许范围内时，卸下矛式钻头换装鱼尾式或三叉式扩孔钻头，开动回拉钻机扩孔。扩孔时人工给进要均匀，匀速回拉。同时注水机要连续注适量水，通过钻具搅拌孔内泥土造泥浆，用以保护成孔孔壁，保持围岩稳定，同时起润滑作用。

（8）扩孔时地层土质较软时宜快速给进回扩，地层土质较硬时要匀速缓慢进行，回扩钻孔工艺示意图如图 5.8-6 所示。

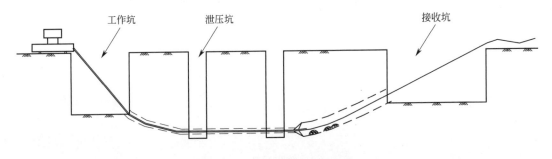

图 5.8-6　回扩钻孔工艺示意图

（9）施工过程中，注意地下水位、土质的变化及拉管机的压力，出现异常及时采取措施。

（10）在每级扩孔过程中，为防止扩孔跑偏，采用回拖扩孔。扩孔时为保证管道可以顺利回拖，需使钻孔直径达到管径的 1.3 倍以上，并用泥浆护壁防止钻孔坍塌，保证土体对管壁无损坏。

（11）清孔拉泥时，首次拉泥采用环形盘，反复来回拖拉后，如阻力减轻则在拉泥盘上加装横挡，再次入孔拉泥，逐次加封横挡，直至拉泥盘全封闭，并能轻松顺利拉出为止。当地层土质较硬，以黏质土为主时，应先采用环形盘较窄的拉泥盘拖拉，使拖拉阻力变小，拉泥盘顺利拉出后，再换上环形盘较宽的拉泥盘拖拉钻孔，清孔工艺示意图如图 5.8-7 所示。

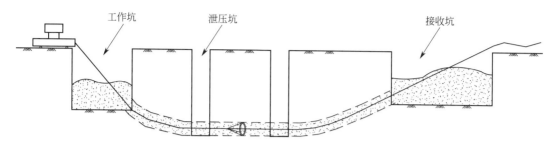

图 5.8-7　清孔工艺示意图

（12）管道回拖作业时应注意

1）对钻机地锚进行检查，确保回拖过程中不出现地锚松动。

2）管道回拖组台连接后，应进行泥浆试喷，确保泥浆通道畅通。

3）应根据地形、出土角等确定发送沟开挖深度和宽度；发送沟的下底宽度宜比穿越管径大 500mm。

4）管道发送沟内应注水，最小注水深度宜大于穿越管径的 1/3。

5）应在回拖前将穿越管段放入发送沟。

6）管道进入钻孔时应确保管道轴线与钻孔轴线在出土端的延长线上重合，避免管道与钻孔形成夹角。

7）回拖过程应连续施工，特殊情况下需中断时，中断时间不宜超过 4h。

8）回拖速度应均匀，避免造成孔内压力过大。

9）回拖过程中宜保持泥浆循环。

10）管道回拖完成后，应对管道两端进行封堵，两端造斜段环空时应视情况进行注浆加固处理，安管工艺示意图如图 5.8-8 所示。

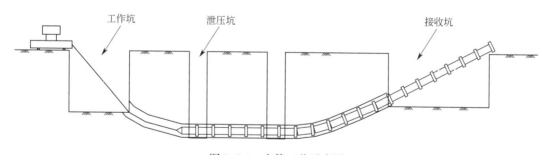

图 5.8-8　安管工艺示意图

3. 注浆加固

（1）PE 管道拉通后，为了避免地面沉降，需要进行注浆加固。由于受场地条件限制，采用孔内注浆的加固措施。

（2）拉管施工前在 PE 管前端连接两根与 PE 管同长度的 ϕ25 钢管，与 PE 管一同拉入土中并一同到达拉管设计终点。到达终点后，解除 ϕ25 钢管与 PE 管的连接，在两根钢管前面各加一根 6m 长同直径的注浆花管。

（3）移动拉管机到接收坑，和 ϕ25 钢管连接并回拖。每拖入 6m，把钢管和拉管机的连接取消，换成和高压注浆泵连接。注入 1∶1 的水泥、粉煤灰浆液（0.4MPa），从而置换触变泥浆，补充 PE 管周围的空隙。然后再换再拉，再拉再注，反复进行。直到把钢管全部拉出接收坑。

（4）根据实际情况每 3～6m 注浆一次，注浆时尽量保持不要间断。

（5）当花钢管拖入地面时一定要用堵头堵死，防止浆液从花钢管前端进入。

第6章

城市轨道交通保护区内建设项目监测要求及案例

本章内容致力于帮助业内人员进行轨道交通控制保护区内的外部作业，保障轨道交通结构安全和正常使用。适用于软土地区多数已建成的城市轨道交通结构的安全保护。同时在城市轨道交通控制保护区进行外部作业时，应综合考虑工程地质和水文地质条件、轨道交通结构安全状况、外部作业特点、周边环境和地方经验等因素，制定安全可靠的作业方案和保护措施，严格过程控制和监测。在城市轨道交通结构的安全保护中，本章内容仅作为辅助技术资料，实际操作应符合国家及地方现行有关标准的规定。

隧道监测的目的主要有：

（1）采用合适的监测手段，提供高效、高精度、实时的监控数据，实时掌握外部作业工程施工过程中对地铁结构的影响，确保运营线路的安全可控。

（2）根据保护区监测数据，反映地铁结构的变形过程和变形状态，为评价邻近施工活动对轨道交通结构的影响程度提供依据。

（3）结合基坑施工监测数据与地铁保护监测数据，对地铁保护区的变形给出预测分析，积累相关工程经验。

（4）为了确保外部作业工程施工的安全和地下结构施工的顺利进行，及时获取施工过程中支护结构和周围土体的受力与变形信息，以求事先掌握基坑开挖的影响情况，为外部作业工程顺利施工提供指导，进行"信息化"施工。

6.1 城市轨道交通保护监测方式的一般要求

城市轨道交通管理条例明确规定：在轨道交通安全保护区内进行打桩、挖掘、地下顶进、爆破、架设、降水、地基加固等施工作业时，必须办理监护手续后方能施工。在监护工程施工过程中，必须对轨道交通结构进行监护监测，并由专门的轨道交通保护部门来负责对保护区内的工程进行管理、审查、监测。轨道交通保护监测具有监测工作时间短、数据精度要求高、隧道内无稳定基准点、作业环境困难等特点，采用的监测方式有人工、自动化以及人工结合自动化的监测方式。

6.1.1　城市轨道交通保护监测流程

　　为了及时了解外部作业施工对于城市轨道交通结构的影响程度，确保城市轨道交通结构的正常运营及安全，分析并预测城市轨道交通结构和周边环境的安全状态及其发展趋势，在保护区范围内进行的各项工程施工，需按照合理的监测方案实施监测，及时反映周边外部作业对轨道交通既有结构的影响，并建立完备的管理制度和信息反馈制度，保证畅通的信息沟通渠道。轨道交通保护区内的外部作业工程的监测项目与要求应当按照相关规范执行。具体监测工作根据实际保护区外部作业工程施工情况确定，城市轨道交通监护监测工作流程图如图 6.1-1 所示。

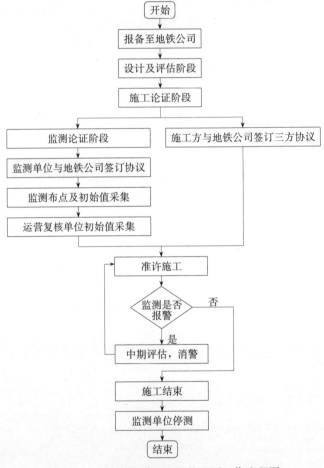

图 6.1-1　城市轨道交通监护监测工作流程图

6.1.2　城市轨道交通保护监测内容

6.1.2.1　监测对象

　　监测对象一般包括轨道交通结构（区间隧道、车站结构以及附属结构）、轨道交通线路与建设项目中间岩土体、邻近轨道交通施工的建设项目的自身监测。

6.1.2.2　监测方案

　　根据实际外部作业工程施工情况、轨道交通既有结构形式、轨道交通结构安全现状、周边工程地质和水文地质、建设工程安全管理等级编制监测方案。方案内容需要包含但不限于项目概况、编制依据、监测范围、监测项目、监测报警值、监测频率、监测方法等。另外方案内必须要有应急预案、质量管理措施、拟投入的人员及设备信息等内容。

6.1.2.3　监测范围

轨道交通周边施工的外部作业工程的监测范围根据自身工程特点、设计尺寸、隧道的埋深和断面尺寸、既有结构形式、地质条件、周边环境条件和轨道交通保护区内的建设工程安全管理等级等条件综合确定，轨道交通结构监测范围如表 6.1-1 所示。

轨道交通结构监测范围　　　　　　　　　　　　　　　　　表 6.1-1

序号	监测对象	建设项目	安全管理等级	监测范围
1	轨道交通既有结构	基坑工程	一级	建设工程沿轨道交通线路方向两端各延长 50m 区域
2			二级	
3			三级	建设工程沿轨道交通线路方向两端不小于 3 倍基坑深度且不小于 30m 区域
4		隧道上跨、下穿工程	一级	隧道交会边界两端各 50m
5			二级	隧道交会边界两端各 30m
6			三级	

6.1.2.4　监测项目

行业标准《城市轨道交通结构安全保护技术规范》CJJ/T 202—2013 中对城市轨道交通保护区安全保护等级有明确的划分，外部作业影响等级的划分见表 2.2-1。轨道交通结构安全状况分类见表 2.2-4。

浙江省工程建设标准《城市轨道交通结构监测技术规程》DB33/T 1224—2020 规定，轨道交通结构监测等级划分为一级、二级、三级和四级，轨道交通结构监测等级划分如表 6.1-2 所示。

轨道交通结构监测等级划分　　　　　　　　　　　　　　　表 6.1-2

轨道交通结构安全状况	外部作业影响等级				
	特级	一级	二级	三级	四级
Ⅰ 类	一级	一级	一级	一级	二级
Ⅱ 类	一级	一级	二级	二级	三级
Ⅲ 类	一级	一级	二级	三级	四级
Ⅳ 类	一级	二级	三级	四级	四级

监测项目应及时反映外部作业对城市轨道交通结构安全影响的变化，根据浙江省工程建设标准《城市轨道交通结构监测技术规程》DB33/T 1224—2020 规定，外部作业影响监测项目如表 6.1-3 所示。

外部作业影响监测项目　　　　　　　　　　　　　　　　　表 6.1-3

监测对象	监测项目	轨道交通结构监测等级			
		一级	二级	三级	四级
地下车站和区间、高架车站和区间、地面车站和区间、附属建(构)筑物	竖向位移	应测	应测	宜测	可测
	水平位移	应测	应测	宜测	可测
	收敛	应测	应测	宜测	可测

续表

监测对象	监测项目	轨道交通结构监测等级			
		一级	二级	三级	四级
地下车站和区间、高架车站和区间、地面车站和区间、附属建(构)筑物	变形缝张开量、裂缝	应测	宜测	宜测	可测
	隧道断面尺寸	应测	宜测	宜测	可测
	倾斜监测	应测	宜测	宜测	可测
	差异沉降	应测	宜测	宜测	可测
轨道交通控制保护区	地下水位	应测	应测	应测	可测
	支护结构顶部水平位移	应测	应测	宜测	可测
	支护结构顶部竖向位移	应测	应测	宜测	可测
	岩、土体深层水平位移	应测	应测	宜测	可测
	支护结构应力	应测	应测	宜测	可测
	支护结构深层水平位移	应测	应测	宜测	可测
	地表竖向位移	应测	应测	宜测	可测
	巡视检查	应测	宜测	宜测	可测

注：收敛适用于盾构法和矿山法隧道的区段，明挖法区段可视需要选测。

6.1.2.5 监测周期和频率

轨道交通控制保护区内的外部作业监测项目，其监测技术标准和精度要求应符合现行国家标准有关规定。轨道交通既有结构的监测频率应根据外部作业工程性质和实际施工工况确定。外部工程行为结束，还应继续保持人工监测，直到外部工程结束满三个月后，其监测数据稳定达到停测标准，才能停测，若在外部工程实施期间，出现异常情况时，还应加密观测。轨道交通既有结构的状态调查频率规定如下：在外部工程行为开展前，应对影响区内轨道交通结构进行开工前的初始调查；外部工程行为结束，监测数据已达到相应的停测标准后，应进行最终调查；若在外部工程实施期间，出现异常情况时，还应加密调查。

对于基坑工程，基坑工程施工期间外部作业影响监测频率见表 6.1-4。

基坑工程施工期间外部作业影响监测频率 表 6.1-4

监测项目	外部作业影响等级											
	特级			一级			二级			三级		
施工阶段	围护施工阶段	土方开挖阶段	地下结构施工阶段	围护施工阶段	土方开挖阶段	地下结构施工阶段	围护施工阶段	土方开挖阶段	地下结构施工阶段	围护施工阶段	土方开挖阶段	地下结构施工阶段
竖向位移 水平位移 收敛 差异沉降	1次/d	6次/d	4次/d	1次/(1~3)d	(1~3)次/d	1次/(2~3)d	1次/周	1次/(3~7)d	1次/周	1次/周	1次/(3~7)d	1次/周
外部监测项目复核	—	4次/月	2次/月	—	(1~2)次/月	1次/月	—	(1~2)次/月	1次/月	—	1次/(1~2)月	1次/月
基准点联测	1次/月			(1~2)次/月			1次/(2~3)月					

注：基坑施工至±0.000以后，监测频率可适当放宽。

对于隧道或管道上跨、下穿工程，邻近轨道交通结构的隧道及管道工程施工期间工况划分见表 6.1-5；邻近轨道交通结构的隧道及管道工程施工期间外部作业影响监测频率见表 6.1-6。

邻近轨道交通结构的隧道及管道工程施工期间工况划分　　　　　表 6.1-5

工况	穿越前	穿越中	穿越后
相对净距	$>3D_b$	$\leqslant 3D_b$	$>3D_b$

注：1. 相对净距指外埠作业的结构外边线与城市轨道交通结构外边线的最小净距离；

　　2. D_b 为盾构法或顶管法城市轨道交通结构的隧道外径，圆形顶管结构的外径或矩形顶管结构的长边宽度。

邻近轨道交通结构的隧道及管道工程施工期间外部作业影响监测频率　　表 6.1-6

监测等级	工况		
	穿越前	穿越中	穿越后
一级	(1～2)次/d	实时	(1～2)次/d
二级	1次/(1～2)周	1次/(1～3)d	(1～2)次/1 周
三级	1次/(2～3)周	1次/(1～2)周	1次/(1～2)周

未列及的外部作业，如注浆加固、道路施工、非地下连续墙的桩基施工等应根据施工风险确定监测频率。

当出现下列情形时，应及时分析原因，必要时提高现场巡查与监测频率：

(1) 监测数据达到报警值。

(2) 监测数据异常。

(3) 外部作业现场出现影响安全的突发事件。

(4) 巡查时发现结构（构件）存在异常情况时。

(5) 其他可能影响轨道交通结构安全的情况。

6.1.2.6　监测项目控制值

浙江省工程建设标准《城市轨道交通结构监测技术规程》DB33/T 1224—2020 中对城市轨道交通保护区监测预警等级有明确的划分，地下结构安全控制指标值见表 2.2-6～表 2.2-8。

6.1.2.7　监测点布置

地铁隧道的监护监测，传统方法是在隧道影响区域布置监测断面和监测点，利用监测点三维坐标的变化可以达到监测隧道结构变形的目的。监测点为永久设施，应选用优质的不锈钢材料制作。监测点布置应在外部作业工程施工之前完成，并尽可能利用作业期间布设的符合监测要求的监测点，以便利用前期监测数据，并与其接续。监测点不宜过多，监测点的数量过多会对隧道结构安全造成威胁，且过多的监测点会增加工作量，增加监测周期，降低监测的时效性；若监测点的数量过少则失去细节特征，隧道整体变形趋势拟合失真，隧道结构的变形荷载分析受到限制并且相应的测量很难进行。中间场地及岩土体的监测点布设应根据外部作业工程的安全管理等级和场地地质条件设置。轨道交通既有结构监测点的布设应根据外部作业工程的安全管理等级、轨道保护的重要性、轨道结构自身特点综合考虑，监测点布设位置如表 6.1-7 所示。

监测点布设位置   表 6.1-7

监测对象	线路性质	监测断面间距	断面监测点数	备注
地下车站或明挖区间	运营线路	≤10m	不少于 3	道床 1 个，侧墙 2 个
	非运营线路	≤15m	不少于 2	底板 1 个，侧墙 1 个
盾构区间	运营线路	≤5 环	不少于 5	道床 2 个，拱腰 2 个，拱顶 1 个
	非运营线路	≤10 环	不少于 4	道床 1 个，拱腰 2 个，拱顶 1 个
高架车站或区间	运营线路	≤10m	不少于 2	道床 1 个，墩台、横梁全部监测
	非运营线路	≤15m	不少于 2	道床 1 个，墩台、横梁全部监测

注：1. 以上点数为单线监测点数；基准点必须设置在远离变形区、稳定性能达到要求的部位；
　　2. 表中所列为轨行区的监测点布设要求，对于非轨行区范围的结构可根据现场需求进行布设；
　　3. 附属结构监测根据结构形式及现场需求进行布设；
　　4. 除轨道交通结构变形监测外的监测点布设应按照相关规范规定适当加密执行。

6.1.2.8　基坑监测复核

基坑监测复核示例图如图 6.1-2 所示。

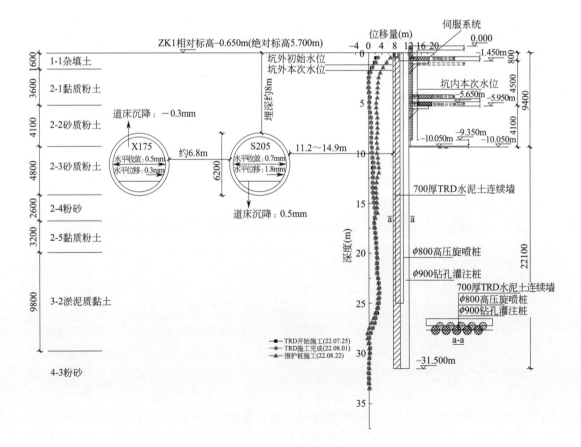

图 6.1-2　基坑监测复核示例图

监测内容：坑内外地下水位、深层土体水平位移、围护桩（墙）水平位移、桩顶水平与竖向位移、地表沉降、支撑轴力、立柱沉降等。

监测频率：截水帷幕与土体加固施工期间：不少于 1 次/3d；围护桩与工程桩施工期间：不少于 1 次/周；土方开挖期间：不少于 1 次/3d；拆换撑期间：不少于 1 次/周。

施工工序：截水帷幕→土体加固→围护桩（墙）→工程桩→支撑架设→降水→土方开挖→拆换撑。

基坑监测点保护做法如图 6.1-3 所示。

图 6.1-3　基坑监测点保护做法

6.2　城市轨道交通保护区内监测方式

目前虽然没有明确规范规定，监测项目该采用何种监测方式。但对于既有城市轨道交通监测大体分为两种：人工监测和自动化监测。本节主要阐述不同监测方式所对应相关监测要求。

6.2.1　城市轨道交通保护区人工监测方式

城市轨道交通结构人工监测主要内容有：竖向位移监测、水平位移监测以及隧道管径收敛变形监测等，人工监测项目如表 6.2-1 所示。

人工监测项目　　　　　　　　　　　　　　　　　　　　表 6.2-1

序号	监测项目	监测部位	监测技术	采集时间
1	竖向位移	道床/管片	水准仪	晚间停运期间
2	水平位移	道床	全站仪	晚间停运期间
3	隧道管片收敛	管片	测距仪	晚间停运期间

1. 竖向位移监测

轨道交通设施竖向位移监测反映的是结构在竖直方向上的抬升或下沉的变形量。竖向位移监测采用水准仪进行水准测量，通过每期水准测量获取每个监测点的绝对高程，然后通过计算两期高差获取每个监测点的变化量，从而掌握轨道交通结构的竖向变形情况。

2. 水平位移监测

轨道交通设施水平位移监测反映的是结构横向位移，一般采用全站仪测量棱镜的方式获取监测点的坐标，再计算线路法向的坐标变化量，从而掌握轨道交通结构的横向变形情况。

3. 隧道管片收敛

隧道管片收敛反映的是隧道管片扩张或收缩变化。通过采用测距仪测量管片的横向管径和竖向管径绝对值，根据管径绝对值获取该组监测点的管径变化量，从而掌握隧道管片的变化趋势。

6.2.2 城市轨道交通保护区自动化监测方式

随着各大城市轨道交通规模的不断壮大，自动化监测系统在保护区监测中也得到了越来越多的使用。自动化监测系统一般具有以下几个技术特点：

（1）自动化监测系统能够实现全天候 24h 不间断工作，可根据外部作业工程实际施工工况及不同时段的监测要求动态调整监测频率从而实时反映轨道交通结构的安全情况，保证列车的正常运营安全。

（2）自动化监测系统实时测量，可以远程自由设置测量起止时间、测量周期等，与传统监测相比，测量频率倍增，更有效做到及时监控，实时反馈。

（3）自动化监测系统精度高。系统有多种测量模式可选，既有传统后方交会、极坐标测量模式，又有高铁 CPⅢ 测量技术的网平差模式。根据不同现场条件选择，确保测量精度。

（4）自动化监测系统支持多台设备，每台设备均含有地址位，采用 RS485 总线形式，可以实现最多 255 台设备同时工作。同时接口多样，一般可支持 RS232/RS485/4-20mA/0-5V 等各种数据输出接口。

（5）自动化监测系统可以进行报表定制，按照相关规范输出原始观测数据报表，也可按照客户要求定制成果报表更便于客户成果提交。

（6）自动化监测系统支持监测功能扩展，凭借研发优势，软件支持传感器接入，实现同步监控。例如裂缝计、静力水准仪、多点位移计等传感器接入。

（7）自动化监测系统维护方便，软件采用软件狗加密模式，不需要专用电脑。即使监控电脑崩溃，只需拔下软件狗，换另外一台电脑安装软件作为监控机即可。避免因为软件许可问题造成工程延误。

轨道交通设施自动化监测目前主流手段为自动全站仪、静力水准仪监测和自动化测距仪监测系统。全站仪自动测量系统进行三维坐标采集，可实现实时监测与数据传输；竖向位移变形监测采用静力水准仪系统进行监测，并定期人工利用水准仪进行复核；水平收敛变形监测采用自动化测距仪监测系统。自动化监测系统工作流程图如图 6.2-1 所示。

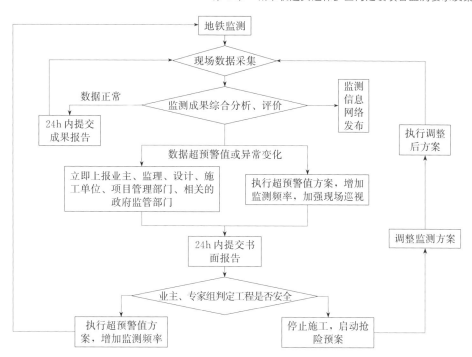

图 6.2-1　自动化监测系统工作流程图

6.3　城市轨道交通保护区监测作业技术细则

6.3.1　运营轨道交通线路自动化监测技术细则

6.3.1.1　自动化全站仪监测技术细则

由于自动全站仪能提供测点三维坐标，根据测点三维坐标可计算出沉降、收敛、差异沉降、水平位移等多个测项值。所以本章节以自动化全站仪为代表阐述运营线路自动化监测技术流程。具体可按以下步骤进行：

1. 实地踏勘，确定仪器支架和监测棱镜安装位置

根据工程项目的多样性，自动化监测的平面控制网布设也不尽相同，需要及时进行实地踏勘以保证自动化监测的基站数量需求、后视棱镜及小棱镜通视需求、基站间通视需求、设施保护监测复核需求、控制网精度需求、外部电源需求、无线信号需求等。

2. 工作基站及设施保护监测复核仪器支架安装

工作基站（即观测站）包括强制归心仪器支架、全站仪、数据采集箱（内含通信模块）及配套电缆线；设施保护监测复核仪器支架则仅含强制归心仪器托架。

基站安装位置应根据监测范围、通视情况等进行实地选择，尽量避免安装在疏散平台侧，如遇隧道转弯影响通视时可安装在疏散平台侧。基站选定位置时不能侵入行车限界，保证不影响行车安全。

基站的高度在盾构隧道中腰水平位移监测点上方 60cm 左右位置，可基本保证仪器最小视场角，便于全站仪容易自动寻找目标。

另外，出于对地铁保护区的保护及规范管理，对基站安装提出以下要求：

（1）全站仪支架、数据采集箱需要采用黄黑胶带粘贴，胶带粘贴时应保持外观整洁、美观。

（2）数据采集箱上需要贴上标志牌，包括：监测项目、监测单位、监测单位联系人姓名及联系方式、地铁公司联系人姓名及联系方式、基站投入的监测仪器的型号与检定有效期。

（3）数据采集配电箱通往全站仪的电源线（或通信线）绑扎需加强固定，防止脱落。

（4）如全站仪安装在疏散平台侧，电源线（或通信线）应当从扶手栏杆内侧穿出至全站仪，并与仪器支架固定；连接数据采集箱与220V电源控制箱的电源线应独立固定在疏散平台下部的电缆支架上，每个电缆支架绑扎一根轧带并与隧道原有线缆保持一定距离，禁止绑扎于隧道原有线缆上或铺设在疏散平台与管片侧缝隙里。

（5）如全站仪安装在消防水管侧，连接数据采集箱与220V电源控制箱的电源线需横穿道床，电源线保护管应采用硬塑管并从道床横穿，尽量选择在道床施工缝处横穿。硬塑管应与道床、管片采用管箍固定，保证电源线不凌空、不裸露。

（6）采用冲击钻钻孔时应采取措施保证成孔利用率，尽量避免产生废孔；对于废孔应采用灰色密封胶或快干水泥进行封堵，保证外观整洁、美观。

（7）为避免因废弃膨胀螺栓的螺杆突出，而要进行的切割作业，一律采用内膨胀型膨胀螺栓，如图 6.3-1 所示。

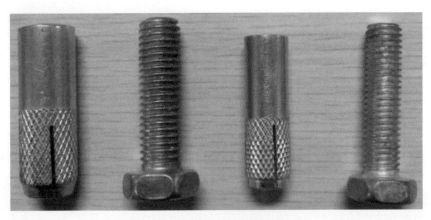

图 6.3-1　内膨胀型膨胀螺栓示意图

3. 观测后视棱镜和复核后视棱镜安装

考虑隧道内的复杂情况，可合理利用已安装完成的基站打出的激光来检核棱镜是否能与基站形成通视。若有遮挡，可以适当微调棱镜位置。

后视棱镜安装在隧道两侧，钻孔安装于管片上。对后视棱镜安装提出以下要求：

（1）疏散平台原则上不允许安装长杆后视棱镜，若因通视原因必须安装时，必须考虑人员行走高度，防止碰伤、绊倒。并将长杆用黄黑胶带粘贴，保证人员通行安全。

（2）所有安装在隧道内的后视棱镜必须在棱镜外侧粘贴黄黑胶带，并在显眼处粘贴监测单位标签。

（3）在车站内安装后视棱镜时，必须对安装在车站地面的后视棱镜加装防尘保护罩，防止误碰。

（4）安装的后视棱镜最少需要距离保护区 15 环（18m）。

（5）当后视棱镜因为通视条件原因，无法在同一环两侧布设时，可在隧道同侧不同环处安装，相邻后视棱镜间隔不得小于 5 环（6m），如条件允许可尽量分散布置，严禁将后视棱镜布置于同侧同环号位置。

（6）用于设施保护监测复核的后视棱镜应距离运营复核监测支架 90m 左右。

4. 监测小棱镜安装

监测小棱镜的数量较多，有在道床上的，也有在管壁上的，可使用基站的全站仪激光进行通视检验。监测小棱镜安装示意图如图 6.3-2 所示，安装过程中应对监测小棱镜设保护措施，以方便监测期间的测点维护。对监测小棱镜安装提出以下要求：

图 6.3-2　监测小棱镜安装示意图

（1）道床上的观测棱镜安装在两轨枕中间处，并尽可能在轨枕轮廓线内侧。

（2）观测点布设时膨胀螺栓应全部伸入道床或管片结构，棱镜架底部必须与道床、管片紧贴，保证稳定牢固。

（3）考虑到人员行走时易产生安全隐患，疏散平台侧一律不允许安装长杆小棱镜，如遇无法通视时可适当调整棱镜安装高度；消防水管侧可适当安装长杆小棱镜，但应控制安装长杆小棱镜的数量，长杆小棱镜必须采用黄黑胶带粘贴。

（4）长杆观测小棱镜外表面采用黄色油漆进行涂层，使监测点清晰、醒目，有效防止人为碰动。

（5）与基站同侧的小棱镜可以在隧道管壁上分散布设，但是原则上逃生平台侧必须布设在扶手以上、上部线缆架以下的区域内，消防水管侧必须布设在消防水管以上、上部线缆架以下的区域内。

（6）如遇到联络通道口位于监测断面时，可适当挪动观测棱镜，同时挪动对侧观测棱镜。

5. 平面控制网数据采集

测点及相关监测设备安装完成后，按照"先控制后碎部"的测量原则需先对平面控制网进行数据采集。采集方式可采用导线测量方式进行，计算时采用支导线进行整体的坐标计算。需注意的是，采集初始值时至少采集两遍，以保证数据的准确性。

6. 监测棱镜坐标采集

平面控制网数据解算后，将全站仪进行定向，定向完成后进行监测棱镜数据采集。初始值采集需 3 遍以上，将采集的坐标输入电脑系统中，让其自动测量 2～3d（每天最少 4 次），等系统数据稳定后，其监测棱镜坐标才可作为最终初始值。

7. 远程计算机端配置

远程计算机端配置主要是完成本地网络端口配置与全站仪配套软件的配置。一般来说不同的无线数据模块的配置手段不尽相同，但是大体上都是先完成数据接收箱内模块配置，再完成远程计算机端配置。以杭州地区运用广泛的北京顺潮的无线数据模块为例，分以下几个步骤完成配置：

（1）配置本地网络端口：调试数据模块，输入公网域名，虚拟串口编号完成网络端口配置。

（2）在远程计算机端配置虚拟端口，以配对无线数据模块回传的数据。

（3）配置全站仪配套软件以展示接收到的数据。

（4）进一步配置全站仪配套软件，设置监测点、监测基站、监测频率等项目基础信息。

8. 各监测项与棱镜坐标关系

得到软件自动换算的坐标后，可人工换算各个监测项目的指标数值。

（1）沉降测量计算

历次监测中，根据全站仪自动测得的高程值，比较上次及初始值数据，计算相应的本次沉降量及累计沉降量。

（2）差异沉降测量计算

历次监测中，根据全站仪自动测得的轨道左股高程值与轨道右股高程值的差值，比较上次差值及初始差值，计算相应的本次差异沉降量及累计差异沉降量。

（3）水平位移测量计算

历次监测中，根据全站仪自动测得的平面坐标 X、Y 值，投影至与隧道平行的方向上，比较上次及初始值数据，计算相应的本次位移量及累计位移量。

（4）水平收敛测量计算

历次监测中，根据全站仪自动测得的隧道两侧测点坐标，计算其三维距离，得到水平弦长，比较上次及初始值数据，计算相应的本次收敛量及累计收敛量。

特别需要注意的是，每当全站仪二次安装设站的时候，需要对相关测项进行数据接续。

6.3.1.2 自动化静力水准仪监测技术细则

1. 设备定位

根据监测方案确定监测点的位置，并将静力水准支架抄平。

2. 设备安装

静力水准支架安装位置应根据监测范围等进行实地选择，尽量避免安装在疏散平台侧，如遇隧道转弯影响通视时可安装在疏散平台侧。支架选定位置不能侵入行车限界，保证不影响行车安全。自动化静力水准仪安装示意图如图 6.3-3 所示。

出于对地铁保护区的保护及规范管理，对支架安装提出以下要求：

（1）支架、传感器需要采用黄黑胶带粘贴，胶带粘贴时应保持外观整洁、美观。

（2）支架贴上标志牌，内容包括：监测项目、监测单位、监测单位联系人姓名及联系方式、地铁公司联系人姓名及联系方式、监测仪器的型号与检定有效期。

（3）如水准仪安装在疏散平台侧，电源线（或通信线）应当从扶手栏杆内侧穿出至水准仪，并与仪器支架固定；连接数据采集箱与 220V 电源控制箱的电源线应独立固定在疏散平台下部的电缆支架上，每个电缆支架绑扎一根轧带并与隧道原有线缆保持一定距离，禁止绑扎于隧道原有线缆上或铺设在疏散平台与管片侧缝隙里。

（4）如水准仪安装在消防水管侧，连接数据采集箱与 220V 电源控制箱的电源线需横穿道床，电源线保护管应采用硬塑管并从道床横穿，尽量选择道床施工缝处横穿。硬塑管应与道床、管片采用管箍固定，保证电源线不凌空、不裸露。

（5）基准点应选择在稳固位置，且基准点与沉降观测点尽量处于同一水平面。

（6）根据各点间距，剪切好适当长度的液、气管，用液管和接头将所有设备的液口连通。

（7）采用冲击钻钻孔时应采取措施保证成孔利用率，尽量避免产生废孔；对于废孔应采用灰色密封胶或快干水泥进行封堵，保证外观整洁、美观。

（8）为避免因废弃膨胀螺栓的螺杆突出，而要进行的切割作业，一律采用内膨胀型膨胀螺栓。

3. 设备调试

（1）将静力水准管加液，将首段气口、输液口及尾端液位沉降计气口封闭，检查各连接头密封情况是否完好，保证完全密封。

图 6.3-3　自动化静力水准仪安装示意图

（2）每个传感器接线，通电后进行仪器调试。

（3）校零，采集初始值。

（4）校零后，将电源、数据总线对接总线接口数据采集模块接线端，将仪器设置自动采集。

4. 数据反馈结果

自动化静力水准测量传感器内液体高度发生变化，根据变化量计算出各测点是否隆起或下沉。

6.3.1.3 自动化测距仪监测技术细则

1. 设备安装

自动化收敛计安装较为简单，也是通过先安装支架然后进行设备安装。支架安装的要求与静力水准仪要求一样，原则上不影响列车安全运营。此处不再赘述。但需注意，测距仪在日常测量时应将激光关闭，且安装时应注意到测距过程中不要被障碍物挡住，否则数据不能真实反映管片收敛变化。安装时应尽量调整测距仪测线方向与环片圆心方向一致，且定期采用人工管径收敛值验证自动化管径收敛值。自动化测距仪安装示意图如图 6.3-4 所示。

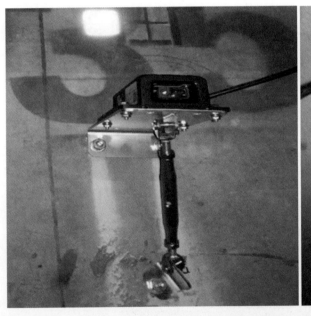

图 6.3-4　自动化测距仪安装示意图

2. 数据采集

采用激光测距仪法测量管径收敛时，初始值测量需独立测量四次取平均值，正常监测时测量两次取平均值。激光测距仪收敛测量两测回取平均值后与原始值进行比较，即可得隧道的管径收敛变形值。

3. 数据反馈结果

自动化测距仪测出管径的绝对值，通过本次与上次的差值求出每次管径变化量。

6.3.1.4　人工复核监测技术细则

1. 竖向位移复核

人工道床水准复核在监测实施中需要注意以下几点：人工道床水准复核的工作基点原则上选用长期运营监测中车站内的测点；工作基点必须要有检核稳定性的机制，如深桩点联测、基准点联测等；人工道床水准复核的高程初始值必须为绝对高程值。

（1）测点埋设

自动化监测小棱镜与人工道床水准复核的沉降点处于同一断面，尽量选用长期运营监测测点。沉降监测点埋设实景图如图 6.3-5 所示。

图 6.3-5　沉降监测点埋设实景图

（2）基准点选择

基准点是检验和直接测定观测点的依据，要求在整个观测过程中稳定不变。故须埋设在稳定的地方，且离变形区域要有一定的距离。为了便于校核，以验证基准点的稳定性，基准点数目应不少于 3 个，尽量选择车站内稳定的长期运营监测点。

（3）竖向位移人工监测复核作业流程

外业流程：

①作业前准备（包含工具准备、仪器预热、i 角检测）：

作业前需由外业组长对本次外业测量成员进行安全技术交底。交底内容包含本次作业内容、测量方式、安全注意事项等。出发前需对本次测量需携带的工器具逐一清点，以防漏带工具。在下轨前，需对仪器进行预热并检校仪器，如水准仪 i 角检查、测距仪读数确定等。

②深桩点与车站基准点联测：

每个设施保护监测项目应按照监测方案要求进行深桩点与车站工作基点联测（联测频率一般为 1 次/月），以保证车站工作基点的稳定性。

a. 观测主要技术指标：

依据《城市轨道交通工程测量规范》GB/T 50308—2017 中相关技术要求，沉降监测控制网、水准观测的主要技术要求分别应符合表 6.3-1、表 6.3-2 要求。

沉降监测控制网主要技术要求 表 6.3-1

等级	相邻基准点高差中误差(mm)	测站高差中误差(mm)	往返较差、附合或环线闭合差(mm)	检测已测高差之较差(mm)
Ⅱ	±0.5	±0.15	±0.30$\sqrt{n}$	0.4$\sqrt{n}$

注：n 为测站数。

水准观测主要技术要求 表 6.3-2

等级	仪器型号	水准尺	视线长度(m)	前后视距差(m)	前后视距累计差(m)	视线离地面最低高度(m)	基辅分划读数较差(mm)	基辅分划读数所测高差较差(mm)
Ⅱ	DS05	铟瓦	≤30	≤0.5	≤1.5	0.3	≤0.3	≤0.4

注：表 6.3-1 技术标准针对从车站上方地面通过出入口测至车站道床部分，表 6.3-2 技术标准针对从深桩点测至车站上方地面部分。

b. 测量方法

从地面深桩点出发联测至车站上方临时转点（至少远离车站隧道 100m 外，且不能少于 3 个），水准线路为一条闭合线路。由临时转点以闭合水准线路形式联测车站左（右）线道床共 6 个（单边各 3 个）较为稳定的长期运营监测点，以此来检核车站基准点与深桩点相互稳定性。

采用电子水准仪进行测量时，应采用奇数站"后-前-前-后"偶数站"前-后-后-前"的观测顺序进行。

c. 数据采集要求

（a）深桩点联测初始测量时应采集 3 遍以上，且每次高程值较差应不大于 2mm。

（b）观测至少应做到三固定，即固定人员、固定仪器、固定测站。

（c）每测段往测和返测的测站数均应为偶数，否则应加入标尺零点差改正。

（d）由往测转向返测时，两标尺应互换位置，并应重新整置仪器。

（e）完成闭合路线时，应注意电子记录的闭合或附合差情况，确认合格后方可完成测量工作，否则应查找原因直至返工重测合格。

（f）频率至少满足 1 次/月。

③相邻车站基准点联测：

a. 观测主要技术指标

车站基准点联测时，应按照《城市轨道交通工程测量规范》GB/T 50308—2017 中有关国家一等观测相关技术要求进行观测，水准观测主要技术要求见表 6.3-2。

b. 测量方法

根据各个地铁设施保护区影响区域的不同，我们应选取保护区施工影响范围外延范围之外的较近车站里面的至少 3 个稳定性较好的长期运营监测点作为基准点，较为常见的有以下两种情况：

（a）监测区域位于地铁隧道内的车站基准点联测（图 6.3-6）。

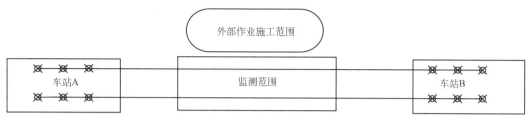

图 6.3-6　监测区域位于地铁隧道内的车站基准点联测示意图

基准点可选相邻两车站 A、车站 B 内长期运营监测点（每车站单边不少于 3 个），测量方式为采用附合水准路线从车站 A 基准点测至车站 B 基准点。

（b）监测区域位于地铁车站内的车站基准点联测（图 6.3-7）。

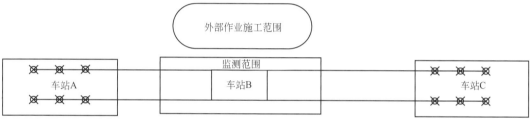

图 6.3-7　监测区域位于地铁车站内的车站基准点联测示意图

基准点可选在车站 A、车站 C 内长期运营的监测点（每车站单边不少于 3 个），车站 B 远离保护区可选作工作基点。测量方式为采用附合水准路线从车站 A 基准点测至车站 C 基准点。如车站 B 全部位于监测影响区内，则附合水准路线应从车站 A 基准点测至车站 C 基准点。

c. 数据采集要求

数据采集要求同深桩点与车站基准点联测的数据采集要求。

④轨道交通设施沉降观测：

a. 观测主要技术指标

当采集沉降数据时，应按照《城市轨道交通工程测量规范》GB/T 50308—2017 中有关国家一等观测相关技术要求进行观测，见表 6.3-2。

b. 测量方法

（a）监测区域位于地铁隧道内的道床沉降监测

当保护区监测区域只处于隧道区域内，道床沉降可采用以下两种方式进行测量：

a）当区间隧道较短时，可采用从车站 A 基准点测至车站 B 基准点，采用附合水准测量方式。将整 50 环沉降点作为转点，监测区域内其他点采用碎部测量方式进行。

217

b）当区间较长时，由于隧道作业的特殊性当晚可能无法测完整个区间，此时可采用闭合水准路线进行，即当监测区域靠近 A 车站时，可从车站 A 基准点出发将整 50 环沉降点作为转点，保护区监测区域其余点作为碎部方式进行测量，待将保护区所有沉降点测量完成后闭合至 A 车站基准点。

（b）监测区域位于地铁车站内的道床沉降监测

当保护区监测区域只处于车站区域内，道床竖向位移可采用以下两种方式进行测量：

a）当保护区监测区域覆盖整个车站或车站端头距离最近监测点不足 150m 时，基准点必须从邻近车站选取，采用闭合水准测量方式进行外业操作。

b）当保护区监测区域未覆盖整个车站且车站端头距离最近监测点大于 150m 时，可选取该车站端头工作基点采用闭合水准路线测量方式进行测量，测量中应将车站所有长期运营监测点全部测量，方便后期数据比对。

（c）监测区域位于高架段沉降监测

如监测区域包含高架段，则高架段车站及区间测量方法同上。高架桥墩监测应视情况而定：

a）如该高架段附近有深桩点，则直接由深桩点作为起算点用于监测桥墩沉降点。

b）如深桩点离高高架段较远，则应离开监测区域外 100m 位置选取 3 个稳定工作基点，先由深桩点测至这 3 个工作基点，再选取其中 1 个工作基点作为起算点测量桥墩沉降点，3 个工作基点每月至少与深桩点联测 1 次，如每次联测出高程小于±2mm，则 3 个工作基点可保持初始高程不变。

（d）车站出入口及风亭沉降监测

如监测区域包含车站出入口及风亭，监测方法与高架段桥墩沉降监测一样：

（4）数据反馈内容

竖向位移监测数据应能真实、有效反映地铁设施变形情况，人工沉降监测数据必须包含初始绝对高程、上次绝对高程、本次绝对高程、本次变化量、累计变化量等，并绘制曲线图。

（5）采集点数要求

人工竖向位移复核初始值采集，应以最不利的情况考虑，故需扩大初始值采集范围，作为后期监测的措施保障。将隧道的两侧初始值采集区域延长。大、小里程端均延长 120m，每 12m 取一沉降点采初始值，在后期的人工测量中，加测的断面每月均测量，确保及时了解自动化测量基准点处隧道结构变形情况（延伸区域包含基准点区域）。初始值测量取 3 次互差在允许范围内的平均值。

2. 管片收敛人工复核

收敛复核监测采用测距法进行。在隧道中部（不影响施工，便于观测）喷漆直角标识，采用手持式激光测距仪，直接量取收敛测线的长度，以此计算收敛变化值。复测值与初测值之差即为管径变形值。

（1）测点埋设

隧道水平收敛监测方法采用测距法，水平收敛监测点的标志埋设，在管片中部（不影响地铁营运，便于观测）疏散通道一侧喷漆直角标识，另一侧喷漆十字标识，并用红色油漆等涂料做出明显标识。水平收敛监测点的编号应喷涂在隧道左侧壁上，编号与点位应对应，距轨面约 1.5m 高。收敛测点布设实景图如图 6.3-8 所示。

图 6.3-8　收敛测点布设实景图

（2）数据反馈内容

水平收敛监测数据应能真实、有效反映地铁设施变形情况，内业计算出阶段变化最大值、累积变化最大值、统计预警测点，编制成果报表，绘制收敛时程曲线。

（3）采集点数要求

盾构管径初始值采集，与道床人工水准复核类似，也扩大初始值采集范围，作为后期监测的措施保障。将隧道的大、小里程端均延长 120m，每 12m 取一收敛点采初始值。在后期的多次人工测量中，加测的断面每月测量　次，确保及时了解基准点处隧道结构变形情况（延伸区域包含基准点区域）。

6.3.2　运营轨道交通线路人工监测及外部作业工程复核监测技术细则

6.3.2.1　运营轨道交通线路人工监测

人工监测项目测项一般包含：竖向位移监测、管片收敛监测以及水平位移监测等。其基本流程可按以下步骤进行：

（1）实地踏勘

根据监测方案要求，需对监测断面数量、间距及位置进行测前踏勘。竖向位移监测点应尽可能选取隧道长期运营监测点，如长期运营监测点不能满足监测断面要求，则需补监测点。竖向位移基准点则选择车站长期运营监测点。

（2）测点埋设和数据采集

测点埋设及数据采集细则可参考 6.3.1.4 章节，此处不再赘述。

6.3.2.2　外部作业工程复核监测

1. 前期准备

（1）收集资料

本项目开始前，收集各土建施工监测设计图纸、勘察报告、工程设计图纸及最新变更、土建施工方案及本工程设计、施工单位具体联系方式等基本资料，此外还要尽可能收集沿线需要监测的风险工程的详细设计资料，包括地基、基础类型、基础埋深等，并做现场调查核实。

（2）现场踏勘

在熟悉了解室内资料后，去各工点现场踏勘，并与施工监测所涉及的沿线相关产权单位进行协调。了解施工现场条件、环境，交通状况，根据现场条件研究监测项目埋点与量测的可行性，为编写具体的监测方案作准备。

（3）编制监测方案

根据收集到的资料与现场踏勘情况、场区工程地质与水文地质条件、基坑结构设计和施工方案、风险工程的详尽调查以及施工单位颁布的监测技术要求和管理办法，编制具体的监测实施方案，提交给监理、设计方、施工方以及与施工监测所涉及的沿线相关产权单位。监测方案应包括：

1）工程概况。

2）监测目的、项目和内容。

3）监测程序、方法、精度要求及监测控制指标。

4）监测仪器与设备、监测人员安排和监测实施计划。

5）监测点布置与埋设要求。

6）监测频率、周期。

7）监测数据记录、分析与处理，以及监测报表和信息反馈系统。

8）重点风险工程和关键工程部位的监测措施。

9）与施工监测所涉及的沿线风险工程的产权单位协商的记录或会谈纪要。

（4）监测仪器、元件的检定与标定

监测仪器必须在检定有效期内，量测元件在埋设前需进行标定，并按进场材料设备报验程序报监理工程师检查验收；量测元件埋设钻孔或埋设部位须经驻地监理工程师检查合格后埋设，埋设后应记录监测仪器设备在工作状态下的初始读数。

（5）参与外部工程监测点验收

施工单位参加现场测点验收工作，并对不满足监测要求的点位提出整改意见，与施工监测单位同步采集初始值。

2. 外部作业工程复核监测内容

保护区内外部作业工程复核监测内容包括：坑外土体测斜、围护结构测斜、坑外地下水位、围护结构顶沉降、围护结构顶位移、支撑轴力、立柱沉降、周边管线沉降等监测内容，具体复核内容应根据外部作业工程实际施工工况确定。

3. 竖向位移基准点的观测

竖向位移基准点是作为观测沉降点沉降量的基准，因此，要用精密水准测量的方法来测定基准点的高程，并经常检查其高程有无变动。在沉降观测时，对各测点与后视基点的视距应有控制，测点和后视读数差距不应大于 2m。在对各测点观测后必须再后视基点，两次后视读数差不得超过 0.1mm，否则应重测。在施工影响区域以外有 1 个基准点，该基准点每月与深桩点进行联测，地表基准标志埋设形式如图 6.3-9 所示。

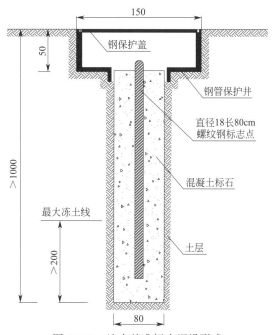

图 6.3-9　地表基准标志埋设形式

4. 竖向位移人工复核监测（包括：围护结构顶沉降、立柱沉降、周边建筑物沉降、周边管线沉降）

（1）地表及桩顶沉降观测

地表沉降点观测采用几何水准测量方法，多使用电子水准仪进行观测。

1）观测方法

基坑地表沉降观测采用二等水准单程双测站量测。观测应坚持"四固"原则，即施测人员固定、测站位置固定、测量仪器固定、施测顺序固定，以确保观测数据的质量。

①观测步骤：a. 测站位置处架设仪器、整平。b. 测量基点尺面读数。c. 按预定方向依次测量测站内各沉降点的尺面读数，最后返回原基点。d. 进行测站检测，检测合格后方可迁站。

②记录：电子水准仪采用自动记录的方式，观测前对测站限差参数进行设置，如视距限差的高端和低端、前后视距差限差、前后视距差累计限差、两次读数高差之差限差。各项指标都符合要求，方可迁站。

③计算：沉降点的沉降值 ΔH_t 等于沉降点与基点间高差 Δh 在 t 时刻的改变值。即：$\Delta h_t(1,2)＝\Delta h_t(2)－\Delta h_t(1)$ 单位以 mm 计。沉降点的累计下沉值为累计时间内该沉降

点沉降值之代数和。

④周期水准观测应符合要求。

⑤应在标尺分划线成像清晰和稳定的条件下进行观测。不得在日出后和日出前约半小时、太阳中天前后、风力大于四级、气温突变时以及标尺分划线的成像跳动而难以照准时进行观测。晴天观测时，应用测伞为仪器遮蔽阳光。

⑥作业中应经常对水准仪及水准标尺的水准器和 i 角进行检查。当发现观测成果出现异常情况并认为与仪器有关时，应及时进行检查与校正。

⑦每段往测与返测的测站数均应为偶数，否则应加入标尺零点差改正。由往测转向返测时，两标尺应互换位置，并应重新整置仪器。在同一测站上观测时，不得两次调焦。

⑧对各周期观测过程中发现的点位变动迹象、地质地貌异常、地表出现裂缝等情况，应做好记录，并画出草图。

⑨立柱沉降观测方法与基坑明挖法地表沉降观测类同。

⑩地面沉降点埋设示意如图 6.3-10 所示。

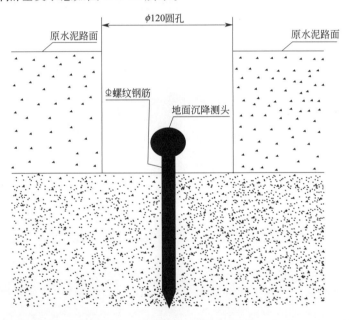

图 6.3-10　地面沉降点埋设示意图

2）数据处理及分析

①数据传输及平差计算

地表沉降数据传输及平差计算方法与立柱沉降、坑底隆陷沉降监测数据传输及处理方法及要求相同，最后得到各线路、沉降测点的高程值。

通过观测点各期高程值计算各期阶段沉降量、阶段变化速率、阶段累计沉降量等数据。

②变化数据分析

观测点稳定性分析原则如下：a. 观测点的稳定性分析，基于稳定的基准点而进行的平差计算。b. 相邻两期观测点的变动分析，通过比较相邻两期的最大变形量与最大测量误差（取两倍中误差）来进行，当变形量小于最大误差时，可认为该观测点在这两个周期内没有变动或变动不显著。c. 对多期变形观测成果，当相邻周期变形量小，但多期呈现出明显的变化趋势时，应视为有变动。

监测点预警判断分析原则如下：a. 将阶段变化速率及累计变形量与控制标准进行比较，判断警戒状态情况。b. 如数据显示达到警戒标准时，应结合巡视信息，综合分析施工进度、施工措施情况，查看附近支护围护结构稳定性、地表表观变化情况，进行综合判断；c. 当分析确认有异常情况时，应立即通知有关单位采取措施。

（2）测点埋设及技术要求

1）立柱隆沉监测点布设，根据立柱顶上支撑梁的情况选取合适位置或直接利用支撑梁或另外单独布设点位的方式布置。

2）坑底回弹监测点拟采用辅助杆压入式标志，回弹标志的直径应与保护管内径相适应，可取长约 20cm 的圆钢，一端中心加工成半球状（$r = 15 \sim 20$mm），另一端加工成楔形。

3）辅助杆宜用空心两头封住的金属管制成，顶部应加工成半球状，并于顶部侧面安置圆盒水准器，杆长以放入孔内后露出地面 $20 \sim 40$cm 为宜。

4）开孔时可采用机械方式成孔，孔口与孔底中心偏差不宜大于 3/1000，孔底应清除干净。

5）回弹标志应埋入基底以下 $20 \sim 30$cm，孔深应达到设计平面以下数厘米。

6）应将回弹标套在保护管下端顺孔口放入孔底；不得有孔壁土或地面杂物掉入，应保证观测时辅助杆与标头严密接触；先将保护管提起约 10cm，在地面临时固定，然后将辅助杆立于回弹标头进行观测，测量完毕，将辅助杆与保护管拔出地面，先用白灰回填约 50cm，再填素土至填满全孔，回填应缓慢进行，避免撞动标志。

（3）观测方法

1）监测控制网观测

《工程测量标准》GB 50026—2020 表 10.3.3 规定，二等垂直位移监测基准网的主要技术要求，往返较差或环线闭合差为 $0.3\sqrt{n}$ mm，n 为测站数，每站高差中误差为 0.15mm，相邻基准点高差中误差为 0.5mm。

观测周期：由于该工程规模较大且工期较长，监测控制网作为沉降观测的起始依据，所以其准确性就显得尤为重要。水准基点埋设完毕，待其稳定后进行首次观测，首次观测应连续进行两次，取其平均值作为监测控制点的高程数据，基坑挖好时观测一次，浇筑基础混凝土之前观测一次。

2）基坑回弹观测点观测

回弹观测的精度应以给定或预估的最大回弹量为变形允许值进行估算后确定，但最弱观测点相对邻近工作基点的高差中误差不应大于 ±1mm。

基坑开挖前的回弹观测，拟采用辅助杆法进行，测前与测后应对辅助杆的长度进行检定，长度检定中误差不应大于回弹观测测站高误差的 1/2；每一测站的观测可按照先后视水准点上标尺面、再前视孔内标尺面的顺序进行，每组读数三次，以反复进行两组作为一测回，每站不应小于两测回，并同时测量和记录孔内温度，观测结果应加入尺长和温度改正。

基坑开挖后回弹观测，可先在坑底一角埋设一临时工作点，使用与开挖前相同的观测设备和方法，将高程传递至坑底工作点，然后小心挖出各测点，利用几何水准方法进行测量。

3）数据处理方法同上。

5. 围护结构顶水平位移人工复核监测

水平位移观测通常包括明挖基坑围护结构水平位移观测。

（1）测点布置和埋设

水平位移监测点分为基准点、工作基点、变形监测点 3 种。位移监测点按照 15～20m 的间距布设在围护结构上端。基准点和工作基点均为变形监测的控制点，基准点一般距离施工场地较远，应设在影响范围以外，用于检查和恢复工作基点的可靠性；工作基点则布设在基坑周围较稳定的地方，直接在工作基点上架设仪器对水平变形监测点进行观测。

监测点的材料与规格，测点采用 $\phi 20\text{mm} \times 100\text{mm}$ 铆钉或 $\phi 20\text{mm} \times 100\text{mm}$ 的钢筋头（一端锉成半球状）。

（2）监测方法

测定特定方向上的水平位移时可采用视准线法、小角度法、投点法等，测定监测点方向的水平位移时，视监测点的分布情况采用前方交会法、自由设站法、极坐标法等，本次项目选择极坐标法。

（3）数据处理及分析

1）数据传输及平差计算

观测记录采用 PDA 控制网测量记录程序进行，观测时可完成各项限差指标控制，观测完成后形成电子原始观测文件，通过数据传输处理软件传输至计算机，使用控制网平差软件进行严密平差，得出各前方交会点坐标。平差计算要求如下：①平差前对控制点稳定性进行检验，对各期控制点与检核点的夹角、距离进行比较，确保起算数据的可靠；②使用华星测量控制网平差软件按严密平差的方法进行计算；③平差后数据取位应精确到 0.1mm。

2）变形数据分析

观测点稳定性分析原则如下：①观测点的稳定性分析基于稳定的基准点作为基准点而进行的平差计算成果。②相邻两期观测点的变动分析，通过比较相邻两期的最大变形量与最大测量误差（取两倍中误差）来进行，当变形量小于最大误差时，可认为该观测点在这两个周期内没有变动或变动不明显。③对多期变形观测成果，当相邻周期变形量小，但多期呈现出明显的变化趋势时，应视为有变动。

监测点预警判断分析原则如下：①将阶段变形速率及累计变形量与控制标准进行比较，若阶段变形速率或累计变形值小于预警值，则为正常状态，若阶段变形速率或累计变形值大于预警值而小于报警值则为预警状态，若阶段变形速率或累计变形值大于报警值而小于控制值则为报警状态，若阶段变形速率或累计变形值大于控制值则为控制状态。②若数据显示达到警戒标准时，应结合巡视信息，综合分析施工进度、施工措施情况、支护围护结构稳定性、周边环境稳定性状态，进行综合判断。③分析确认有异常情况时，应及时通知有关各方。

水平位移监测控制网的主要技术要求如表 6.3-4 所示。

等级	相邻控制点点位中误差(mm)	平均边长(m)	测角中误差(″)	最弱边相对中误差	主要作业方法和观测要求
Ⅱ	±3.0	150	±1.8	≤1/70000	按二等三角测量进行

3）数据采集记录采用自主开发的 GPT-721 数据采集器进行记录，数据采集完成，联机即可进行平差计算各监测工作点和监测点坐标，与既有坐标比较即可知道支护体系是否发生了变形。同时，该采集器具有和前次观测数据比较的功能，观测数据异常或有变形存在时，现场即可知道。

4）注意事项

①测区的基准点不应少于 3 个，工作基点多少视监测情况而定。

②对埋设后的监测标志点（桩），采取适当的保护措施，防止受到毁坏。

③使用仪器进行观测时，要尽量减少仪器的对中误差、照准误差和调焦误差。

④使用仪器进行观测时，仪器不能受阳光照射，仪器的整平后气泡偏离不得超过 1 格。

⑤监测应在通视良好，成像清晰的有利时刻进行。

⑥定期对使用的全站仪进行日常检查，保证其在监测期间处于良好状态。

⑦测点的埋设，在浇筑冠梁时将测点直接埋入混凝土中。

6. 深层变形人工复核监测（坑外土体测斜、围护结构测斜）

（1）量测原理

本量测项目选用数字式测斜仪作为量测仪器。它由探头、中继电缆和手提式数字显示器三部分组成。测量值为测管壁与铅垂方向夹角正弦的 2.5 倍。最大量程为 ±38°。

（2）测斜管安装及技术要求

1）埋设方法

本工程测斜管的埋设，根据灌注桩及土体位置的不同拟采用两种方法：绑扎埋设和钻孔埋设。通常情况下桩身内测斜管采用绑扎埋设，当桩身已经完成而测斜管未及时埋设或者基坑开挖前发现已经埋设的测斜管无法正常使用时，需要采取钻孔埋设的方法。

2）埋设施工

对于绑扎埋设孔，测斜管通过直接绑扎或设置抱箍将其固定在钢筋笼上，钢筋笼入槽（孔）后，浇筑混凝土。测斜管与支护结构的钢筋笼绑扎埋设，绑扎间距不宜大于 1.5m，测斜管与钢筋笼的固定必须十分稳定，以防浇筑混凝土时，测斜管与钢筋笼相脱落。同时必须注意测斜管的纵向扭转，很小的扭转角度就可能使测斜仪探头被导槽卡住；埋设就位的测斜管必须保证有一对凹槽与基坑边缘垂直。

对于钻孔式埋设测斜管，先用地质钻机成孔，然后在孔内再直接安设测斜管。

3）埋设技术要求

支护结构测斜管埋设与安装应遵守下列原则：

①管底宜与钢筋笼底部持平或略低于钢筋笼底部，顶部达到地面（或导墙顶）。

②测斜管与支护结构的钢筋笼绑扎埋设，绑扎间距不宜大于 1.5m。

③测斜管的上下管间应对接良好，无缝隙，接头处牢固固定、密封。

④测斜管绑扎时应调正方向，使管内的一对测槽垂直于测量面（即平行于位移方向）。

⑤封好底部和顶部，保持测斜管的干净、通畅和平直。

⑥做好清晰的标示和可靠的保护措施。

（3）观测方法及数据采集

监测仪器采用测斜仪以及配套 PVC 测斜管，监测系统精度每 25m 累计误差不超过 ±2mm。

1）观测方法如下：

①用模拟测头检查测斜管导槽。

②使测斜仪测读器处于工作状态，将测头导轮插入测斜管导槽内，缓慢地下放至管底，然后由管底从下而上沿导槽全长，每隔 0.5m 读一次数据，记录测点深度和读数。测读完毕后，将测头旋转 180°插入同一对导槽内，以上述方法再测一次，测点深度同第一次相同。

③每一深度的正反两次读数的绝对值宜相同，当读数有异常时应及时补测。

2）观测方法及数据采集技术要求

①初始值测定

测斜管应在测试前 5d 装设完毕，在 3～5d 内用测斜仪对同一测斜管做 3 次重复测量，判断明确处于稳定状态后，以 3 次测量的算术平均值作为侧向位移计算的基准值。

②观测技术要求

测斜探头放入测斜管底应等候 5min，以便探头适应管内水温，观测时应注意仪器探头和电缆线的密封性，以防探头数据传输部分进水。测斜观测时每 0.5m 的标记一定要卡在相同位置，每次读数一定要等候电压值稳定才能读数，确保读数的准确性。

（4）数据处理及分析

首先，必须设定好基准点，围护桩桩体变形观测的基准点一般设在测斜管的底部。当被测桩体产生变形时，测斜管轴线产生挠度，用测斜仪确定测斜管轴线各段的倾角，便可计算出桩体的水平位移。

为消除量测装置零漂移引起的误差，每一测段两个方向的倾角都应进行正、反两次量测，如式（6.3-1）、式（6.3-2）所示。

$$\Delta\varepsilon_{xi} = \frac{(\varepsilon_x^+)_i - (\varepsilon_x^-)_i}{2} \tag{6.3-1}$$

$$\Delta\varepsilon_{yi} = \frac{(\varepsilon_y^+)_i - (\varepsilon_y^-)_i}{2} \tag{6.3-2}$$

当 $\Delta\varepsilon_{xi}$ 或 $\Delta\varepsilon_{yi} > 0$ 时，表示向 X 轴或 Y 轴正向倾斜，当 $\Delta\varepsilon_{xi}$ 或 $\Delta\varepsilon_{yi} < 0$ 时，表示向 X 轴或 Y 轴负向倾斜，由上式可计算出测斜管轴线各测点水平位置，比较不同测次各测点水平坐标，便可知道桩体的水平位移量。

7. 支撑轴力人工复核监测

（1）埋设方法

将混凝土支撑钢筋主筋锯断，断口处取下一截，替换为轴力计，搭接方式采用焊接。

（2）埋设技术要求

1）安装前测量一下轴力计的初频，是否与出厂时的初频相符合（≤±20Hz），如果不符合应重新标定或者另选用符合要求的轴力计。

2）安装过程必须注意轴力计和主筋在一条直线上，各接触面平整，焊接牢固。在混凝土支撑浇筑前，把轴力计的电缆妥善地绑在安装架内侧，防止在浇筑过程中损伤电缆。

（3）观测方法及数据采集

观测仪器及方法：

轴力计采用 FLJ 型各种规格的轴力计，采用振弦式频率读数仪进行读数，并记录温度。

（4）监测观测方法及数据采集技术要求

1）轴力计安装后，在施加预应力前应进行轴力计初始频率的测量，在施加预应力时，应测量其频率，计算出其受力，同时要根据千斤顶的读数对轴力计的结果进行校核，进一步修正计算公式。

2）基坑开挖前应测试 2~3 次稳定值，取平均值作为计算应力变化的初始值。

3）支撑轴力量测时，同一批支撑尽量在相同的时间或温度下量测，每次读数均应记录温度测量结果。

8. 地下水位人工复核监测

（1）测点布设原则

坑内地下水位的布设借用坑内降水井。

（2）地下水位孔制作要求

同降水井的制作布设。

（3）观测方法与数据处理

地下水位监测可采用钢尺水位计，钢尺水位计的工作原理是在已埋设好的水管中缓慢向下放入水位计测头，当测头接触到水面时，启动讯响器，此时读取测量钢尺在管顶位置的读数，每次读取管顶读数对应的管顶位置应一致，并固定读数人员。根据管顶高程、管顶与地面的高差，即可计算地下水位的高程和埋深。

9. 外部作业人工复核监测频率及警戒值设置

一般基坑人工复核监测包括：地面构筑物沉降、周边管线沉降、围护结构顶位移、围护结构顶沉降、围护结构测斜、坑外土体测斜、支撑轴力、坑外地下水位、立柱沉降等人工复核监测项目，基坑监测方法如表 6.3-5 所示。

基坑监测方法 表 6.3-5

序号	监测项目	预警值	报警值	复核方法与要求	复核频率
1	地面构筑物沉降	控制值的60%	控制值的80%	掌握开挖时对周围土体、地面建筑物的影响程度,确保施工安全	正常情况：2次/1月特殊或报警情况：1次/周
2	周边管线沉降				
3	围护结构顶位移			掌握围护结构的变位及受力情况,判定其安全稳定性	
4	围护结构顶沉降				
5	围护结构测斜				
6	坑外土体测斜				
7	支撑轴力				
8	坑外地下水位			掌握结构周围土体的变位及受力情况,判定其安全稳定性	
9	立柱沉降				

注：表中控制值仅作参考，具体以设计要求与专家评审意见为准。

227

警戒值是监测工作实施前为确保监测对象安全而设定的各监测指标的预估最大值。在监测过程中，当实测值<0.8*设计值，安全；当实测值＝(0.8～1.0)*设计值，注意；当实测值>1.0*设计值，危险（0.8*设计值为临界值），监测部门应在报表中醒目提示，予以报警。

警戒值的确定应遵循的原则：

(1) 监测警戒值必须在施工前，由建设、设计、监理、施工、市政、监测等相关单位共同商定，列入监测方案。

(2) 每个监测项目的警戒值应由累计允许变化值和变化速率两部分来控制。

(3) 监测警戒值的确定应满足现行相关设计、施工法规、规范和规程要求。

(4) 对一些目前尚未明确警戒值的监测项目，可参考国内外相似工程的监测资料确定其警戒值。

(5) 监测警戒值的确定应具有工程施工可行性，在满足安全的前提下，应考虑提高施工工效和减少施工费用。

(6) 在监测工作实施过程中，当某个量测值超过警戒值时，除了及时报警外，还应与相关单位共同研究分析，动态控制，必要时可对警戒值进行调整。

6.3.3 在建轨道交通线路监测技术细则

(1) 地铁线路未开始载客运营期间的线路保护监测，均属于在建地铁线路保护监测的范畴。

(2) 随着地铁及其周边配套设施的开发和完善，在地铁的建设过程中，在建线路周边存在各种不同工程（包括地铁自身和非地铁项目）的施工情况，该施工均会对已完成的结构产生影响。

(3) 在建地铁线路保护监测存在一个监管的中空期，由于运营单位未接管，建设单位重点关注正在施工的工作面，对已建成线路保护意识相对薄弱，故针对该时期，编制在建地铁线路保护监测技术细则。

6.3.3.1 自动化监测

在建线路自动化监测大体与运营线路自动化监测一致，个别方面存在不同，在建地铁线路保护监测对应的条件更为恶劣，需要解决如下问题：

(1) 自动化仪器控制信号：在建隧道内无2G、3G等通信信号，故引入信号，是最为关键的工序，一般采用如下几种方式：

1) 可采用接驳网线：若需要架设位置存在网线，或者存在Wi-Fi信号，可采用基站将网线信号转换为对应运营商的2G手机信号，则可重复运营线路的自动化信号调试流程，但该方法，占用的网线带宽较大，信号不稳定。

2) 可采用接驳光纤：将通信模块放置在地面或洞口等有信号位置，采用"光纤收发器"，将通信信号传入光纤内，通过长距离引入光纤，牵引至隧道内等无通信信号的脚架位置，再将光纤信号通过"光纤收发器"，转换为通信宽带信号，并接入仪器模块，实现通信信号。该方法信号传输较为稳定。

(2) 自动化仪器用电：在建隧道电路相比运营隧道，设置位置、配电箱标准等不一致，在建期间的用电较为复杂，现场并入220V交流电，应由专业电工进行接线并入。

（3）自动化监测点位置：在建隧道监测点设置分为两种情况，一是道床已浇筑完成，该情况与运营期监测点布设基本一致；二是道床未浇筑，该种情况，不存在道床沉降及两轨差异沉降监测，且对应的道床沉降监测将改变为拱底竖向位移监测，布设位置在 5 点钟或者 7 点钟方向（6 点钟方向易被破坏）。

（4）工作基点、后视点等的稳定性复核：由于在建工程，处于建设期，按照稳定性评定要求，无法到达稳定条件，故需对基准网进行复核。一般采用在后视点对应的管片环增加沉降监测点，通过对其沉降监测进行引测，来发现该管片是否已发生变化，间接判断后视点是否已发生偏移。对后视点的设置应按照两侧均匀设置，在遮挡的情况下，仍可满足精度要求。

（5）自动化仪器、线路等的保护：在建隧道施工交错，易对通信、电力线路损坏，易对监测点碰触，出现粗差，出现碰动自动化全站仪等情况。因此，需要做到以下几点，减少影响：第一，对线路进行梳理并加以保护；第二，对监测点在允许情况下，调整至人不宜碰触位置，若实在无法避免，应将监测点进行醒目标识；第三，对施工单位进行安全技术交底，并要求施工单位对现场作业班组再进行安全技术交底，加强保护测点意识；第四，监测单位增加对现场的巡视，发现异常点及时复核，查找原因，并进行修正等。

6.3.3.2　人工监测

在建线路人工监测基本与运营线路人工监测一致，主要注意以下几方面：

（1）监测点的保护：在建线路的人工监测保护内容已在在建自动化监测点保护内明确。

（2）工作基点的复核：在建线路的人工基点的复核与在建自动化监测基点的复核基本一致。

（3）人工监测点的位置：在建线路的人工监测点位设置与在建线路自动化监测点点位设置基本一致。监测点设置分为两种情况，一是道床已浇筑完成，该情况与运营期监测点布设基本一致；二是道床未浇筑，该种情况，不存在道床沉降及两轨差异沉降监测，且对应的道床沉降监测将改变为拱底竖向位移监测，布设位置在 5 点钟或者 7 点钟方向（6 点钟方向易被破坏）。

6.3.3.3　外部作业工程复核监测

在建线路外部作业工程复核监测参照前文运营线路外部作业工程复核监测。

6.4　城市轨道交通保护区内病害调查及记录细则

我国的铁路隧道数量和长度均居世界首位，但由于地质、设计、施工及造价、运营、维修管理等方面的原因，既有线铁路隧道病害问题日益突出，有些隧道病害已经影响到既有线铁路隧道的正常使用，甚至危及行车安全，有些虽然进行了整治，但效果不甚理想。为了有效地整治隧道病害，必须科学地评价既有线铁路隧道病害状况，以便提出技术可靠经济合理的整治方案。而对隧道病害程度进行恰当分级是科学评价隧道病害状况的一个十分重要的方面，只有对隧道病害程度进行恰当的分级，才能对隧道检测得到的结果进行综合分析，从而科学地评估隧道病害状况。实际工程中，隧道病害产生的原因很复杂，只有通过调查、检测、勘察与分析，找出主、次要因素，然后采取有针对性的工程措施，才能达到既治标又治本的效果。

隧道病害最直观的表现形式为隧道渗漏水、衬砌开裂、路面（或基底）下沉或翻浆冒泥，整治处理是非常复杂的系统工程，既涉及施工，也涉及营运管理。

隧道病害调查的基本流程为：调查人员手持强光手电筒在保护区内进行细致调查，拍照记录管片病害情况，制定一个顺时针的点钟方向，记录具体方位。管片病害主要是隧道渗漏水、隧道损伤（管片裂缝、缺角掉块）、隧道变形（管片错台、管片接缝张开、道床与管片脱开）以及一些管片修补。调查结束后整理统计存档。若病害为裂缝，应进行裂缝观测。其后，根据监测频率在人工监测的同时进行隧道巡查，对隧道内仪器、棱镜、电箱、隧道管片渗漏水及裂缝情况进行检查，看有无新增，病害调查流程图如图 6.4-1 所示。

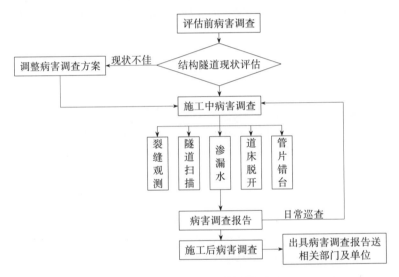

图 6.4-1　病害调查流程图

6.4.1　渗漏水

6.4.1.1　渗漏水病害定义及分类

根据地铁隧道内渗漏量及渗漏物等形式将渗漏水病害分类，隧道渗漏定义及分类如表 6.4-1 所示。

隧道渗漏定义及分类

表 6.4-1

序号	渗漏水病害	定义	备注
1	湿迹	隧道管片内表面存在明显色泽变化的潮湿斑	
2	渗水	水渗入管片，导致管片内表面水分浸润	
3	滴漏	水量达到一定程度时，从管片壁滴落	秒表测定滴水频率
4	漏泥	因渗水通道扩大或防水失效，渗水量增加的同时夹带泥砂	

6.4.1.2　评判标准

湿迹：湿迹现象指水分蒸发速度快于渗入量，用干手触摸有潮湿感，但无水分浸润感，在隧道内常规通风条件下，潮湿现象可能会消失，管片腰部以上区域无法用手触摸，仅能依靠目测判断。

渗水：渗水现象在加强人工通风的条件下也不会消失，用干手触摸，明显有水分，如用废报纸贴于渗水处，废纸将会被浸湿变色，对于腰部以上区域，可通过灯光照射，有无反光，辅助判断是否为渗水。某些情况下，病害可能介于湿迹与渗水之间，较难区别，此时应多种检查方法并用，只要一种检查结果为渗水，则应按不利原则考虑归为渗水病害。

滴漏：滴水现象与其他渗漏水病害较容易区分，但由于滴漏速度有快慢，当检查速度较快时，容易漏检。在检查过程中，注意道床表面是否有水迹或少量积水，如存在，极有可能是车站顶部滴漏的结果。

漏泥砂：漏泥现象较易判断，通常漏泥时，渗水量相对较大，且夹带新鲜泥砂，导致渗出物浑浊。

6.4.1.3　现场调查记录模板

隧道渗漏水记录标识见表 6.4-2。

隧道渗漏水记录标识　　　　　　　　　　　　　　　　表 6.4-2

病害		标志符号	符号解释	记录要求
渗漏水	湿迹		虚线填充的闭合曲线	曲线边界依据实际湿迹分布确定
	渗水		斜线填充的闭合曲线	曲线边界由实际渗水分布确定
	滴漏		由竖线、椭圆以及数字三部分组成，数字表示滴水频率（滴水数/min）	1. 当小于 1 滴/min 时，椭圆内应标注<1； 2. 当大于 60 滴/min 时，可认为滴漏已形成线流，此时应按照渗流标注∞
	漏泥砂		点及小三角填充的闭合曲线	曲线边界依据实际漏泥边界确定

6.4.1.4　内业资料整理

通过现场调查，记录隧道渗漏水情况，并最终形成隧道渗漏水检查报告，报告需详细记录渗漏水位置、渗漏水量及现场影像资料等，隧道渗漏水调查报告模板如表 6.4-3所示。

隧道渗漏水调查报告模板　　　　　　　　　　　　　　表 6.4-3

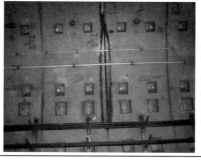

内侧 L 环缝渗水

内	D		B		L		F		L		B		D	外
□	□ ▣	▣ □	□	□ ▣	▣ □	□	□ ▣	▭	□ ▣	□	□ ▣	▣ □	▣ □	□
				○					○					
□	□ ▣	▣ □	□	□ ▣ Px	▣ □ ▨▨▨	□	□ ▣	▭	□ ▣	□	□ ▣	▣ □	▣ □	□
□	□ ▣	▣ □	□	□ ▣	▣ □	□	□ ▣	▭	□ ▣	□	□ ▣	▣ □	▣ □	□
				○					○					
□	□ ▣	▣ □	□	□ ▣	▣ □	□	□ ▣	▭	□ ▣	□	□ ▣	▣ □	▣ □	□

6.4.2 管片损伤

管片裂缝、缺角及缺损主要通过目测进行检查，明确隧道结构损伤的类型、位置和程度等信息。

6.4.2.1 混凝土管片损伤病害及定义

混凝土管片损伤病害定义及分类如表 6.4-4 所示。

混凝土管片损伤病害定义及分类 表 6.4-4

序号	管片损伤病害	定义	备注
1	裂缝	表层混凝土开裂	
2	缺角	管片端部混凝土缺失	
3	缺损	管片纵缝两侧混凝土片状缺失	

注：在道床施工过程中，轨道铺设需要在管片上钻孔，造成管片损伤假象，应注意区分。

6.4.2.2 评判标准

管片损伤病害较为直观，管片裂缝与缺角主要通过目测进行检查。管片裂缝通常表现为颜色略深于管片内表面本色的细缝。管片缺角部位因表层混凝土缺失，缺角颜色同样会深于管片表面本色。

6.4.2.3 现场调查记录模板

隧道管片损伤记录标识如表 6.4-5 所示。

隧道管片损伤记录标识 表 6.4-5

病害		标志符号	符号解释	记录要求
管片损伤	裂缝	∫	表层混凝土裂开	1. 曲线或折线，以裂缝实际线形为依据，当裂缝宽度可量测时，应予以备注。 2. 当裂缝较为严重，甚至出现混凝土碎裂现象时，应特别予以备注，并留存详细影像资料。 3. 当一环存在多条裂缝时，应面向大里程方向沿顺时针按从小到大的顺序对裂缝进行编号
	缺角	◣	管片端部混凝土缺失	将实际缺角范围填实，管片缺角深度可量测时，同样予以备注
	缺损	✕ ✕ ✕	管片纵缝两侧混凝土片状缺失	竖线代表发生缺损的纵缝，交叉线代表区域与发生缺损区域一致

6.4.2.4　内业资料整理

通过现场调查，记录隧道损伤情况，并最终形成隧道损伤调查报告，报告需详细记录损伤位置及现场影像资料，隧道管片损伤调查报告模板如表 6.4-6 所示。

隧道管片损伤调查报告模板　　　　　　　　　　　　表 6.4-6

编号	16	巡查日期	20××-×-×
区间隧道	××～××	环号	846 环
裂缝宽度	面向大里程,横向裂缝长度大约为 1.2m,宽度大约 1mm		

6.4.3 管片错台

6.4.3.1 管片错台病害及定义

隧道差异沉降的发展主要因素是管片发生错台。管片错台指相邻环在垂直于隧道轴线平面内发生相对位移，或单环内相邻管片沿环内产生相对位移，管片错台发展到一定程度时，会引起接缝防水条失效，甚至管片开裂。管片错台定义及分类如表 6.4-7 所示。

管片错台定义及分类 表 6.4-7

病害	定义	备注
管片错台	管片间在环面或纵向接触面内发生相对错动的现象	

6.4.3.2 评判标准

根据地铁盾构隧道纵向变形分析，当错台量超过 8mm 时，将会影响到止水条防水性能。《盾构法隧道施工及验收规范》GB 50446—2017 第 16.0.5 条规定，地铁隧道衬砌环内错台允许偏差为 10mm，衬砌环间错台允许偏差为 15mm。

6.4.3.3 观测方法及记录

管片错台初步判断通过目测进行，对疑似处可通过手触确认，也可将探照灯平贴于管片朝疑似错台处照明，如存在错台现象，则光束在错台处会出现明显明暗对比。错台量可通过钢尺进行量测，管片错台记录标识如表 6.4-8 所示。

管片错台记录标识 表 6.4-8

病害	定义	标志符号	解释	记录要求
管片错台	管片间在环面或纵向接触面内发生相对错动的现象	6	直线与错台处接缝垂直并交叉，数字表示错台量	直线与错台处接缝垂直并交叉，数字表示错台量

6.4.3.4 内业资料整理

通过现场调查，记录隧道管片错台情况，并最终形成隧道错台调查报告，报告需详细记录错台位置及现场影像资料等，隧道管片错台报告模板如图 6.4-2 所示。

图 6.4-2 隧道管片错台报告模板

6.4.4　道床脱开

6.4.4.1　道床脱开定义

道床脱开即为道床与管片间存在间隙，纵向上明显存在。对整体式道床，道床混凝土在区间隧道贯通后浇筑。在隧道后期差异沉降以及循环振动荷载作用下，道床混凝土尤其在小转弯半径区段，可能会发生与管片脱离的现象。道床与管片脱开将会给运营安全带来隐患。

6.4.4.2　现场调查及记录模板

对于整体式道床，由于两侧排水沟混凝土厚于轨枕区域道床混凝土浇筑，管片脱开通常表现为排水沟混凝土与管片脱开以及轨枕区域道床与管片脱开。

道床与管片脱开检查应明确脱开位置。在脱开现象较为明显区域，道床混凝土可能会出现横向裂缝，对于此类情况，应在备注栏予以说明，必要时拍摄影像，道床脱空记录模板如表 6.4-9 所示。

道床脱空记录模板　　　　　　　　　　　　　　　　　　　　　表 6.4-9

病害	标志符号	符号解释	记录要求
道床与管片脱开	⌣	道床与管片间存在间隙，纵向上明显存在	标志记录于道床与管片连接处

6.4.4.3　内业资料整理

通过现场调查，记录隧道道床脱空情况，并最终形成隧道道床脱空调查报告，报告需详细记录脱空位置及现场影像资料等，隧道道床脱空报告模板如图 6.4-3 所示。

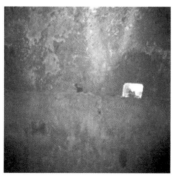

图 6.4-3　隧道道床脱空报告模板

6.4.5　裂缝宽度及深度检测

1. 裂缝长度、宽度量测

（1）测试仪器

裂缝宽度采用裂缝测宽仪测量，长度采用钢卷尺测量。

（2）测试方法

隧道内裂缝检测主要为裂缝长度和宽度，长度直接采用钢卷尺量测，宽度采用裂缝测宽仪进行精密测量，具体方法为：针对隧道内发现的裂缝，单条裂缝选取 2～3 个典型断面进行编号量测并拍摄影像资料，管片裂缝观测示意图如图 6.4-4 所示。

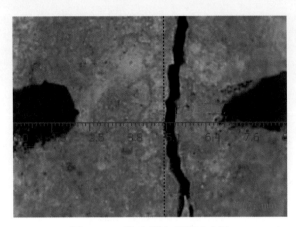

图 6.4-4　管片裂缝观测示意图

2. 裂缝深度检测

（1）原理与方法

由超声脉冲发射源在混凝土表面向其内部激发高频弹性脉冲波，并用高精度的接收系统记录该脉冲波在混凝土内传播过程中表现的波动特征。当混凝土表面存在裂缝缺陷时，裂缝处通常填充空气，在固-气交界面上，由于空气的波阻抗远小于混凝土的波阻抗，超声波几乎发生全反射，因此可以认为没有波动能量穿透空气直达接收器，而能被接收器接收的波动将是绕过裂缝下缘的衍射波，又称为绕射波，该现象可以用 Huygens—Fresnel 原理定性解释。根据波的初始到达时间特性进行对比分析，可以获得测区范围内混凝土的裂缝发育深度情况。测试记录测区内同一裂缝的多个测点上的跨缝和不跨缝的超声波动特征，经过处理分析就能判别该裂缝的深度发育情况。

单面平测法必须注意的问题有两点：1）由于超声波传播的复杂性，不能简单地采用换能器中-中距离或边-边距离作为测距，不跨缝平测时应采用平测"时-距"坐标图或回归直线方程的方法进行修正。跨缝时实际发射点和接收点将更加复杂，严格校正需要进一步研究；2）由于发射的超声波是复频率，因而具有频散现象，随着传播距离的增加，频率越高，衰减越大，因此脉冲波传播是由于衰减将引起主频率向低频率漂移，即所谓的频漂，其表现出的效果为速度随着测距的增大而减小。

（2）现场测试

裂缝超声检测示意图如图 6.4-5 所示、现场测试声波探头如图 6.4-6 所示，测线布置垂直裂缝且以裂缝为对称中心线。在所需检测的裂缝一侧通过大功率平面发射换能器发射高频超声波，在裂缝的同一侧与

图 6.4-5　裂缝超声检测示意图

另一侧接收超声波，变换发射点和接收点的位置，读取超声波在混凝土中的旅行时，根据超声波不跨缝和跨缝的旅行时差异及路径的不同，计算裂缝的深度，超声波波形图如图 6.4-7 所示。

图 6.4-6　现场测试声波探头

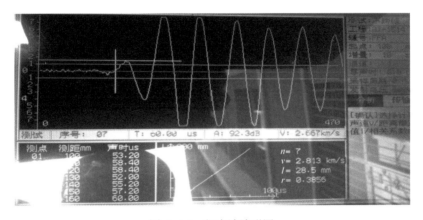

图 6.4-7　超声波波形图

（3）资料整理方法

具体检测步骤如下：

1）不跨缝的声时测量：将 T 和 R 换能器置于裂缝附近同一侧，以两个换能器内边缘间距（L'）100、150、200、250mm 分别读取声时值 t_i，绘制平测"时-距"图（图 6.4-8）或用回归分析的方法求出声时与测距之间的回归直线方程。

每个测点超声波实际传播距离 L_i 为：

$$L_i = a + b \times t_i \tag{6.4-1}$$

$$L_i = L'_i + |a| \tag{6.4-2}$$

式中：L_i——第 i 点的超声波实际传播距离（mm）；

L'_i——第 i 点的 R、T 换能器内边缘间距（mm）；

a——平测"时-距"图中 L' 轴的截距或回归直线方程的常数项（mm）。

b——回归系数。

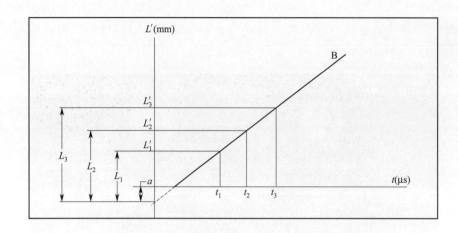

图 6.4-8 平测"时-距"图

不跨缝平测的混凝土声速值为：

$$v=(L'_n-L'_1)/(t_n-t_1) \tag{6.4-3}$$

或

$$v=b \tag{6.4-4}$$

式中：v——不跨缝平测的混凝土声速值（km/s）；

L'_n、L'_1——第 n 点和第 1 点的测距（mm）；

t_n、t_1——第 n 点和第 1 点读取的声时值（μs）；

b——回归系数。

2）跨缝的声时测量：图 6.4-9 为发射点到接收点的测试示意图。将 T、R 换能器分别置于以裂缝为对称中心的两侧，L'_1 取 100、150、200mm、分别读取声时值 t_1，同时观察首波相位的变化，读取超声波旅行时，考虑到测试过程中混凝土内钢筋对声波测试的影响，有时须斜跨裂缝布置测试点，以提高信号质量。

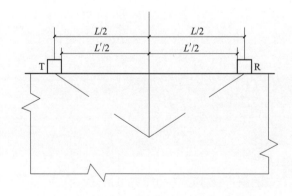

图 6.4-9 发射点到接收点的测试示意图

6.4.6　三维激光设备与扫描软件工作流程

6.4.6.1　三维激光测量外业采集流程

1. 测试硬件设备

（1）轨道交通快速移动三维激光测量系统

轨道交通快速移动三维激光测量系统集成了高精度三维扫描仪、GNSS/INS 组合定位定姿装置、线结构激光测量传感器以及高清全景相机等多种传感器于一体，可以快速获取高质量的轨道及周围环境三维点云、准确的里程位置、精密的钢轨廓形等信息。具有上道作业机动灵活、速度快、精度高、分辨率高、数据安全可靠及信息全面等特点。

（2）作业方式

检测采用移动小车进行作业，考虑到三维移动测量系统自身的转速为 200 转/s，为充分满足隧道检测精度，采集车速建议控制在 2～4km/h。本次作业区域长度为 1.3km，单趟采集 40min 完成，移动小车采用人工推行。

2. 实施方案

（1）硬件环境

运营监测使用的是移动式的三维激光扫描设备，轨道小车激光雷达扫描系统如图 6.4-10 所示，系统主要组成：

1）激光扫描仪。

2）多传感器同步控制单元。

3）高精度激光惯导。

4）高精度里程编码器。

5）嵌入式计算机以及电源供电系统等设备。

组建高精度地铁监测与测量平台，在同步控制单元的协调下使各个传感器之间实现时空同步，快速采集隧道的全断面时空数据。

（2）数据采集方案

在外业采集数据阶段，需要进行如下操作：

1）硬件系统调试

硬件系统调试主要包括高精度移动测量系统安装调试、硬件设备的检查、惯导校准等。

2）采集参数设置

考虑到运营期地铁实际工作环境，为保证最大采样覆盖率，行驶速度建议控制不超过 5km/h，因此本次测试的相关参数设置如下：

①扫描频率为 1000kHz。

②扫描仪转速为 200 转/s。

③编码器每转 1000 个脉冲。

④车辆行驶速率为≤5km/h。

注意：设置一次参数之后默认参数无需重新调整。

3）采集作业操作流程

图 6.4-10　轨道小车激光雷达扫描系统

①进行扫描设备组装，设备电源通电，开机连接设备 Wi-Fi。

②在采集区间的每个基标点附近放置标靶纸，用于在点云上识别中控制基标点的位置。

③打开采集软件开始工程数据采集：设备静止情况下点击新建工程，设备静止 5min 完成惯导的初始化，静止完成后预备测站紧接着开始测站，扫描仪旋转稳定后（点云数据开始增长），人工平稳推进，直到采集目的地，设备停稳后，结束测站。

④在到达当前行进方向终点时，需要保证设备静止，点击结束工程设备静止，设备静止 5min（看倒计时时间），完成后可以进行设备掉头、更改采集线路等操作，如果已经完成采集任务，需要拆卸设备，则先点击关闭设备，等待 2min，再进行设备断电。

注意：设备没有静止之前，禁止搬动设备。

（3）外业注意事项

1）在采集前注意记录初始和结束里程、环号顺序、扫描区间名称以及扫描的左右线。

2）设备静止期间设备需要保持绝对不动。

3）数据采集过程中，速度保持相对一致、设备整体推行平稳。

4）在经过道岔、车辆段等轨道变换的区间时，注意改换轨道，要求在每个轨道上都要进行扫描，得到完整的点云数据。

5）工程数据采集完毕，拷贝扫描设备上的工程数据。

6.4.6.2　三维激光扫描内业设计

1. 软件设计

三维激光扫描软件对高精度激光雷达的点云数据进行处理，得到包含可量测和带有里程信息的高清晰度的灰度图和深度图，可实现对隧道环片的脱落检测、渗水检测、车辆超限检测、错台分析、逐环直径分析、椭圆度分析和横断面分析等。

2. 模块介绍

三维激光扫描软件应包含设计相应的模块，分别为文件模块、点云处理模块、添加环片模块、隧道环片分析模块、隧道测量模块、窗口模块、成果导出模块、输出 CAD 图像模块、绝对点云解算模块，下面将介绍每个模块的具体功能。

（1）文件模块

该模块主要是负责管理整个软件的数据，包括原始数据（点云数据）、影像数据（点云深度影像以及点云灰度影像）、成果数据（环片数据、错台分析数据、横断面分析数据、净空分析数据、病害数据、隧道椭球度及横径数据以及绝对数据），其中成果数据使用 Sqlite 数据库进行管理。

该模块主要包含两个功能，分别是打开工程和清除数据库。

（2）点云处理模块

该模块主要实现点云的初始处理，是其他所有模块的前置条件，其他模块（除了文件模块）都是在该模块处理的数据的基础上进行作业。

该模块主要包括点云配准和生成图片两个功能。

该功能的前置功能为点云配准，可以自动将点云数据生成高清晰度的灰度图和深度图，两种影像都可以在二维视图中显示，并都可量测距离或者面积，每个像素都是带绝对坐标和里程信息。

灰度图的命名方式为"GRAY 起始里程～终止里程"，如"GRAY32.087～70.876"表示里程 K000＋32.087～K000＋70.876 范围内的点云灰度影像。可以基于该影像实现病害检测。

深度图的命名方式为"RGB 起始里程～终止里程"，如"RGB32.087～70.876"表示里程 K000＋32.087～K000＋70.876 范围内的点云深度影像。可以基于该影像实现隧道变形区域检测。

（3）添加环片模块

该模块主要实现隧道盾构片的识别提取，该模块的前置功能为生成图片，提供半自动交互和全自动识别两种方式来进行环片的识别。

该模块设计有两个功能，分别为手动添加环片以及自动添加环片，两个功能都是在点云灰度图上实现。

（4）隧道环片分析模块

该功能模块主要是对识别的隧道环片进行分析处理。包括环片拟合、断面分析两个功能。

环片拟合功能可实现隧道逐环收敛检测，对生成的环片进行椭圆拟合，选取环片中心点左右平移 0.1～0.3m 的区间，均匀选取其中的 6 帧数据进行环片拟合，选取最优值作为该环片的计算结果。每个环片拟合的成果数据包括里程、环号、圆心坐标、长轴、短轴、偏转角、椭圆度和水平直径；其中椭圆度与水平直径最为关键。

断面分析功能对生成的环片进行横断面分析，点云数据的最上端作为起始点，按顺时针方向依次增大角度，每隔 10°计算该区间的断面值，并输出相应的结果。计算完成后，生成相应的报表和 dxf 文件。每个断面分析的成果数据包括环号，里程，平均超限量，起止角度，超出平均超限量的角度和弧长。

在环片错台分析中选取每个环片起点 10cm 的数据作为左右环片的错台分析量，通过左右错台的对比，计算其对比量，输出相应的结果。每个环片分析的成果数据包括环号，里程，超限量，起始角度，超出超限量的角度和弧长。

（5）隧道测量模块

该模块主要是实现隧道的变形以及隧道病害的量测，提供距离量测、面积量测、脱落区域查找、渗水区域查找以及车辆超限检测五个功能。

距离量测功能可以在点云灰度影像以及点云深度影像上量测任意两点的距离。

面积量测功能可以在点云灰度影像以及点云深度影像上量测任意区域的面积。

脱落区域查找功能实现环片脱落的半自动识别提取。利用人工交互的方式对比点云深度图上颜色的变化，颜色较深的地方表示该环片有异常，可以打开三维视图查看三维激光点云进行辅助识别，确定该区域有变形，则利用鼠标在该区域绘制多边形，表示该区域为环片脱落，系统会自动计算并生成成果数据，包括环片脱落区域的里程、环片号和环片脱落的面积。

渗水区域查找功能实现渗水区域的半自动识别提取。利用人工交互的方式对比点云灰度图上颜色的变化，颜色为黑色的地方表示该环片区域有渗水迹象，则利用鼠标在该区域绘制多边形，表示该区域为渗水区域，系统会自动计算并生成成果数据，包括渗水区域的里程、环片号和对应的渗水面积。

车辆超限检测功能实现车辆超限全自动检测，可加载车辆的限界文件，添加忽略区域，进行车辆超限检测，超限区域红色标出，检测完成的成果数据包括超限里程、超限环号、超限角度和超限距离。

（6）窗口模块

该模块为相关辅助功能的实现。包括显示环片、环片二维视图、脱落区域显示/隐藏、渗水区域显示/隐藏以及三维视图等相关功能。

（7）成果导出模块

该模块主要实现检测成果数据的导出，主要功能包括椭圆度数据输出、隧道横断面分析数据输出、病害调查数据输出、绝对数据输出、管片错台分析数据输出、净空分析数据输出、环片脱落检测数据输出以及车辆超限检测数据输出。

（8）输出 CAD 图像模块

地铁隧道变形监测部分成果数据需要以 CAD 图形的格式输出，该模块主要实现 CAD 图形输出。

（9）绝对点云解算模块

涉及绝对点云解算模块及软件为一整套流程软件，搭配对应生产流程。

该软件对高精度激光雷达的点云数据进行处理，得到包含可量测和带有里程信息的高清晰度的灰度图和深度图，可实现对隧道环片的脱落检测、渗水检测、车辆超限检测、错台分析、逐环直径分析、椭圆度分析和横断面分析等。

6.4.6.3　三维扫描数据分析

1. 地铁隧道三维点云成果及灰度正射影像图

通过融合解算得到隧道三维点云成果和灰度正射影像图，隧道点云如图 6.4-11 所示、隧道点云细节图如图 6.4-12 所示、通过隧道灰度正射影像图（图 6.4-13），可以得到隧道内整体情况和隧道内细节数据。

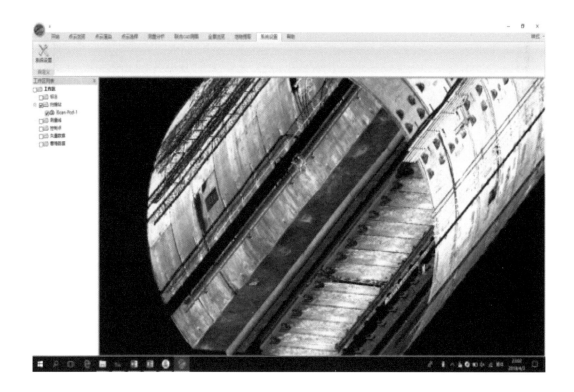

图 6.4-11　隧道点云

图 6.4-12　隧道点云细节图

2. 隧道断面分析

分析统计隧道形变量，并输出隧道断面分析报表。点云自动识别环片，将每个环片进行切片，选取特定位置的断面分析，通过两条轨道连线的中点得到断面中心位置，并拟合出设计断面，将实际断面和设计断面进行比对，得到每环每个部分的变化情况，隧道横断面分析成果示意图如图 6.4-14、图 6.4-15 所示。

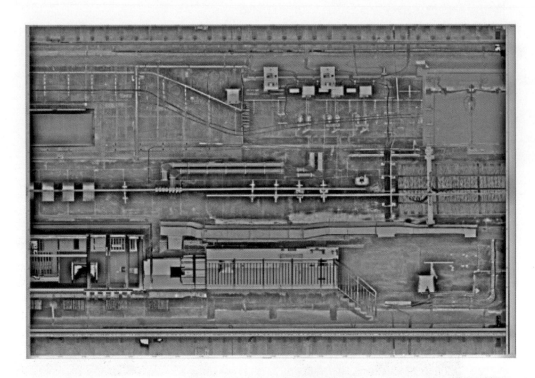

图 6.4-13　隧道灰度正射影像图

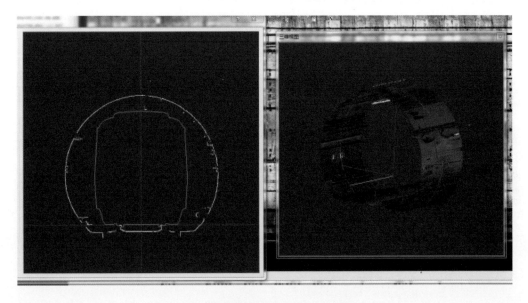

图 6.4-14　隧道横断面分析成果示意图（1）

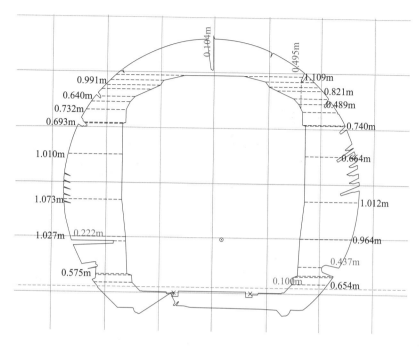

图 6.4-15　隧道横断面分析成果示意图（2）

3. 隧道病害（渗水及管片破损脱落检测）

通过对隧道点云分析，可提取隧道衬砌脱落的位置及面积，提取隧道渗水区域和裂缝区域的位置及面积，三维扫描结果（隧道病害情况）如表 6.4-10 所示。

三维扫描结果（隧道病害情况）　　　　　　　　表 6.4-10

线别			上/下行			
线路区间			里程桩号			
检查日期			制表			
序号	名称	类别	病害等级	里程范围	数量	单位
1	裂缝（>0.5mm）	病害	四级	K15＋478.04～K15＋478.18	0.88	m
2	洇湿	病害		K15＋486.78～K15＋487.22	0.38	m²
3	洇湿	病害		K15＋488.25～K15＋489.05	0.72	m²
4	洇湿	病害		K15＋489.96～K15＋490.14	0.05	m²
5	洇湿	病害		K15＋491.09～K15＋494.27	1.66	m²
6	洇湿	病害		K15＋492.79～K15＋493.53	1.19	m²
7	洇湿	病害		K15＋494.01～K15＋495.90	0.82	m²
8	洇湿	病害		K15＋494.46～K15＋495.16	0.27	m²
9	洇湿	病害		K15＋494.90～K15＋495.19	0.09	m²
10	洇湿	病害		K15＋495.56～K15＋499.70	5.16	m²

4. 限界检测

对轨道净空进行快速精确检测，快速获得轨道高精度断面数据，根据铁路轨道的限界规定判定是否存在异物侵限。将设计给出的车辆边界线叠加到断面上可以得到每个环片的侵界位置以及侵界程度，侵限检测示意图如图 6.4-16 所示。

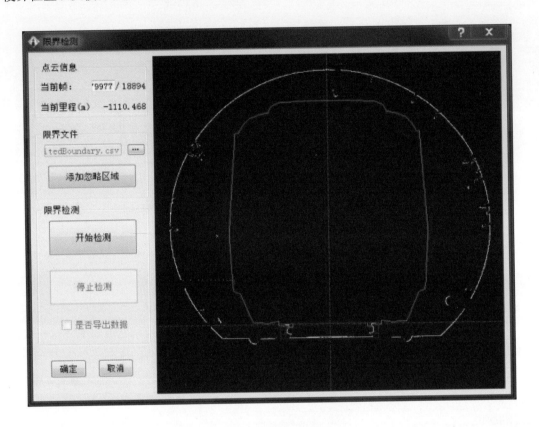

图 6.4-16　侵限检测示意图

5. 隧道逐环半径收敛成果

利用轨道交通移动测量系统以 2km/h 的速度采集隧道数据，通过逐环管片统计隧道直径，隧道逐环椭圆度分析成果示意图如图 6.4-17 所示、隧道逐环半径收敛分析成果示意图如图 6.4-18 所示。

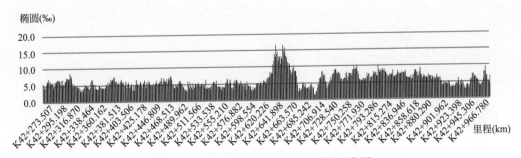

图 6.4-17　隧道逐环椭圆度分析成果示意图

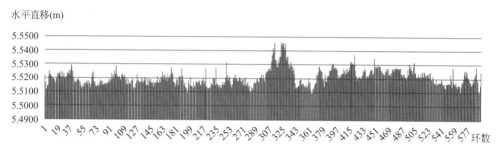

图 6.4-18 隧道逐环半径收敛分析成果示意图

以椭圆度 0.005 为界限，得到椭圆度超过界限的环号和对应的水平收敛数据值。水平直径表示隧道在水平方向的变形数值，椭圆度表示隧道整体的变形程度，椭圆度越大，隧道变形越大，地铁盾构区间椭圆度分析表如表 6.4-11 所示。

地铁盾构区间椭圆度分析表　　　　　　　　　表 6.4-11

里程	环号	拟合椭圆圆心 X	拟合椭圆圆心 Y	半长轴 a（m）	半短轴 b（m）	偏转角（°）	椭圆度（‰）	水平直径（m）
K42+273.507	1	−0.0209	1.8388	2.7609	2.7460	0.4	5.4	5.5219
K42+274.678	2	−0.0241	1.8440	2.7585	2.7458	−7.2	4.6	5.5167
K42+275.882	3	−0.0260	1.8486	2.7577	2.7465	23.9	4.1	5.5117
K42+277.448	4	−0.0253	1.8535	2.7590	2.7465	24.0	4.5	5.5139
K42+278.111	5	−0.0239	1.8540	2.7595	2.7454	24.2	5.1	5.5143
K42+279.494	6	−0.0207	1.8536	2.7613	2.7453	11.6	5.8	5.5213
K42+280.698	7	−0.0188	1.8530	2.7627	2.7452	6.5	6.4	5.5249
K42+281.902	8	−0.0203	1.8543	2.7613	2.7422	1.2	7.0	5.5227
K42+283.106	9	−0.0216	1.8606	2.7608	2.7443	5.8	6.0	5.5212
K42+284.283	10	−0.0196	1.8665	2.7608	2.7434	6.7	6.3	5.5212
K42+285.514	11	−0.0204	1.8723	2.7600	2.7452	10.4	5.4	5.5190

6. 错台分析

利用相邻两环片的断面图，以轨道中心为基准相互叠加得到两环片相对位置变化情况，从而得到沿轨道方向的错台变化，断面错台分析结果示意图如图 6.4-19 所示、断面错台截取情况如图 6.4-20 所示，地铁盾构区间错台分析表如表 6.4-12 所示。

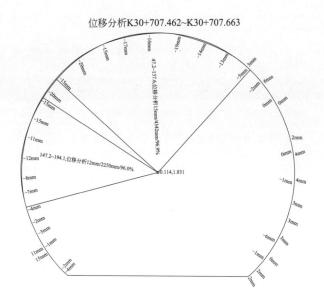

图 6.4-19　断面错台分析结果示意图

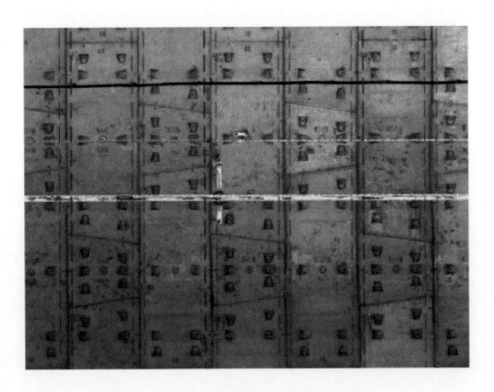

图 6.4-20　断面错台截取情况

表6.4-12

地铁盾构区间错台分析表

区间名称		错台分析　K30+707.462~K31+689.336												
错台判断参数		内径(m) 2.75	阈值(mm) 5				两点间最大间距(mm) 20					错台总数量(处) 608		
环号	**断面点里程**	**1**			**2**			**3**			**4**			
	环片左侧 / 环片右侧	起止角度(°)	错台弧长(m)	平均错台量(mm)	起止角度(°)	错台弧长(m)	平均错台量(mm)	起止角度(°)	错台弧长(m)	平均错台量(mm)	起止角度(°)	错台弧长(m)	平均错台量(mm)	
1420‖1421	K30+707.462 / K30+707.663	169.8~177.5	0.367	6	147.4~163.1	0.755	7	119.5~131.5	0.574	6	92.4~110.9	0.889	7	
1419‖1420	K30+709.003 / K30+709.163	157.3~199.7	2.037	10	102.2~139.7	1.801	11	16.0~87.1	3.420	10				
1418‖1419	K30+710.503 / K30+710.663	49.0~66.4	0.833	7	15.0~50.0	1.681	10				12.0~69.2	2.750	10	
1417‖1418	K30+712.003 / K30+712.163	161.3~201.0	1.905	8	150.3~194.6	2.129	13	9.3~355.4	0.669	6				
1416‖1417	K30+713.032 / K30+713.663	207.9~218.0	0.487	8	15.2~21.8	0.317	6	85.8~120.7	1.681	8				
1415‖1416	K30+715.003 / K30+715.163	91.6~106.7	0.723	7	76.7~117.4	1.961	9							
1414‖1415	K30+716.503 / K30+716.663	152.8~177.0	1.164	7	173.5~185.4	0.576	6	61.3~76.7	0.740	7				
1413‖1414	K30+717.993 / K30+718.153	208.1~217.8	0.465	7	95.8~141.0	2.178	7	62.0~77.8	0.762	7	9.3~339.2	1.450	8	
1412‖1413	K30+719.450 / K30+719.653	149.3~162.4	0.628	9	64.4~87.9	1.128	8							
1411‖1412	K30+721.003 / K30+721.163	106.9~139.9	1.588	6	95.1~113.6	0.887	6	70.5~84.4	0.671	6				
1410‖1411	K30+722.432 / K30+722.643	160.4~169.5	0.437	6	100.7~109.7	0.434	6							
1409‖1410	K30+724.013 / K30+724.173	169.7~179.1	0.455	6	67.8~106.8	1.873	7							
1408‖1409	K30+725.453 / K30+725.663	155.1~70.0	0.715	6										
1407‖1408	K30+727.013 / K30+727.267	96.1~128.9	1.580	7										
1406‖1407	K30+728.523 / K30+728.683	74.9~85.8	0.522	6	10.6~22.4	0.567	7							

6.5 保护区监测案例

6.5.1 穿越工程

1. 基本原则

对于地铁隧道保护区内的穿越工程，一直被视为保护区内高风险施工项目。其监测频率较高，监测次数较多，特别是正穿时需要实时监测。本节选取案例为典型穿越案例，其监测方法和技术手段可作为类似项目的参考依据。

（1）监测项选用要求

按照 6.1 节的一般要求及流程执行。

（2）监测项控制值要求

按照 6.1 节的一般要求及流程执行。

（3）工程病害调查及记录

按照 6.4 节的一般要求及流程执行。

2. 实际案例

（1）工程概况

某道路隧道（保俶北路—紫金港路）工程起止里程自西向东为 K0＋360～K6＋163.540，全长约 5.8km。地下隧道采用双向 4 车道规模，为无信号灯高等级城市主干路；地面保留原文一路地面双向 6 车道，为信号灯控制的城市主干路。

地下隧道工程。地下隧道段全长 5.28km，采用以盾构法施工为主、明挖法施工为辅的施工方案。隧道分南北两条主线及两对平行匝道，隧道总体埋深呈"W"形分布，除隧道西端和东端隧道出入口外，中部匝道处埋深较浅。地下隧道采用南线和北线两条隧道形式，南北线隧道西端均起始于 K0＋590，东端终于 K5＋870，底板埋深最深处大约位于 K2＋120 处，埋深约 33.3m。

（2）与地铁 2 号线区间隧道相对关系概况

道路下穿地铁 2 号线区间隧道，穿越范围为：SK2＋102.6～SK2＋126.6（隧道南线）、NK2＋100.1～NK2＋123.9（隧道北线）、SDK31＋507.535～SDK31＋538.465（地铁 2 号线上行线）、XDK31＋523.349～XDK31＋554.329（地铁 2 号线下行线）。隧道在穿越位置隧道顶标高为－17.702m（南线）、－17.694m（北线），地铁 2 号线隧道在穿越位置隧道底标高为－12.466m（南线）、－12.594m（北线），两者最小竖向净距约 5.3m。穿越位置文一路隧道上部位于淤泥质粉质黏土层，下部位于淤泥质黏土、黏土、细粉砂层中，地铁 2 号线位于淤泥及淤泥质黏土层中。

道路南侧隧道与地铁 2 号线相对关系平面图如图 6.5-1 所示，道路隧道南线盾构穿越与地铁 2 号线相对关系对照如表 6.5-1 所示。

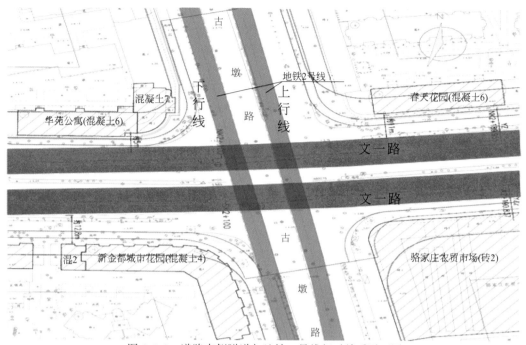

图 6.5-1　道路南侧隧道与地铁 2 号线相对关系平面图

道路隧道南线盾构穿越与地铁 2 号线相对关系对照 表 6.5-1

地铁 2 号线区间隧道	道路隧道穿越位置顶部标高与地铁 2 号线区间隧道底部标高垂直最近距离	垂直投影对应地铁 2 号线隧道的里程
地铁 2 号线区间上行线	6.9m	SDK31+507.535～SDK31+538.465
地铁 2 号线区间下行线	6.8m	XDK31+523.349～XDK31+554.329

道路西段隧道盾构施工引起地铁 2 号线区间隧道上下行线变形过大，是本工程实施的重大风险源，保护既有线隧道安全为本工程的重中之重。施工组织设计中应对此给予高度重视，编制有关隧道区间防护的专门预案，确保地铁盾构隧道安全。

施工前，应做好对地铁 2 号线区间隧道上下行线的初始调查及量测工作，并记录在案。当隧道变形超过设计报警时，应立即采取应急措施。

由于道路隧道施工为大盾构施工，影响范围比普通地铁隧道盾构更加强烈，所以道路隧道拱底沿 45°夹角往地铁隧道投影（图 6.5-2），以此来作为道路隧道施工正影响区域。

根据资料得出道路隧道拱顶距地铁 2 号线地铁隧道拱底最近 5.236m，按此推算，得出地铁 2 号线上行线正影响区域里程为 SDK31+496.509～SDK31+549.491（202 环～158 环），地铁 2 号线下行线正影响区域里程为 XDK31+512.348～XDK31+565.330（200 环～156 环）。

3. 监测工作内容

在本项目中，道路南侧盾构隧道下穿地铁 2 号线过程中的地铁隧道保护监测内容包括：隧道结构水平位移、隧道结构竖向位移、差异沉降监测、隧道管径收敛变形。

道路隧道盾构施工影响地铁 2 号线隧道监测对象、项目及测点优化布置内容如表 6.5-2 所示。

表 6.5-2

道路隧道盾构施工影响地铁 2 号线隧道监测对象、项目及测点优化布置内容

序号	监测对象	里程	监测项目	测点个数	断面间距	监测控制点及仪器设置	对应道路隧道施工区域
1	地铁 2 号线区间上行线	SDK31+496.509～SDK31+549.491（202～158 环,52.982m）	隧道结构水平位移	22	2 环	1. 人工监测的竖向位移控制点设于地铁 2 号线车站上方的深桩水准点,每次监测时采用车站内的工作基点,定期联测深桩点确保工作基点的稳定性。 2. 自动化监测全站仪架设于地铁 2 号线区间上行线变形区域内,两端共设置 8 个后视点,每个视点的基线边尽量设置 100m 以上。 3. 人工监测点位与自动化监测点位同断面布设。 4. 前期北侧道路隧道施工时人工监测,仅进行隧道结构竖向位移、水平位移及净空收敛,后期南侧通道施工时自动化监测所有监测项目	隧道拱底向外侧 45°投影范围
			隧道结构竖向位移	22			
			隧道结构净空收敛	22			
			差异沉降	44			
		SDK31+481.509～SDK31+496.509（215～202 环,15m）SDK31+549.491～SDK31+564.491（158～146 环,15m）	隧道结构水平位移	8	3 环		两侧外延 1～15m 范围
			隧道结构竖向位移	8			
			隧道结构净空收敛	8			
			差异沉降	16			
		SDK31+431.509～SDK31+481.509（257～215 环,50m）SDK31+564.491～SDK31+614.491（146～104 环,50m）	隧道结构水平位移	16	5 环		两侧外延 15～65m 范围
			隧道结构竖向位移	16			
			隧道结构净空收敛	16			
			差异沉降	32			

续表

序号	监测对象	里程	监测项目	测点个数	断面间距	监测控制点及仪器设置	对应地下通道施工区域
2	地铁 2 号线区间下行线	XDK31＋512.348～XDK31＋565.330（200～156 环,52.982m）	隧道结构水平位移	22	2 环	1. 人工监测的竖向位移控制点设于地铁 2 号线车站上方的深桩水准点,定期每次监测时采用车站内的工作基点联测深桩点保证工作基点的稳定性。2. 自动化监测全站仪测区段内下行线变形区域设置,两端共设置 8 个后视点,每个后视头的基线边尽量设置 100m 以上。3. 人工监测点位与自动化监测点位同断面布设。4. 前期北侧地下通道施工时人工监测,仅进行隧道竖向位移及净空收敛三项,后期南侧通道施工时自动化监测所有监测项目	隧道拱底向外侧 45°投影范围
			隧道结构竖向位移	22			
			隧道结构净空收敛	22			
			差异沉降	44			
		XDK31＋497.348～XDK31＋512.348（213～200 环,15m）XDK31＋565.330～XDK31＋580.330（156～143 环,15m）	隧道结构水平位移	8	3 环		两侧外延 1～15m 范围
			隧道结构竖向位移	8			
			隧道结构净空收敛	8			
			差异沉降	16			
		XDK31＋447.348～XDK31＋497.348（255～213 环,50m）XDK31＋580.330～XDK31＋630.330（143～101 环,50m）	隧道结构水平位移	16	5 环		两侧外延 15～65m 范围
			隧道结构竖向位移	16			
			隧道结构净空收敛	16			
			差异沉降	32			
3	巡视	地下通道施工影响区域	隧道渗漏水	—			

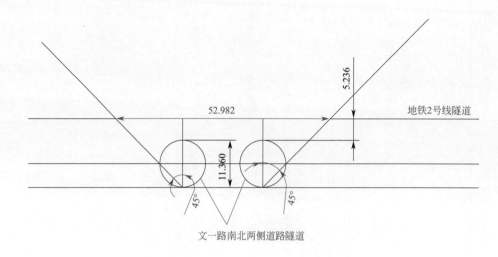

图 6.5-2　道路隧道拱底沿 45°夹角往地铁隧道投影（单位：m）

4. 监测频率及周期

道路南侧隧道施工时地铁 2 号线隧道监测频率如表 6.5-3 所示。

道路南侧隧道施工时地铁 2 号线隧道监测频率　　　　　　表 6.5-3

项目名称	类别	监测内容	盾构距地铁 2 号线隧道距离	监测频率	备注
道路南侧隧道施工	自动化监测	巡视及现状量测	盾头距隧道 100m	完成布点、取初值、巡视、现状调查	
		沉降监测 位移监测 收敛监测 差异沉降	盾头距隧道 100～50m	1 次/d	
			盾头距隧道 50～20m	4 次/d	
			盾头距隧道 20～5m	8 次/d	
			盾头距隧道 5m 至盾尾距隧道 5m	15min/次	
			盾尾距隧道 5～20m	8 次/d	
			盾尾距隧道 20～50m	4 次/d	
			盾尾距隧道大于 50m	1 次/d	

本工程监测时间：2018 年 1 月 22 日采集初始值，自动化监测至 2018 年 10 月 26 日，人工监测至道路地下通道盾构尾部脱离地铁结构边线后 100d 或施工影响区域内的受影响地铁隧道沉降变形稳定为止。由于后期道床沉降变化速率有所增加，自动化监测于 2019 年 1 月 30 日恢复。

沉降变形稳定标准参照《建筑变形测量规范》JGJ 8—2016 相关内容确定，即当最后 100d 的沉降速率小于 0.01～0.04mm/d 时可认为已经进入稳定阶段。

5. 监测控制值

根据设计文件有关要求，道路南侧隧道穿越地铁盾构隧道时，地铁隧道各监测项目的控制值如表 6.5-4、表 6.5-5 所示。

道路地下通道南侧隧道穿越地铁 2 号线隧道监测控制值　　　表 6.5-4

序号	监测项目	预警值（mm）	报警值		控制值（mm）	备注
			累计绝对值（mm）	变化速率（mm/d）		
1	隧道结构竖向位移	±6.0	±8.0	±2.0	±10.0	评估报告
2	隧道结构水平位移	±3.0	±4.0	±2.0	±5.0	评估报告
3	隧道结构净空收敛	±3.0	±4.0	±2.0	±5.0	评估报告
4	两轨差异沉降	±2.0	±3.0	±1.0	±4.0	评估报告

道路地下通道南侧隧道穿越地铁 2 号线隧道监测控制值（二次评估）　　　表 6.5-5

序号	监测项目	预警值（mm）	报警值		控制值	备注
			累计绝对值（mm）	变化速率（mm/d）		
1	隧道结构竖向位移	±12.0	±15.0	±1.0	±20.0	评估报告
2	隧道结构水平位移	±3.0	±4.0	±2.0	±5.0	评估报告
3	隧道结构净空收敛	±3.0	±4.0	±2.0	±5.0	评估报告
4	两轨差异沉降	±2.0	±3.0	±1.0	±4.0	评估报告

6. 监测数据分析

重要施工节点统计如表 6.5-6 所示。

重要施工节点统计　　　表 6.5-6

工程监测进度	掘进环号	里程	完成日期
盾构机进入影响范围（50m）	388 环	SK2＋033.215	2018 年 1 月 29 日
开始下穿地铁 2 号线（切口进入地铁 2 号线下行线）	407 环	SK2＋083.215	2018 年 2 月 1 日
结束下穿地铁 2 号线（盾尾出地铁 2 号线上行线）	435 环	SK2＋139.215	2018 年 2 月 6 日
脱离地铁 2 号线影响范围	456 环	SK2＋163.215	2018 年 2 月 9 日
通车	—	—	2018 年 10 月 18 日
自动化监测停测	—	—	2018 年 10 月 26 日
自动化监测恢复	—	—	2019 年 1 月 30 日

第一阶段：盾构穿越期间，上下行线道床沉降均出现隆起次变量报警情形，2018 年 2 月 4 日，下行线道床沉降累计最大值达 4.9mm，同时伴随着次变量报警；2 月 5 日，上行线道床沉降累计最大值达 2.9mm，同时伴随着次变量报警。隧道管片收敛及水平位移监测数据基本稳定。

第二阶段：2 月 6 日上下行线道床沉降累计变量均开始有回沉趋势，截至 3 月 20 日上行线道床沉降累计最大值达−9.3mm，下行线道床沉降累计最大值达−9.1mm，隧道管片收敛及水平位移监测数据基本稳定。

第三阶段：2018 年 3 月 22 日至 2018 年 6 月 2 日陆续进行了九轮大盾构二次注浆，各轮次大盾构注浆数据变化如表 6.5-7 所示。

各轮次大盾构注浆数据变化   表 6.5-7

注浆轮次	注浆部位	注浆位置	环号	最大变量(mm)	注浆位置	环号	最大变量(mm)
第一轮二次注浆	大盾构底部	下行线	177环	0.73	上行线	173环	0.59
第二轮二次注浆	大盾构底部	下行线	193环	0.39	上行线	195环	0.37
第三轮二次注浆	大盾构底部	下行线	183环	−0.43	上行线	183环	−0.28
第四轮二次注浆	大盾构肩部	下行线	183环	0.67	上行线	187环	1.25
第五轮二次注浆	大盾构肩部	下行线	185环	0.62	上行线	187环	0.64
第六轮二次注浆	大盾构肩部	下行线	191环	0.53	上行线	191环	−0.9
第七轮二次注浆	大盾构肩部	下行线	183环	0.68	上行线	187环	0.84
第八轮二次注浆	大盾构肩部	下行线	185环	−0.47	上行线	181环	−0.35
第九轮二次注浆	大盾构肩部	下行线	171环	−0.40	上行线	181环	0.19

由表 6.5-7 数据可以看出，第一、第二轮大盾构底部注浆对隧道产生一定的抬升作用，第三轮大盾构底部注浆对隧道产生的抬升作用不太明显，未能改变隧道的下沉趋势，第四轮改为大盾构肩部注浆后，对隧道的抬升作用较大盾构底部注浆更为明显，但肩部注浆效果随注浆次数减弱。第七轮大盾构肩部注浆效果有所好转。但注浆完成后，隧道仍有下沉趋势。第八及第九轮大盾构二次注浆基本对隧道道床沉降影响较小。

2018 年 5 月 31 日，召开该项目微扰动注浆加固专项方案专家评审会，与会专家一致同意将该专项方案作为应急预案措施，同时建议施工方在下穿大盾构时继续进行注浆尝试。

2018 年 6 月 21 日，地铁 2 号线上行线道床沉降累计值最大为−15.0mm，达到安评单位给出的报警值但未超出控制值（−20mm）。

第四阶段：截至 2018 年 9 月 17 日，道床沉降，差异沉降，水平位移，隧道收敛等测项最近 100d 变化速率均小于 0.04mm/d，该项目停止自动化监测，改为人工监测。

第五阶段：2018 年 10 月 18 日，自 10 月 26 日停止自动化监测至 2019 年 1 月 17 日，人工监测数据显示道床沉降变化速率有所增加，本项目恢复自动化监测，以 2019 年 1 月 17 日道床沉降数据为基准，后续道床沉降报警值为±5mm。

第六阶段：2019 年 1 月 30 日恢复了本项目的自动化监测，截至 2019 年 7 月 4 日，恢复自动化监测数据变化如表 6.5-8 所示。

恢复自动化监测数据变化　　　　　　　　　　表 6.5-8

项　　目	本次最大变化量（mm）		总累计最大变化量（mm）		后期累计最大变化量（mm）		备注
	监测点号	变化量	监测点号	变化量	监测点号	变化量	
地铁 2 号线下行线道床沉降	X125CJ	0.2	X185CJ	−25.4	X154CJ	−1.9	
地铁 2 号线下行线道床差异沉降	X216CY	−0.1	X246CY	0.8	X241CY	−0.9	
地铁 2 号线下行线道床水平位移	X226SP	0.1	X167SP	−1.4	X163SP	1.7	以 2019 年 1 月 17 日沉降数据为基准，后续道床沉降报警值为 ±5mm
地铁 2 号线下行线隧道收敛	X120SL	0.2	X179SL	4.5	X251SL	1.6	
地铁 2 号线上行线道床沉降	S243CJ	0.2	S187CJ	−27.4	S183CJ	−1.9	
地铁 2 号线上行线道床差异沉降	S179CY	−0.1	S233CY	−0.8	S243CY	−0.8	
地铁 2 号线上行线道床水平位移	S173SP	0.1	S213SP	−1.1	S193SP	1.1	
地铁 2 号线上行线隧道收敛	S213SL	−0.2	S181SL	4.9	S218SL	1.4	

7. 监测数据总结

根据监测数据显示，文一路地下通道下穿杭州地铁 2 号线时对地铁隧道造成一定影响，盾构穿越开始时，地铁 2 号线隧道道床有一定幅度的抬升，伴随穿越完成，地铁 2 号线隧道道床逐渐回落，且沉降速率逐渐变大。由于道床沉降累计值超过前期控制值，2018 年 3 月 22 日至 6 月 2 日，施工单位在大盾构内陆续进行了九轮二次注浆措施。第一、第二轮大盾构底部注浆对隧道产生一定的抬升作用，第三轮大盾构底部注浆效果不太明显，未能改变隧道的下沉趋势，第四轮改为大盾构肩部注浆后，对隧道的抬升作用较大盾构底部注浆更为明显，但肩部注浆效果随注浆次数减弱。第七轮大盾构肩部注浆效果有所好转。但注浆完成后，隧道仍有下沉趋势。第八轮及第九轮大盾构二次注浆，由于压力较大，注浆量已很少，对隧道影响微乎其微。

2018 年 6 月 18 日至 2018 年 9 月 17 日，隧道各测项变化速率已达到停测标准，小于 0.04mm/d 且数据稳定，人工复测与自动化监测趋势一致，各测项最近 100d 变化速率仍小于 0.04mm/d。故自 2018 年 10 月 26 日，停止自动化监测，改为人工监测。

2018 年 10 月 18 日地下通道通车后至 2019 年 1 月 17 日，人工监测数据显示，2018 年 10 月 3 日至 2018 年 12 月 10 日上下行线道床沉降最大变化速率分别是 −0.06mm/d、−0.04mm/d。2018 年 12 月 14 日至 2018 年 12 月 31 日上下行线道床沉降最大变化速率分别是 −0.17mm/d、−0.17mm/d。2019 年 1 月 11 日至 2019 年 1 月 17 日上下行线道床沉降最大变化速率分别是 −0.27mm/d、−0.29mm/d。地铁 2 号线隧道道床沉降速率有所增大。于 2019 年 1 月 30 日恢复了本项目的自动化监测。截至 2019 年 7 月 4 日，地铁 2 号线下行线道床沉降累计值最大为 -25.4mm（185 环），隧道收敛累计值最大为 4.5mm（179 环）；上行线道床沉降累计值最大为 -27.4mm（187 环），隧道收敛累计值最大为 4.9mm（181 环），且最近三个月各测项变化速率均小于 0.04mm/d，隧道变形趋于稳定。

6.5.2 邻近堆载工程

1. 基本原则

堆载项目一般位于地铁正上方或者侧方，其堆载或者卸载都会造成地铁上方土压力变化，从而导致地铁变形。在堆载工程堆载或卸载过程中需对受影响的隧道进行监测，根据监测结果及时进行分析与反馈实行动态管理和信息化施工，并根据监测情况及时调整施工时序。

（1）监测项选用要求

按照 6.1 节的一般要求及流程执行。

（2）监测项控制值要求

按照 6.1 节的一般要求及流程执行。

（3）工程病害调查及记录

按照 6.4 节的一般要求及流程执行。

2. 实际案例

（1）工程概况及相对位置关系

该地块位于地铁 1 号线区间隧道的正上方，该堆土位置在该地块的东南角。根据相关要求，地铁隧道边线两侧各 50m 范围为地铁保护区，凡在地铁保护区进行基坑或土方开挖施工的项目均应对地铁隧道进行保护性监测，本地块卸土区域与杭州地铁 1 号线相对关系对照表如表 6.5-9 所示。

本地块卸土区域与杭州地铁 1 号线相对关系对照表   表 6.5-9

地块	堆土地块与各隧道边线的垂直最近距离	堆土区域垂直投影对应各隧道的里程	堆土区域垂直投影对应各隧道的环号
A 区间右线	正上方	K28+665.586～K28+899.586	2405～2210 环
A 区间左线	正上方	K28+642.585～K28+822.585	2425～2275 环
B 区间右线	正上方	K28+665.247～K28+797.247	960～850 环
B 区间左线	正上方	K28+718.698～K28+832.698	900～805 环

土方卸土引起杭州地铁 1 号线区间上下行线变形过大为本工程实施的重大风险源，保护既有线隧道安全为本工程的重中之重。地块卸土组织设计中对此给予高度重视，编制有关隧道区间防护的专门预案，确保地铁盾构隧道安全。

施工前，应做好对杭州地铁 1 号线区间的调查及量测工作，并记录在案。当隧道变形超过设计报警时，应立即采取应急措施。

（2）监测内容

既有地铁隧道监测对象、项目及测点优化布置内容如表6.5-10所示。

既有地铁隧道监测对象、项目及测点优化布置内容　　表6.5-10

序号	监测对象	里程	监测项目	测点个数	断面间距	自动化监测控制点及仪器设置	备注
1	A区间右线	K28+665.586～K28+899.586	隧道结构水平位移	40	5环	1. 人工监测的竖向位移控制点设于车站内； 2. 自动化监测全站仪架设于上行线变形区域内，两端共设置8个后视棱镜，每个后视的基线边尽量设置100m以上	—
			隧道结构竖向位移	40			
			隧道结构净空收敛	40			
			两轨差异沉降	80			
2	A区间左线	K28+605.586～K28+665.586 K28+899.586～K28+977.586	隧道结构竖向位移	23	5环	1. 人工监测的竖向位移控制点设于车站内，定期修正自动化位移变化量； 2. 采用激光测距仪进行净空收敛测量	—
			隧道结构净空收敛	23			
		K28+605.586～K28+977.586	隧道结构竖向位移	63			
			隧道结构净空收敛	63			
3	B区间右线	K28+665.247～K28+797.247	隧道结构竖向位移	23	5环	1. 人工监测的竖向位移控制点设于车站内； 2. 自动化监测全站仪架设于出段线变形区域内，两端共设置8个后视棱镜，每个后视的基线边尽量设置100m以上	—
			隧道结构竖向位移	23			
			隧道结构净空收敛	23			
			两轨差异沉降	46			
4	B区间左线	K28+605.247～K28+665.247 K28+797.247～K28+995.247	隧道结构竖向位移	40	5环	1. 人工监测的竖向位移控制点设于车站内，定期修正自动化位移变化量； 2. 采用激光测距仪进行净空收敛测量	—
			隧道结构净空收敛	38			
		K28+605.247～K28+995.247	隧道结构竖向位移	63			
			隧道结构净空收敛	61			
5	巡视	土方开挖施工影响区域	隧道渗漏水	—			—
			隧道裂缝	—			
6			监测点数量总计	691			

（3）监测频率及周期

既有地铁隧道的监测频率如表 6.5-11 所示。

既有地跌隧道的监测频率 表 6.5-11

施工工况	监测频率		
	自动化监测	人工复核	人工监测
施工前	测取初始值	采集 3 次初始值	—
土方卸土施工过程中	正常情况下 1 次/4h	1 次/7d	—
滞后观测期（3 个月）	正常情况下 1～2 次/d	—	1 次/7d

注：1）发生异常情况时应加密监测频率。
2）土方卸土施工至±0.000 后两个月，当隧道结构最后的沉降速率小于 0.04mm/d 时，即可认为隧道结构变形趋于稳定，经双方业主批准后停止监测。

本工程监测总工期以业主委托要求的监测开工日期为起点，土方卸土施工至±0.000 后 60d 或施工影响区域内的受影响的地铁隧道沉降变形稳定为止。

沉降变形稳定标准参照《建筑变形测量规范》JGJ 8—2016 相关内容确定，即当最后 100d 的沉降速率小于 0.01～0.04mm/d 时可认为已经进入稳定阶段。

（4）监测控制值

根据风险评估报告和相关规范，地铁 1 号线监测控制值见表 6.5-12。

地铁 1 号线监测控制值 表 6.5-12

序号	监测项目	判定内容	报警值		控制值（mm）	备注
			累计绝对值（mm）	变化速率（mm/d）		
1	隧道结构竖向位移	标高绝对变化量	4.0	1.0	5.0	
2	隧道结构水平位移	坐标绝对变化量	4.0	1.0	5.0	
3	隧道结构净空收敛	净空绝对变化量	4.0	1.0	5.0	
4	轨道差异沉降监测	标高绝对变化量	2.0	1.0	4.0	

（5）监测数据分析

1）施工情况

截至 2016 年 8 月 8 日上午，现场土方基本整平完毕，项目已完成全部土方开挖卸载施工。监测数据显示隧道沉降累计最大值为 11.0mm，已超过控制标准。

2016 年 6 月 4 日开始对该区域进行自动化监测，区间道床沉降最大值为 10.2mm，客下区间道床沉降最大值为 11.3mm，均已达到累计报警值。

期间总计共发生两次报警分别是 2016 年 6 月 17 日和 2016 年 7 月 25 日。

2）第一次报警

该区间于 2016 年 6 月 17 日下午道床沉降监测数据累计值达到报警值，其中 A 区间上行线隧道道床沉降累计最大值为 4.3mm，B 区间上行线隧道道床沉降累计最大值为 4.6mm，均已达到最大累计报警值。

根据监测数据分析，土方堆载区域由于卸载速度较快，变形量相对较大。堆土区域越高、靠隧道正上方越近区域对应的隧道随着土方的开挖卸载变形越剧烈，自开挖之日起就慢慢形成了一种趋势，A 区间上行线隧道道床沉降在 6 月 10 日至 6 月 17 日 7d 内最大变形量 3.0mm（910 环），B 区间上行线隧道道床沉降在对应时间段内最大变形量达到 4.0mm（2365 环）。变形较为剧烈。

3）第二次报警

该区间于 2016 年 7 月 25 日下午 B 区间上行线道床沉降累计值达 8.9mm，上行线道床沉降累计值也已达 7.3mm。

A 区间上行线隧道道床沉降累计最大值为 7.2mm，客下区间上行线隧道道床沉降累计最大值为 8.9mm，均已达到最大累计报警值。

根据监测数据分析，A 区间上行线隧道道床沉降在 7 月 6 日至 7 月 24 日 15d 内最大变形量为 2.2mm（930 环），B 区间上行线隧道道床沉降在对应时间段内最大变形量达到 3.0mm（2340 环）。土方堆载区域由于土方卸载至底部区域，距隧道垂直距离变小，对隧道的影响较大，累计变形量随着土方的卸载而不断增大。停止土方卸载工作后隧道快速趋于稳定，但土方卸载工作继续开展则隧道累计变形又会出现继续上浮的趋势。

（6）监测数据总结

截至 2016 年 12 月 10 日，自动化监测项目 A 区间上行线道床沉降最大累计值为 10.2mm，道床差异沉降最大值为 1.6mm，道床水平位移最大值为 3.7mm，结构净空收敛最大累计值为 −2.4mm；B 区间上行线道床沉降最大累计值为 11.3mm，道床差异沉降最大值为 1.5mm，道床水平位移最大值为 −3.2mm，结构净空收敛最大累计值为 −3.5mm。

人工监测 A 区间下行线道床沉降最大累计值为 7.2mm，结构净空收敛最大值为 −2.0mm；B 区间下行线道床沉降最大值为 5.1mm，结构净空收敛最大值为 −2.9mm。

通过对该项目土方卸载期间的监测数据分析，可以看出，在土方卸载过程中，由于受到土方荷载量减小的影响，隧道产生了不断向上隆起的现象，隆起位置集中在土方前期堆载较高的位置，土方卸载接近完成阶段，隧道变形趋势受土方卸载影响越大，最终隧道的隆起变形量超过了 10mm 的控制值。

但是由于隧道在已经运营多年的时间内部分区域的累计沉降接近 −50mm，因此土方卸载造成的隧道隆起在一定程度上减小了道床的累计沉降量。

第7章

城市轨道交通病害分级及修复技术

7.1 城市轨道交通结构常见病害

轨道交通结构分为地下段、地面段和高架段，地下段又分为区间部分、车站部分。地铁建设中，盾构法由于施工速度快、对周边环境影响小，全自动作业劳动强度低，无噪声和扰动，不受季节影响等优势，应用较为广泛。在已建的地铁工程中，特别是东南沿海土质较差区域，区间工程采用盾构法施工的占绝大部分。

考虑到非盾构隧道部分的轨道交通结构病害较少发生，且修复技术相对较为成熟，本章主要介绍盾构隧道（以下内容提到的隧道都是盾构隧道）的病害分级及修复技术。

隧道主要病害分为渗漏病害、破损病害、变形病害。渗漏病害根据严重程度分为湿渍、渗水、滴漏、线漏、漏泥砂。破损病害根据病害特点分为管片横（纵）向裂缝、管片剥落（缺角、掉块、松动）。变形病害根据病害特点可分为横断面收敛变形、纵断面相对变形、管片错台、接缝张开、道床脱空。隧道病害分类如图 7.1-1 所示。

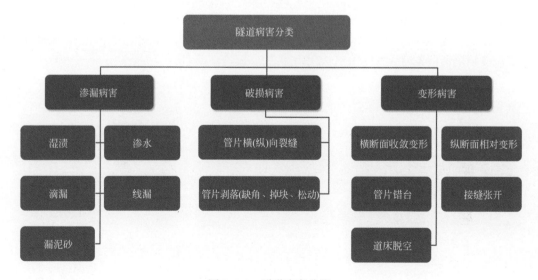

图 7.1-1　隧道病害分类

各类隧道病害的定义如下：

（1）湿渍：隧道管片内表面（即背水面），呈现明显色泽变化的潮湿斑。

（2）渗水：水从隧道管片内表面（即背水面）渗出，在背水面可观察到明显的流挂水膜范围。

（3）滴漏：水从隧道管片内表面（即背水面）以滴落的方式进入隧道内。

（4）线漏：水从隧道管片内表面（即背水面）以线状或喷水状进入隧道内。

（5）漏泥砂：因渗水通道扩大或防水失效，渗漏进入管片内的水量增加，同时夹带泥砂。

（6）管片裂缝：管片上出现的环向或纵向的混凝土裂缝，常规采用宽度、长度、深度等指标判定裂缝的严重程度。

（7）管片剥落：管片端部、螺栓孔或管片中部出现的缺角、掉块等现象，常规采用剥落半径、剥落深度等指标判定管片剥落的严重程度。

（8）横断面收敛变形：盾构隧道横断面方向，变形后的隧道直径与理论正圆直径相减，取绝对值后最大的数值，以管片直径最大变化量表示，分为通缝管片收敛变形和错缝管片收敛变形。

（9）纵向相对变形：某一隧道区段范围内，反映隧道纵向曲率变化特点的指标。

（10）管片错台：相邻环在垂直于隧道轴线平面内发生的相对位移，或单环内相邻管片沿径向产生相对位移。

（11）接缝张开：相邻环间接缝（环缝）未紧贴而产生的张开现象，或单环内相邻管片间接缝（纵缝）未紧贴而产生的张开现象。

（12）道床脱空：对整体式道床，在横向断面变形、纵向不均匀沉降或列车循环振动荷载作用下，道床混凝土与管片发生脱离的现象。

常见隧道内病害如图 7.1-2 所示。

渗漏

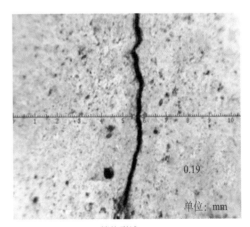

管片裂缝

图 7.1-2　常见隧道内病害

渗水　　　　　　　　　　　管片破损

钢轨断裂　　　　　　　　　错台(伸缩缝)

渗漏水　　　　　　　　　　不均匀沉降

漏泥砂　　　　　　　　　　管片破损

图 7.1-2　常见隧道内病害（续）

轨下支撑块破裂

错台(其他结构件)

接缝张开(伸缩缝)

道床脱开

图 7.1-2　常见隧道内病害（续）

7.2　隧道病害分级

隧道病害类型较多，任何一种病害发展到一定程度对隧道的影响都是致命的，考虑到"木桶原理"，隧道病害分级标准采用单项指标法，如表 7.2-1 所示。

隧道病害分级标准　　　　　　　　　　　　表 7.2-1

危害级别	评定因素			
	程度	发展趋势	对运营安全影响	对隧道结构安全的影响
4 级	严重	迅速	严重影响运营安全	严重影响隧道结构安全
3 级	较严重	较快	已经影响运营安全	已经影响隧道结构安全
2 级	中等	较慢	将来会影响运营安全	将来会影响隧道结构安全
1 级	轻微	稳定	无影响	无影响

（1）应判定为 1 级的隧道病害：

1）渗漏病害，渗漏水影响接触网或重要信号设备时。

2）破损病害，破损物存在侵限危险或顶部松动存在掉落危险。

3）变形病害，变形量存在侵限危险。

（2）管片裂缝条数较多，且裂缝多为贯通裂缝。病害级别应提高一级，病害等级为 1 级时，不再提高。

（3）符合下列条件，病害级别可酌情降低一级，病害等级为 4 级时，不再降低：

1）病害常相伴发生，如仅单项指标超标，且经评估隧道安全性、适用性和耐久性状态较好。

2）所处地层条件较好，且经评估隧道安全性、适用性和耐久性状态较好。

成型隧道病害级别为 4 级时，应立即采取处理措施；病害级别为 3 级时，对渗漏病害应立即采取处理措施；对破损病害和变形病害应采取处理措施；病害级别为 2 级时，宜采取处理措施；病害级别为 1 级时，可暂不采取处理措施，但应对病害进行跟踪巡查。

7.2.1 渗漏病害

《浙江省城市轨道交通设计规范》DB33/T 1146—2018 规定区间隧道防水等级为二级。不允许线漏，可以有湿渍和零星分布的滴渗点，总面积不应大于总防水面积的 2/1000；任意 100m² 防水面积上的湿渍、渗水点不应超过 2 处，单个湿渍或渗水点的面积不应大于 0.2m²；平均渗水量不应大于 0.05L/m²·d，任意 100m² 防水面积上的渗水量不应大于 0.10L/m²·d。

对于滴落时间间隔大于 1 滴/min 的，可认为是"水珠"，而不是滴漏（根据试验标准吸管挤出一滴水一般为 0.05ml）。

根据《地下防水工程质量验收规范》GB 50208—2011 附录 C 第 C.2.4 条规定，通常当滴落速度为 3~4 滴/min 时，24h 的漏水量就是 1L。当滴落速度大于 300 滴/min 时，则形成连续线流。

对于外径为 6.2m，内径为 5.5m 的隧道，每环内表面积为 20.7m²。参照相关规范，隧道渗漏病害的分级标准如表 7.2-2 所示。

隧道渗漏病害分级标准 表 7.2-2

病害类型		病害级别			
		1 级	2 级	3 级	4 级
渗漏病害	湿渍（s 为湿渍面积）	$s \leqslant 0.2m^2$	$0.2m^2 < s \leqslant 1.0m^2$	$s > 1.0m^2$	—
	渗水（s 为渗水面积，v 为面积增长率）	$s \leqslant 0.2m^2$ $v \leqslant 0.05L/m^2 \cdot d$	$0.2m^2 < s \leqslant 1.0m^2$ $0.05L/m^2 \cdot d < v \leqslant 0.25L/m^2 \cdot d$	$s > 1.0m^2$ $v > 0.25L/m^2 \cdot d$	—
	滴漏	—	$v < 20$ 滴/min	20 滴/min $\leqslant v <$ 300 滴/min	$v \geqslant 300$ 滴/min
	线漏（v 为线漏流量）	—	—	$v < 0.06L/min$	$v \geqslant 0.06L/min$
	漏泥砂（v 为泥砂量）	—	—	$v < 0.01m^3/d$	$v \geqslant 0.01m^3/d$

7.2.2 破损病害

管片裂缝：《地铁设计规范》GB 50157—2013 第 11.6.1 条规定，对盾构隧道管片，钢筋混凝土构件的最大计算裂缝宽度允许值为 0.2mm。同时参照《城市轨道交通隧道结构养护技术标准》CJJ/T 289—2018 综合确定分级标准，破损病害分级标准如表 7.2-3 所示。

管片剥落：一般情况杭州地铁管片主筋净保护层厚度不小于 5cm，内侧构造筋净保护层厚度不小于 2.5cm，《盾构法隧道结构服役性能鉴定规范》DG/T J08-2123—2013 规定：B 类环境，剥落深度大于 1cm 时，构件的服役状态等级定为"d"级。

破损病害分级标准　　　　　　　　　　　　　　　　　　表 7.2-3

病害类型		病害等级			
		1 级	2 级	3 级	4 级
破损病害	管片裂缝 （w 为裂缝宽度）	$w<0.2mm$	$0.2mm \leqslant w<1.0mm$	$1.0mm \leqslant w<2.0mm$	$\geqslant 2.0mm\ w$ 或贯穿裂缝
	管片剥落 （r 为剥落剥离区域直径、h 为剥落剥离区域深度）	$r<50mm$ 且 $h<25mm$	$50mm \leqslant r<150mm$ 或 $25mm \leqslant h<50mm$	$150mm \leqslant r<300mm$ 或 $50mm \leqslant h<100mm$	$r \geqslant 300mm$ 或 $h \geqslant 100mm$

7.2.3　变形病害

随着地铁周边深大基坑项目的大量实施，以及大量郊区线路开通发生的隧道上方堆土增多，隧道横向收敛变形超标情况日益严重，对隧道结构安全产生极大威胁。变形病害主要为横断面收敛变形和纵断面相对变形问题，隧道沉降病害一般范围大，对轨道保证行车平顺性影响大，治理难度大，周期长，严重处如不及时整治容易产生中断运营等恶性事件。管片错台、接缝张开，道床脱空的内容主要参考《城市轨道交通隧道结构养护技术规范》CJJ/T 289—2018 的相关规定确定，变形病害分级标准表如表 7.2-4 所示。

变形病害分级标准　　　　　　　　　　　　　　　　　　表 7.2-4

病害类型		病害等级			
		1 级	2 级	3 级	4 级
变形病害	错缝管片收敛变形 （直径变化量 c,‰D，D 为盾构隧道直径）	$0 \leqslant c<4$	$4 \leqslant c<9$	$9 \leqslant c<12$	$c \geqslant 12$
	通缝管片收敛变形 （直径变化量 c,‰D，D 为盾构隧道直径）	$0 \leqslant c<5$	$5 \leqslant c<12$	$12 \leqslant c<16$	$c \geqslant 16$
	纵向相对变形 （k 为隧道结构区段纵断面变形量,mm）	$k<1/7500$	$1/7500 \leqslant k<1/3700$	$1/3700 \leqslant k<1/1875$	$k \geqslant 1/1875$
	管片错台 （Δ 为管片错台量,mm）	$\Delta<4$	$4 \leqslant \Delta<10$	$10 \leqslant \Delta<20$	$\Delta \geqslant 20$
	接缝张开 （δ 为接缝宽度,mm）	$\delta<4$	$4 \leqslant \delta<8$	$8 \leqslant \delta<12$	$\delta \geqslant 12$
	道床脱空	道床和管片间出现裂缝	道床和管片间局部出现轻微剥离	道床和管片间多处出现剥离，局部存在翻浆冒泥	道床和管片间产生严重剥离，翻浆冒泥

注：不同地区的地质条件不同、不同地铁线路的隧道管片结构形式不同，在实际应用中，可在本表基础上进行调整，根据自身特点开展地铁盾构隧道病害分级判定工作。

7.3 盾构隧道病害修复技术

成型盾构隧道病害修复分为常规修复和应急抢险，应急抢险主要针对突发且较严重病害的快速修复。

应急抢险修复不同于常规修复，需要进行快速反应，立即采取临时措施，中断病害影响，控制险情。应急抢险修复没有充分时间进行病害分级、病害评估、修复设计。但对于应急抢险病害，待险情得以控制后，应进行病害评估、修复设计和采取永久措施。

应急抢险的情况主要有：严重的渗漏病害、隧道结构被击穿、隧道保护区内外部作业发生严重险情（如保护区内基坑发生大面积坍塌等）。

常规修复要遵循一定的修复流程，修复流程图如图 7.3-1 所示。

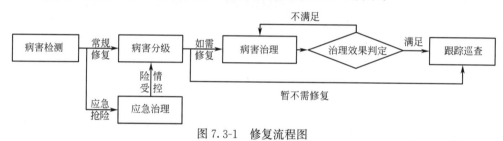

图 7.3-1 修复流程图

隧道病害修复应遵循先渗漏病害修复、后破损病害修复的原则；钢内衬加固应在其他修复措施完成后再实施。

渗漏病害的修复措施包括快速封堵、嵌填密封、注浆止水、壁后注浆，隧道渗漏病害修复措施如表 7.3-1 所示。

隧道渗漏病害修复措施 表 7.3-1

修复措施	渗漏部位			
	管片环、纵缝及螺栓孔、注浆孔	隧道进出洞口段	隧道与连接通道相交部位	道床以下管片接头
注浆止水	★	★	★	★
壁后注浆	△	△	△	★
快速封堵	△	—	—	—
嵌填密封	△	△	△	—

注：★宜选；△可选；可根据病害特点组合选取多种修复措施。

对于潮湿而无明水（湿渍）的环、纵缝宜采取嵌填密封处理；对于有渗漏明水（渗水、滴漏）的环、纵缝宜采取注浆止水；对于因变形病害引发的渗漏病害，有条件时，宜先进行壁后注浆；渗漏病害修复应符合《地下工程渗漏治理技术规程》JGJ/T 212—2010 的规定。

破损病害的修复措施包括涂抹封闭、灌浆法、填充法、无筋嵌填修补、有筋嵌填修补、芳纶布加固、钢内衬加固，隧道破损病害修复措施如表 7.3-2 所示执行。

　　　　　　　　　　　　表 7.3-2

修复措施	破损类型				
	管片裂缝			管片剥落	
	$w<0.2mm$	$0.2mm{\leqslant}w<1.0mm$	$w{\geqslant}1.0mm$	拱顶范围	其余位置
涂抹封闭	★	—	—	—	—
灌浆法	△	★	—	—	—
填充法	—	△	★	—	—
无筋嵌填修补	—	—	—	—	★
有筋嵌填修补	—	—	—	★	★
芳纶布加固	—	—	△	△	★
钢内衬加固	—	—	△	△	△

注：（1）★宜选；△可选；可根据病害特点组合选取多种修复措施。

　　　（2）管片剥落中"拱顶位置"指对应拱顶66°范围，即行车受影响范围。

　　　（3）当病害等级为4级时，有条件时，建议采用"钢内衬加固"修复措施。

　　拱顶范围的破损病害修复应确保修复材料与原结构的有效结合，严禁因修复材料坠落影响地铁运营安全。

　　变形病害的修复措施包括地表卸载、洞外注浆、洞内注浆、钢内衬加固，隧道变形病害修复措施如表 7.3-3 所示。

　　　　　　　　　　　　表 7.3-3

修复措施	病害类型				
	横断面收敛变形	纵断面相对变形	管片错台	接缝张开	道床脱空
地表卸载	△	—	—	△	—
洞外注浆	★	△	△	△	△
洞内注浆	△	★	△	△	★
钢内衬加固	★	—	★	★	—

注：（1）★宜选；△可选；可根据病害特点组合选取多种修复措施。

　　　（2）洞内注浆分为洞内道床底注浆（不凿穿管片）和洞内隧道外注浆（凿穿管片）。

　　　（3）当病害级别为4级时，有条件时，应至少选择一项★标注的修复措施。

　　钢内衬加固根据盾构隧道铺轨与否，分为"全断面钢环"和"钢环＋牛腿"两类；根据钢内衬加固位置，分为"骑缝环"和"环面环"两类；钢内衬的宽度和分块尺寸由修复设计单位确定。

　　当变形缝填塞物脱落时，应及时清除变形缝内杂物后进行修补。

7.4　地铁隧道受损典型案例

　　本节以杭州地铁2号线沿线某项目为例，介绍地铁保护区外部基坑施工对地铁产生较大影响后，地铁隧道受损后进行修复的典型案例。

1. 项目概况

外部位于杭州市下城区凤起路与刀茅巷交叉口的东南角，南侧为珠碧二弄，东侧为环城东路。项目由南北两个区块组成（地下室贯通）上部结构为 6 幢 9～19 层的高层住宅楼和一幢 17 层的办公楼，均采用框架剪力墙结构，其余为多层裙房或住宅，均采用框架结构。地下室采用现浇混凝土框架结构。基础采用钻孔灌注桩基础。南北区块地下室贯通，除最南端约 40m 范围设置一层地下室，其余区域均设置两层地下室。基坑总周长 1001m，基坑面积为 33830m²。本工程±0.000m 相当于黄海高程 7.400m，周边道路为 6.000～6.300m，即相当于建筑标高 -1.100 ～ -1.400m。北地块地下室底板面标高为 -10.400m，底板厚度为 700mm，垫层厚度暂按 300mm 考虑，基坑开挖深度为 10.0～10.3m。南地块二层地下室区域，底板面标高为 -9.700m，底板厚度 700mm，垫层厚度为 200mm 考虑，开挖深度为 9.600m。南地块南侧局部设一层地下室，底板面标高为 -5.900m，则基坑坑底标高为 -6.700m，基坑开挖深度为 5.6m，项目与地铁平面、立面关系图如图 7.4-1、图 7.4-2 所示。

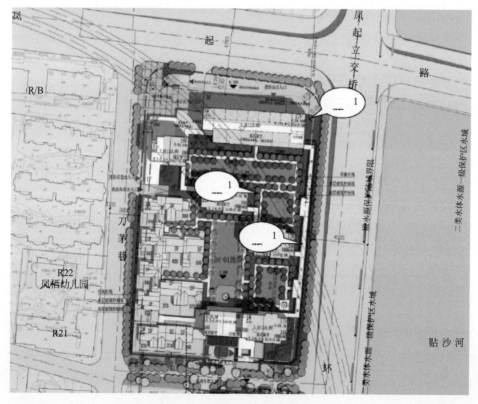

图 7.4-1 项目与地铁平面关系图

2. 相对位置关系

地铁 2 号线隧道自东南往西北，与基坑用地红线成 25°～26°，交叉穿越基坑北地块。穿越项目北地块段区间上下行线线间距较窄，为 4.9～5.3m，联络通道平面位置位于项目北地块东南角，联络通道处离隧道净距 4.9m，联络通道埋深 23.6m。

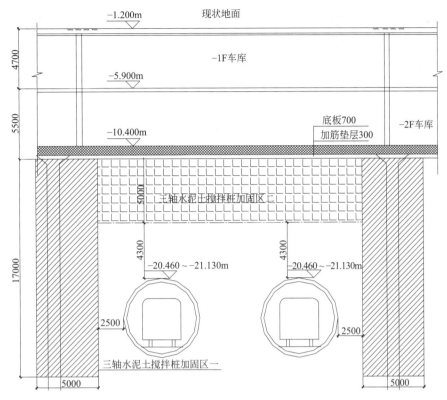

图 7.4-2　项目与地铁剖面关系图

3. 地铁隧道受损

（1）渗水湿渍等：庆～建区间隧道管片渗水病害上行线区间隧道（520～830 环）渗水主要表现为：环缝湿迹 92 处、环缝渗水 82 处、环缝漏泥砂 7 处（上行 719～718 环、上行 717～716 环、上行 695～694 环、上行 660～659 环、上行 659～658 环、上行 656～655 环、上行 650～649 环）；纵缝渗水 25 处、纵缝湿迹 19 处、纵缝滴漏 1 处（上行 567 环）；管片渗水 6 处、管片湿迹 4 处；螺栓孔渗水 17 处、螺栓孔湿迹 5 处；注浆孔渗水 3 处、注浆孔湿迹 1 处下行线区间隧道（520～830 环）渗水主要表现为：环缝湿迹 91 处、环缝渗水 200 处、环缝滴漏 6 处（下行 813～812 环、下行 811～810 环、下行 791～790 环、下行环、下行 630～629 环、下行 575～574 环、下行 572～571 环）、环缝漏泥砂 6 处（下行 750～749 行环、下行 716～715 环、下行 671～670 环、下行 667～666 环、下行 656～655 环、下行 561～560 环）、纵缝渗水 71 处、湿迹 18 处、纵缝滴漏 4 处（下行 812 环、下行 651 环、下行 631 环、下行 616 环）、纵缝漏泥砂 1 处（下行 651 环）、管片渗水 7 处、管片滴漏 1 处（下行 650 环）、螺栓孔湿迹 1 处、螺栓孔渗水 29 处、螺栓孔滴漏 2 处（下行 817 环、下行 765 环）、注浆孔渗水 3 处。地铁加固如图 7.4-3 所示。

（2）沉降收敛：本次实测上行线隧道最大收敛径长与标准直径（内径 $D = 5.5$m）相比，最大达到了 76.6mm（634 环）；下行线隧道最大收敛径长与标准直径（内径 $D = 5.5$m）相比，最大达到了 94.2mm（645 环）。上行线区间隧道累计最大竖向沉降为 78.05mm，水平收敛为 37.94mm，水平位移为 9.44mm；下行线区间隧道最大竖向沉降

图 7.4-3　地铁加固

为 96.21mm，水平收敛为 45.45mm，水平位移为 8.49mm。

（3）裂缝：上行线区间隧道（520～830 环）共计有 917 条裂缝，实测裂缝 312 条，最大裂缝宽度为 1.16mm（730 环）。上行线裂缝数量较多且平均缝宽和最大缝宽均较大，隧道裂缝病害严重，共检测出出现裂缝的有 192 环（61.7%），其中裂缝宽度≥0.4mm 的有 51 环（占比 16.4%）、0.3mm≤裂缝宽度＜0.4mm 的有 26 环（占比 8.4%）、0.2m≤裂缝宽度＜0.3mm 的有 48 环（占比 15.4%）、裂缝宽度＜0.2mm 的有 67 环（占 21.5%）。此外，最大裂缝深度为 18.6cm。下行线区间隧道（520～830 环）共计有 728 条裂缝，实测裂缝 248 条，最大裂缝宽度为 1.00mm（642 环）。下行线裂缝数量较多且平均缝宽和最大缝宽均较大，隧道裂缝病害严重，共检测出出现裂缝的有 187 环（60.1%），其中裂缝宽度≥0.4mm 的有 30 环（占比 9.6%）、0.3mm≤裂缝宽度＜0.4mm 的有 23 环（占比 7.4%）、0.2mm≤裂缝宽度＜0.3mm 的有 53 环（占比 17.0%）、裂缝宽度＜0.2mm 的有 81 环（占 26.0%）。此外，最大裂缝深度为 18.2cm。

4. 地铁隧道整治措施

在地下室范围内隧道两侧已完成门式加固的基础上，沉降、收敛整治采用洞内微扰动加固方案，对管片绝对收敛变形量超过 55mm 以上的区间进行微扰动注浆整治施工；对沉降槽范围内的管片进行沉降整治（上行线 620～675 环及 805～825 环、下行线 630～680 环及 800～830 环），采用微扰动注浆整治。